今注本二十四史

宋書

梁 沈約 撰

朱紹侯 主持校注

九 傳〔二〕

中国社会科学出版社

宋書　卷四三

列傳第三

徐羨之　傅亮　檀道濟

　　徐羨之字宗文，東海郯人也。[1] 祖寧，[2] 尚書吏部郎，[3] 江州刺史，[4] 未拜卒。[5] 父祚之，[6] 上虞令。[7]

　　[1] 東海：郡名。治所在今山東蒼山縣南。　郯：縣名。治所在今山東郯城縣北。
　　[2] 寧：人名。即徐寧。《晋書》卷七四有附傳。
　　[3] 尚書吏部郎：官名。尚書省吏部曹長官通稱，屬吏部尚書，主管官吏選任銓叙調動事務。六品。
　　[4] 江州：東晋咸康六年（340）徙治尋陽縣（今湖北黃梅縣西南），宋昇明元年（477）徙治柴桑縣（今江西九江市西南）。
　　[5] 拜：指按照一定禮儀和手續授予官職。
　　[6] 祚之：人名。即徐祚之。本書僅此一見，其事不詳。
　　[7] 上虞：縣名。治所在今浙江上虞市。

　　羨之少爲王雅太子少傅主簿，[1] 劉牢之鎮北功曹，[2]

尚書祠部郎，[3]不拜，桓脩撫軍中兵曹參軍。[4]與高祖同府，[5]深相親結。義旗建，高祖版爲鎮軍參軍，[6]尚書庫部郎，[7]領軍司馬。[8]與謝混共事，[9]混甚知之。補琅邪王大司馬參軍，[10]司徒左西屬，[11]徐州別駕從事史，[12]太尉諮議參軍，[13]義熙十一年，[14]除鷹揚將軍、琅邪內史，[15]仍爲大司馬從事中郎，[16]將軍如故。[17]高祖北伐，轉太尉左司馬，掌留任，以副貳劉穆之。[18]

[1]王雅：人名。晋東海郯人。曾任左光禄大夫、儀同三司。太子少傅：官名。與太子太傅並稱太子二傅，掌輔導太子及東宮庶務。　主簿：官名。太子少傅府幕僚長，主管府内庶務。

[2]劉牢之：人名。字道堅，彭城（今江蘇徐州市）人。《晋書》卷八四有傳。　鎮北：官名。即鎮北將軍，與鎮東、鎮西、鎮南將軍合稱四鎮。多爲持節都督，出鎮方面，權勢很重。三品。功曹：官名。主選署功勞、職掌吏員賞罰任免。

[3]尚書祠部郎：官名。爲尚書祠部曹長官通稱，掌宗廟祭祀禮樂。六品。

[4]桓脩：人名。字承祖，晋譙國龍亢（今安徽懷遠縣）人。《晋書》卷七四有附傳。　撫軍：官名。撫軍大將軍、撫軍將軍之省稱。二品或三品。　中兵曹：公、軍府諸曹之一，掌本府親兵。參軍：官名。掌本曹事務，兼備參謀咨詢。

[5]高祖：宋武帝劉裕廟號。

[6]版：指未經吏部正式任命，由地方行政長官或出征將領自行版書委任的官員。　鎮軍：官名。即鎮軍將軍，爲中央軍職，亦可出任地方軍事長官，兼理民政。三品。

[7]尚書庫部郎：官名。尚書省庫部曹長官通稱。掌軍械製造及保管之政。六品。

[8]領軍：官名。即領軍將軍。掌禁衛軍及京都諸軍。三品。

司馬：官名。軍府高級幕僚。掌參贊軍務，管理府內武職，或分爲左、右司馬。

　[9]謝混：人名。字叔源，陳郡陽夏（今河南太康縣）人。《晋書》卷七九有附傳。

　[10]大司馬：官名。多爲大臣加官，無具體職司，開府置僚屬。一品。

　[11]司徒左西屬：官名。司徒府僚屬，參掌左西曹。

　[12]徐州：治所在今江蘇徐州市。　別駕從事史：官名。簡稱別駕。位居州吏之右，主吏員選舉。

　[13]太尉：官名。東漢時列三公之首，魏晋以後爲名譽宰相。多爲大臣加官，無實際職掌。一品。劉裕於東晋末任太尉則有實權。　諮議參軍：官名。諸相、王、公、州、軍府皆有置者，職掌不定，位在列曹參軍之上。

　[14]義熙：晋安帝司馬德宗年號（405—418）。

　[15]除：官制用語。即拜官授職。　鷹揚將軍：官名。爲雜號將軍中地位較高者。五品。　琅邪：郡國名。東晋僑置，初無實土，咸康元年（335）設治於今江蘇句容市西北。　內史：官名。掌郡國民政。五品。

　[16]從事中郎：官名。其職依時依府而異，或主吏，或分掌諸曹，或掌機密，或參謀議，職位較高。六品。

　[17]將軍如故：各本並脱“軍”字，孫彪《考論》云：“將下當有軍字。”據以補正。

　[18]劉穆之：人名。字道和，東莞莒（今山東莒縣）人。本書卷四二有傳。

　　初，高祖議欲北伐，朝士多諫，唯羨之默然。或問何獨不言，羨之曰：“吾位至二品，[1]官爲二千石，[2]志願久充。今二方已平，拓地萬里，唯有小羌未定，[3]而公寢食不忘。意量乖殊，何可輕豫。"劉穆之卒，高祖命以羨之爲吏部尚書、建威將軍、丹陽尹，[4]總知留任，甲仗二十人出入。轉尚書僕射，[5]將軍、尹如故。

[1]吾位至二品：張森楷《校勘記》云："案羨之時以鷹揚將軍、琅邪内史，仍爲大司馬從事中郎，轉太尉左司馬。據《百官志》，無一官在二品者，而鷹揚之號及内史並第五品，疑二品是五品之誤。"丁福林《校議》認爲此處之"吾位至二品"乃指"九品中正制之士人品位而言"，並非指官級二品，"張氏（森楷）見未及此，而以官品當之，遂有'二品是五品之誤'之説"。丁説有理，文長不録。

[2]二千石：官秩等級。因所得俸禄以米穀爲準，故以"石"名之。宋以太子太傅、太子詹事、州牧、太守、五營校尉等爲二千石。

[3]小羌：指羌人姚氏建立的後秦政權。

[4]吏部尚書：官名。爲尚書臺（省）吏部曹長官，位居列曹尚書之首，主管官吏銓選考課獎懲。三品。　建威將軍：官名。爲五威將軍之一。四品。　丹陽尹：官名。爲京師所在郡級長官。掌京師行政諸務並詔獄，一度掌少府職事，地位頗重要。

[5]尚書僕射：官名。爲尚書省次官，主持尚書省政務。或單置，或置左右。三品。

十四年，大司馬府軍人朱興妻周坐息男道扶年三歲，[1]先得癇病，周因其病發，掘地生埋之，爲道扶姑女所告，[2]正周棄市刑。[3]羨之議曰："自然之愛，虎狼猶仁。周之凶忍，宜加顯戮。臣以爲法律之外，故尚弘物之理。母之即刑，由子明法，爲子之道，焉有自容之地。雖伏法者當罪，而在宥者靡容。愚謂可特申之遐裔。"[4]從之。

[1]朱興妻周：本書及《南史》各一見，其事不詳。

[2]爲道扶姑女所告：《南史》卷一五《徐羨之傳》作"道扶姑雙女所告"。

[3]棄市：古刑名。在鬧市執行死刑，并將屍體暴露街頭。

[4]遐裔：遠方，即流放邊遠之地。

高祖踐阼，進號鎮軍將軍，加散騎常侍。[1]上初即位，思佐命之功，詔曰："散騎常侍、尚書僕射、鎮軍將軍、丹陽尹徐羨之，監江州豫州之西陽新蔡諸軍事、撫軍將軍、江州刺史、華容侯王弘，[2]散騎常侍、護軍將軍、作唐男檀道濟，[3]中書令、領太子詹事傅亮，[4]侍中、中領軍謝晦，[5]前左將軍、江州刺史宜陽侯檀韶，[6]使持節、雍梁南北秦四州荊州之河北諸軍事、後將軍、雍州刺史、關中侯趙倫之，[7]使持節、督北徐兗青三州諸軍事、征虜將軍、北徐州刺史、南城男劉懷慎，[8]散騎常侍、領太子左衛率、新淦侯王仲德，[9]前冠軍將軍、北青州刺史、安南男向彌，[10]左衛將軍、灄陽男劉粹，[11]使持節、南蠻校尉、佷山子到彥之，[12]西中郎司馬、南郡相、宜陽侯張邵，[13]參西中郎將軍事、建威將軍、河東太守、資中侯沈林子等，[14]或忠規遠謀，扶讚洪業；或肆勤樹績，弘濟艱難。經始圖終，勳烈惟茂，並宜與國同休，饗茲大賚。羨之可封南昌縣公，[15]弘可華容縣公，道濟可改封永脩縣公，[16]亮可建城縣公，[17]

晦可武昌縣公,[18]食邑各二千户;[19]詔可更增邑二千五百户,仲德可增邑二千二百户;[20]懷慎、彦之各進爵爲侯,粹改封建安縣侯,[21]並增邑爲千户;倫之可封霄城縣侯,[22]食邑千户;邵可封臨沮縣伯,[23]林子可封漢壽縣伯,[24]食邑六百户。開國之制,率遵舊章。"

[1]散騎常侍:官名。爲門下重職,散騎省長官。侍從皇帝左右,諫静得失,顧問應對。亦常用作宰相諸公加官,得入宮禁議政。參掌機密,選望甚重,職任比於侍中。

[2]監諸軍事:簡稱監軍。爲地區軍政長官。位在都督諸軍事下、督諸軍事上,職掌略同。或有監數州諸軍事者。其權任因所加使持節、持節、假節之號而有所不同。 豫州:東晉咸和四年(329)僑置,治所無常,義熙中徙治壽春縣(今安徽壽縣)。 西陽:郡名。治所在今湖北黄岡市。 新蔡:郡名。宋泰始中僑置,治所在今河南固始縣東北。 撫軍將軍:官名。與中軍、鎮軍將軍位比四鎮將軍。三品。 華容:縣名。治所在今湖北監利縣。侯:爵名。有郡侯、縣侯、鄉侯、亭侯、開國侯、散侯、關内侯等名號。 王弘:人名。字休元,琅邪臨沂(今山東臨沂市)人。本書卷四二有傳。

[3]護軍將軍:官名。掌督護京師以上諸軍,權任頗重。三品。作唐:縣名。治所在今湖南安鄉縣。 男:爵名。開國縣男省稱。 檀道濟:人名。高平金鄉(今山東嘉祥縣)人。本卷有傳。

[4]中書令:官名。中書省長官之一。中書省自權歸中書舍人後,監、令名爲長官,品秩升高,職任閑散,多用作重臣加官。三品。 領:官制用語。即暫攝。 太子詹事:官名。負輔翊教導太子之責,兼掌東宮一切事務、官屬,任總宮朝。三品。

[5]侍中:官名。門下之侍中省長官,常侍衛皇帝左右,管理門下眾事,侍奉生活起居,出行則護駕。又掌顧問應對,拾遺補

闕，諫諍糾察，儐相威儀，平議尚書奏事。兼統宮廷內侍諸署。三品。　中領軍：官名。掌京師駐軍及禁軍。三品。　謝晦：人名。字宣明，陳郡陽夏人。本書卷四四有傳。

　　[6]左將軍：官名。軍府名號，用作加官。三品。　宜陽：侯國名。侯國在今江西宜春市。　檀韶：人名。字令孫，高平金鄉（今山東金鄉縣）人。本書卷四五有傳。

　　[7]使持節：官名。重要軍事長官出征或出鎮時，加使持節，可誅殺二千石以下官員。在"使持節"之後，按慣例應加"都督""監""督"之職銜，此處無，疑有佚文。　雍梁南北秦：州名。雍，僑置，治所在今湖北襄陽市襄城區。梁，治所在今陝西漢中市東。南秦，僑置，治所在今陝西漢中市東。北秦，僑置，治所不詳。　荊州：治所在今湖北荊州市荊州區。　後將軍：官名。軍府名號，用作加官。三品。　關中侯：侯爵名。位在名號侯下，不食租。　趙倫之：人名。字幼成，下邳僮（今安徽泗縣東北）人。本書卷四六有傳。丁福林《校議》據本書及《南史》之《趙倫之傳》考證，趙倫之以討桓玄功，封閬中縣五等侯，未封關中侯。

　　[8]督諸軍事：地區軍政長官，位在都督或監某州諸軍事之下。　北徐：州名。治所在今江蘇徐州市。　兗：州名。治所在今山東兗州市。　青：州名。僑置。東晉治所在今江蘇揚州市西北。宋泰始中與冀州合僑置在今江蘇連雲港市東雲臺山一帶。　征虜將軍：官名。爲武官，亦作爲高級文職官員的加官。三品。　南城：縣名。東晉治所在今江西南城縣東南。宋治所在今山東平邑縣南。劉懷慎：人名。彭城（今江蘇徐州市）人。本書卷四五有傳。

　　[9]太子左衛率：官名。領精兵宿衛東宮，亦任征伐，地位頗重。五品。　新淦：縣名。治所在今江西樟樹市。　王仲德：人名。名懿，太原祁（今山西祁縣）人。本書卷四六有傳。

　　[10]冠軍將軍：官名。爲將軍名號。三品。　北青州：治所在今山東青州市。　安南：縣名。治所在今湖南華容縣。　向彌：人名。名靖，字奉仁，河內山陽（今河南焦作市）人。本書卷四五

有傳。

[11]左衛將軍:官名。爲禁衛軍主要統帥之一。四品。 瀟陽:縣名。治所在今湖北武漢市黃陂區西南。 劉粹:人名。字道沖,沛郡蕭(今安徽蕭縣)人。本書卷四五有傳。

[12]南蠻校尉:官名。治所在今湖北荆州市荆州區。掌荆州及江州少數民族事務,開府統兵。多由地位較高之將軍及南中郎將兼領,且多兼任荆州刺史或都督周圍數州諸軍事。四品。 到彥之:人名。字道豫,彭城武原(今江蘇邳州市)人。《南史》卷二五有傳。

[13]西中郎司馬、南郡相、宜陽侯張邵:中華本校勘記云:"各本並脱'相'字。孫彪《宋書考論》云:'南郡下脱相字。'"按本書卷四六《張邵傳》,邵曾爲南郡相,孫説是,今補正。西中郎,官名。即西中郎將,率師征伐,或鎮守某地。多以宗室諸王任之。南郡,郡國名。治所在今湖北荆州市荆州區。相,官名。公國以下置。職如守令,品秩隨民户多少而定。張邵,人名。字茂宗,吳郡吳(今江蘇蘇州市)人。

[14]參軍事:官名。亦作"參軍"。公府等所設僚屬諸曹置,爲諸曹長官。品級自六至九品不等。 河東:僑郡名。治所在今湖北松滋市西北。 資中:縣名。治所在今四川資陽市。 沈林子:人名。字敬士,吳興武康(今浙江德清縣)人。本書卷一〇〇有傳。

[15]南昌:縣名。治所在今江西南昌市。 公:爵名。分郡公、縣公等名目。

[16]永脩:縣名。治所在今江西永修縣艾城西南。

[17]建城:縣名。治所在今江西高安市。

[18]武昌:縣名。治所在今湖北鄂州市鄂城區。

[19]食邑:受封者所享有的封地,收其租税而食。分成食封户所納租税。

[20]詔可更增邑二千五百户,仲德可增邑二千二百户:丁福林

《校議》認爲檀韶、王仲德之功不及徐羨之、傅亮等，而封邑過之，提出疑問並推斷"增邑二千五百户""增邑二千二百户"之"二"乃"爲"字之訛，因無實據，僅備一説耳。

[21]建安：縣名。治所在今福建建甌市。

[22]霄城：縣名。治所在今湖北天門市。

[23]臨沮：縣名。治所在今湖北當陽市。

[24]漢壽：縣名。治所在今湖南常德市東。　伯：伯爵名。立國建官食封邑。

羨之遷尚書令、揚州刺史，[1]加散騎常侍。[2]進位司空、録尚書事，[3]常侍、刺史如故。羨之起自布衣，又無術學，直以志力局度，一旦居廊廟，朝野推服，咸謂有宰臣之望。沈密寡言，不以憂喜見色。頗工弈棋，觀戲常若未解，當世倍以此推之。傅亮、蔡廓常言：[4]"徐公曉萬事，安異同。"

[1]尚書令：官名。尚書省長官，綜理全國政務。出居外朝，參議大政，權如宰相。三品。　揚州：治所在今江蘇南京市。

[2]加：官制用語。原職之外，增授其他職銜或虛銜。

[3]司空：官名。三公之一。爲名譽宰相，多爲大臣加官，無實際職掌。一品。　録尚書事：職銜名。多以公卿權重者居之，總領尚書省政務，位在三公上。

[4]蔡廓：人名。字子度，濟陽考城（今河南民權縣）人。本書卷五七有傳。

高祖不豫，[1]加班劍三十人。[2]宮車晏駕，與中書令傅亮、領軍將軍謝晦、鎮北將軍檀道濟同被顧命。少帝詔曰：[3]“平理獄訟，政道所先。朕哀荒在疚，未堪親覽。司空、尚書令可率衆官月一決獄。”

[1]不豫：帝王有病稱不豫。《尚書·金縢》：“王有疾，弗豫。”

[2]班劍：本指飾有花紋之木劍。因其爲虎賁所持，遂成爲隨從侍衛之代稱，且爲皇帝對功臣之恩賜，可隨身進入宮殿，亦作爲喪禮時的儀仗。

[3]少帝：即劉義符。本書卷四有紀。

帝後失德，羨之等將謀廢立，而廬陵王義真輕動多過，[1]不任四海，乃先廢義真，然後廢帝。時謝晦爲領軍，以府舍内屋敗應治，悉移家人出宅，聚將士於府内。鎮北將軍、南兗州刺史檀道濟先朝舊將，[2]威服殿省，且有兵衆，召使入朝，告之以謀。事將發，道濟入宿領軍府。中書舍人邢安泰、潘盛爲内應，[3]其日守關。道濟領兵居前，羨之等繼其後，由東掖門、雲龍門入，[4]宿衛先受處分，[5]莫有動者。先是帝於華林園爲列肆，[6]親自酤賣，又開瀆聚土，以像破崗，[7]率左右唱呼引船爲樂。是夕，寢於龍舟，在天淵池。[8]兵士進殺二人，又傷帝指。扶帝出東閤，收璽綬。群臣拜辭，衛送故太子宮，遷於吳郡。[9]侍中程道惠勸立第五皇弟義恭，[10]羨之不許。遣使殺義真於新安，[11]殺帝於吳縣。[12]時爲帝築宮未成，權居金昌亭，帝突走出昌門，[13]追者以門關擊之倒地，然後加害。

　　[1]廬陵王：王爵名。王國在今江西吉水縣。　　義真：人名。即劉義真。宋武帝子。本書卷六一有傳。

　　[2]南兖州：治所在今江蘇鎮江市。

　　[3]中書舍人：官名。中書省屬官。掌收納、轉呈文書章奏，權任頗重。七品。　　邢安泰：人名。曾任吏部令史、都令史、平原太守、散騎侍郎，餘事不詳。　　潘盛：人名。曾任員外散騎侍郎，餘事不詳。

　　[4]東掖門：宮城外城東門。　　雲龍門：門名。宮城內城東門。

　　[5]處分：處置。《晋書》卷三四《杜預傳》：“預處分既定，乃啓請伐吴之期。”

　　[6]華林園：皇家園林，位於宮城外城北。

　　[7]破崗：即破崗瀆運河，三國孫吴時開，從南京可通蘇州、紹興。

　　[8]天淵池：池名。在華林園南，爲皇帝游覽之處。

　　[9]吴郡：治所在今江蘇蘇州市。

　　[10]程道惠：人名。曾任江夏内史、廣州刺史，餘事不詳。義恭：人名。即劉義恭。宋武帝子。本書卷六一有傳。

　　[11]新安：郡名。治所在今浙江淳安縣西北。本書卷六一《廬陵孝獻王義真傳》稱“廢義真爲庶人，徙新安郡”，又曰：“羡之等遣使殺義真於徙所。”

　　[12]吴縣：治所在今江蘇蘇州市。按吴縣今已注銷，其地併入昆山、吴江、太湖、無錫、常熟等市縣中。

　　[13]金昌亭：亭名。在今江蘇蘇州市閶門外。　　昌門：今作“閶門”。

　　太祖即阼，[1]進羡之司徒，[2]餘如故，改封南平郡公，[3]食邑四千户，固讓加封。有司奏車駕依舊臨華林園聽訟，詔曰：“政刑多所未悉，可如先二公推訊。”

[1]太祖：宋文帝劉義隆廟號。

[2]司徒：官名。爲名譽宰相。亦常參録朝政，然僅掌事務。其府處理全國日常政務，考核地方官吏，督課州郡農桑，領全國名數户口簿籍。一品。

[3]南平郡公：公爵名。公國在今湖北公安縣西北。郡公，爲公的一個等級，高於縣公。

　　元嘉二年，[1]羡之與左光禄大夫傅亮上表歸政，[2]曰："臣聞元首司契，運樞成務；臣道代終，事盡宣翼。冕旒之道，理絶於上皇；拱己之事，不行於中古。故高宗不言，[3]以三齡爲斷；冢宰聽政，[4]以再朞爲節。百王以降，罔或不然。陛下聖德紹興，負荷洪業，億兆顒顒，思陶盛化。而聖旨謙挹，委成群司。自大禮告終，鑽燧三改，大明佇照，遠邇傾屬。臣等雖率誠屢聞，未能仰感，敢藉品物之情，謹因蒼生之志。伏願陛下遠存周文日昃之道，[5]近思皇室締構之艱，時攬萬機，躬親朝政，廣闢四聰，[6]博詢庶業，則雍熙可臻，有生幸甚。"上未許。羡之等重奏曰："近陳寫下情，言爲心罄，奉被還詔，鑒許未回。豈惟愚臣，秉心有在，詢之朝野，人無異議。何者？形風四方，實繫王德，一國之事，本之一人。雖世代不同，時殊風異，至於主運臣贊，古今一揆。未有渾心委任，而休明可期，此之非宜，布自邇邇。臣等荷遇二世，休感以均，情爲國至，豈容順默。重披丹心，冒昧以請。"上猶辭。羡之等又固陳曰："比表披陳，辭誠俱盡，詔旨沖遠，未垂聽納。

三復屏營，伏增憂嘆。臣聞克隆先構，幹蠱之盛業；^[7]昧旦不顯，^[8]帝王之高義。自皇宋創運，英聖有造，殷憂未闋，艱患仍纏。賴天命有底，聖明承業，時屯國故，猶在民心。泰山之安，未易可保，昏明隆替，繫在聖躬。斯誠周詩夙興之辰，^[9]殷王待旦之日，^[10]豈得無爲拱己，復玄古之風，逡巡虛挹，徇匹夫之事。伏願以宗廟爲重，百姓爲心，弘大業以嗣先軌，隆聖道以增前烈。愚瞽所獻，情盡於此。"上乃許之。羨之仍遜位退還私第，兄子佩之及侍中程道惠、吳興太守王韶之等並謂非宜，^[11]敦勸甚苦，復奉詔攝任。^[12]

[1]元嘉：宋文帝劉義隆年號（424—453）。

[2]左光禄大夫：官名。屬光禄勳。作爲在朝顯職的加官，以示優崇，亦常用作卒後贈官，無職掌。二品。位從公者一品。

[3]高宗不言：武丁即位，"三年不言，政事決定於冢宰，以觀國風"。事見《史記》卷三《殷本紀》。高宗，商王武丁廟號。

[4]冢宰：相傳爲殷周輔政大臣，百官之長。後世用以稱宰相。《尚書·伊訓》："百官總己以聽冢宰。"

[5]周文：指西周文王姬昌，被拘羑里而演成《周易》。日昃：太陽偏西。見《易·離卦》象曰："日昃之離，何可久也。"意爲處下離之終，其明將没。

[6]廣闢四聰：見《尚書·堯典》："舜格于文祖，詢于四岳，闢四門，明四目，達四聰。"

[7]幹蠱：見《易·蠱卦》："幹父之蠱。"王弼注"幹父之事，能承先軌，堪其任者也。"後稱兒子能擔任父親所不能擔任的事業爲"幹蠱"。

[8]昧旦不顯：《左傳》昭公三年叔向言："讒鼎之銘曰：'昧

旦丕顯，後世猶怠。況日不悛，其能久乎！'"言夙興以務大顯，後世猶懈怠。昧旦，天將明未明之時。丕顯，大顯。

[9]周詩：指《詩經》周代部分。　夙興：形容勤勞。見《詩·衛風·氓》"夙興夜寐，靡有朝矣。"《詩·小雅·小宛》："夙興夜寐，無忝爾所生。"

[10]殷王：指商王湯。　待旦：等待天明。見《尚書·太甲》："先王昧爽丕顯，坐以待旦。"

[11]王韶之：人名。字休泰，琅邪臨沂人。本書卷六〇有傳。

[12]攝：官制用語。代理、兼職。

　　三年正月，詔曰："民生於三，事之如一，[1]愛敬同極，豈惟名教，況乃施偉造物，義在加隆者乎。徐羨之、傅亮、謝晦，階因緣之才，荷恩在昔，擢自無聞，超居要重，卵翼而長，未足以譬。永初之季，[2]天禍橫流，大明傾曜，[3]四海遏密，[4]實受顧託，任同負圖。[5]而不能竭其股肱，盡其心力，送往無復言之節，事居闕忠貞之效，將順靡記，匡救蔑聞，懷寵取容，順成失德。雖末因懼禍，以建大策，而逞其悖心，不畏不義。播遷之始，謀肆酖毒，至止未幾，顯行怨殺，窮凶極虐，荼酷備加，顛沛皁隸之手，告盡逆旅之館，都鄙哀愕，行路飲泣。故廬陵王英秀明遠，徽風夙播，魯、衛之寄，[6]朝野屬情。羨之等暴蔑求專，忌賢畏逼，造構貝錦，[7]成此無端，罔主蒙上，橫加流屏，矯誣朝旨，致茲禍害。寄以國命，而翦爲仇讎，旬月之間，再肆酖毒，[8]痛感三靈，[9]怨結人鬼。自書契以來，棄常安忍，反易天明，未有如斯之甚者也。昔子家從弒，鄭人致

2744

討，[10]宋肥無辜，蕩澤爲戮。[11]況逆亂倍於往舋，情痛深於國家，此而可容，孰不可忍。即宜誅殛，告謝存亡。而于時大事甫爾，異同紛結，匡國之勳實著，莫大之罪未彰。是以遠酌民心，近聽輿訟，雖欲討亂，慮或難圖，故忍戚含哀，懷恥累載。每念人生實難，情事未展，何嘗不顧影慚心，伏枕泣血。今逆臣之舋，彰暴遐邇，君子悲情，義徒思奮，家讎國恥，可得而雪，便命司寇，[12]肅明典刑。晦據有上流，或不即罪，朕當親率六師，爲其遏防。可遣中領軍到彦之即日電發，征北將軍檀道濟絡驛繼路，符衛軍府州以時收翦。已命征虜將軍劉粹斷其走伏。罪止元凶，餘無所問。感惟永往，心情崩絶。氛霧既祛，庶幾治道。”

[1]民生於三，事之如一：語見《國語・晉語一》。韋昭注：“三，君、父、師也。”

[2]永初：宋武帝劉裕年號（420—422）。

[3]大明傾曜：日月普照，隱喻劉裕的聖明。大明，日或月，也兼指日月。

[4]四海遏密：全國上下禁絶一切音樂演奏。見《尚書・堯典》：“三載，四海遏密八音。”

[5]負圖：背負河圖。實指受先帝輔佐幼主的囑托。

[6]魯、衛之寄：周代魯國和衛國是周王室的同姓國，周王室以之爲東方之藩屏。

[7]貝錦：本指編成貝形花紋的錦緞。《詩・小雅・巷伯》：“萋兮斐兮，成是貝錦。彼譖人者，亦已大甚。”鄭《箋》云：“喻讒人集作己過以成於罪，猶女工之集采色以成錦文。”後遂以貝錦喻故意編造、入人於罪的讒言。

[8]旬月之間，再肆酖毒：丁福林《校議》引《建康實錄》作
"凶毒"。因少帝及廬陵王乃被殺，非酖死，則作"凶毒"近似。

[9]三靈：指日、月、星或天、地、人。此處指前者。

[10]子家從弑，鄭人致討：事見《左傳》宣公四年。鄭卿子
家從子公弑鄭靈公。十年，子家卒。鄭人討幽公之亂，斲子家之棺
逐其族。改葬幽公，謚之曰靈。

[11]宋肥無辜，蕩澤爲戮：宋魚石爲左師，蕩澤爲司馬。蕩澤
弱公室，殺公子肥。後右師華元使華喜、公孫師率國人攻蕩氏，殺
子山。事見《左傳》成公十五年。

[12]司寇：官名。主刑獄詰盜。

爾日詔召羨之。行至西明門外，[1]時謝晦弟㬭爲黄
門郎，[2]正直，[3]報亮云："殿内有異處分。"亮馳報羨
之。羨之回還西州，[4]乘内人問訊車出郭，步走至新
林，[5]入陶竈中自到死，時年六十三。羨之初不應召，
上遣中領軍到彦之、右衛將軍王華追討。[6]羨之死，野
人以告，載尸付廷尉。[7]子喬之，尚高祖第六女富陽公
主，官至竟陵王文學。[8]喬之及弟乞奴從誅。[9]

[1]西明門：門名。即建康城西門。

[2]㬭：人名。即謝㬭。字宣鏡，陳郡陽夏人。本書卷五六有
附傳。　黄門郎：官名。黄門侍郎或給事黄門侍郎之簡稱，爲侍中
省或門下省次官。

[3]正直：正在值班。黄門侍郎有值班任務。直，同"值"。

[4]西州：古城名。在建康城西閶闔門外，揚州刺史治所，在
今江蘇南京市。

[5]新林：地名。即今江蘇南京市西南西善橋鎮。濱臨大江，
爲軍事、交通要地。

[6]右衛將軍：官名。爲禁衛軍主要統帥之一，多由皇帝親信擔任。四品。　王華：人名。字子陵，琅邪臨沂人。本書卷六三有傳。

[7]廷尉：官名。爲中央最高司法審判機構長官，主管詔獄。三品。

[8]富陽公主：本書僅此一見，其事不詳。　竟陵王：王爵名。王國在今湖北鍾祥市。　文學：官名。職掌地方教育或侍從文章。六品。

[9]乞奴：人名。本書僅此一見，其事不詳。

初，羨之年少時，嘗有一人來，謂之曰：“我是汝祖。”羨之因起拜之。此人曰：“汝有貴相，而有大厄，可以錢二十八文埋宅四角，可以免災。過此可位極人臣。”後羨之隨親之縣，住在縣內，嘗暫出，而賊自後破縣，縣內人無免者，雞犬亦盡，唯羨之在外獲全。隨從兄履之爲臨海樂安縣，[1]嘗行經山中，見黑龍長丈餘，頭有角，前兩足皆具，無後足，曳尾而行。及拜司空，守關將入，彗星晨見危南。[2]又當拜時，雙鸐集太極東鴟尾鳴喚。[3]

[1]臨海：郡名。治所原在今浙江臨海市，後遷縣東南章安鎮。樂安：縣名。治所在今浙江仙居縣。

[2]危：星名。二十八宿之一。又爲天區名。

[3]鸐：各本並作“鶴”，中華本據本書《五行志》改正。太極：殿名。　鴟尾：又作“蚩尾”或“鴟吻”。古建築屋脊上的一種裝飾。

　　兄子佩之，輕薄好利，高祖以其姻戚，累加寵任，爲丹陽尹，吳郡太守。景平初，[1]以羨之秉權，頗豫政事。與王韶之、程道惠、中書舍人邢安泰、潘盛相結黨與。時謝晦久病，連灸，不堪見客。佩之等疑其託疾有異圖，與韶之、道惠同載詣傅亮，稱羨之意，欲令亮作詔誅之。亮答以爲："己等三人，同受顧命，豈可相殘戮。若諸君果行此事，便當角巾步出掖門耳。"[2]佩之等乃止。羨之既誅，太祖特宥佩之，免官而已。其年冬，佩之又結殿中監茅亨謀反，[3]并告前寧州刺史應襲，[4]以亨爲兗州，襲爲豫州。亨密以聞，襲亦告司徒王弘。佩之聚黨百餘人，殺牛犒賜，條牒時人，並相署置，期明年正會，[5]於殿中作亂。未及數日，收斬之。

　　[1]景平：宋少帝劉義符年號（423—424）。

　　[2]便當角巾步出掖門耳：我便要戴上角巾步出掖門回家隱居。角巾，隱士戴的有棱角的帽子。掖門，宮殿正門兩邊的旁門。

　　[3]殿中監：官名。領禁兵，掌殿中宿衛，管理皇帝生活事務，亦代宣詔旨。　茅亨：人名。曾任建武將軍。本書僅兩見，餘事不詳。

　　[4]寧州：治所原在今雲南晉寧縣東北晉城鎮，後移至雲南曲靖市。　應襲：人名。曾任員外散騎常侍。本書僅兩見，餘事不詳。

　　[5]正會：皇帝元旦朝會群臣稱正會，又稱元會。

　　傅亮字季友，北地靈州人也。[1]高祖咸，[2]司隸校尉。[3]父瑗，[4]以學業知名，位至安成太守。[5]瑗與郗超善，[6]超嘗造瑗，瑗見其二子迪及亮。[7]亮年四五歲，超令人解亮衣，使左右持去，初無吝色。超謂瑗曰："卿小兒才名位宦，當遠踰於兄。然保家傳祚，終在大者。"迪字長猷，亦儒學，官至五兵尚書。[8]永初二年卒，追贈太常。[9]

[1]北地：郡名。治所在今陝西銅川市耀州區。 靈州：縣名。治所在今寧夏靈武市。

[2]高祖：劉裕的廟號。各本並脱"高"字，中華本據孫彪《考論》補。 咸：人名。即傅咸。字長虞。《晉書》卷四七有附傳。

[3]司隸校尉：官名。掌糾察京都百官及京師附近的犯法者。三品。

[4]瑗：人名。即傅瑗。事見《南史》卷一五《傅亮傳》。

[5]安成：郡名。治所在今江西安福縣東南。

[6]郗超：人名。字景興，一字嘉賓。高平金鄉（今山東嘉祥縣南）人。《晉書》卷六七有附傳。

[7]迪：人名。即傅迪。事見《南史》卷一五《傅亮傳》。

[8]五兵尚書：官名。領中兵、外兵二曹。屬尚書省，掌軍事樞務。三品。

[9]太常：官名。主管祭祀、朝會禮儀及皇室陵寢，兼管文化教育。職務繁重，漢時秩中二千石。魏、晉、宋官秩。三品。

亮博涉經史，尤善文詞。初爲建威參軍，桓謙中軍行參軍。[1]桓玄篡位，[2]聞其博學有文采，選爲秘書郎，[3]欲令整正秘閣，未及拜而玄敗。義旗初，丹陽尹孟昶以爲建威參軍。[4]義熙元年，除員外散騎侍郎，[5]直西省，[6]典掌詔命。轉領軍長史，[7]以中書郎滕演代之。[8]亮未拜，遭母憂，服闋，爲劉毅撫軍記室參軍，[9]又補領軍司馬。七年，遷散騎侍郎，復代演直西省。仍轉中書黃門侍郎，直西省如故。高祖以其久直勤勞，欲以爲東陽郡，[10]先以語迪，迪大喜告亮。亮不答，即馳見高祖曰：“伏聞恩旨，賜擬東陽，家貧忝禄，私計爲幸。但憑蔭之願，實結本心，乞歸天宇，不樂外出。”高祖笑曰：“謂卿之須禄耳，若能如此，甚協所望。”會西討司馬休之，[11]以爲太尉從事中郎，[12]掌記室。以太尉參軍羊徽爲中書郎，[13]代直西省。

[1]桓謙：人名。字敬祖，譙國龍亢（今安徽懷遠縣）人。《晋書》卷七四有附傳。　中軍：官名。中軍將軍的簡稱。爲重號將軍，位比四鎮將軍。三品。　行參軍：官名。品階低於參軍。

[2]桓玄：人名。字敬道，一字靈寶，譙國龍亢人。據有荆、江，領兵東下，執東晋朝廷政柄。後取晋帝而自代，改晋爲楚，兵敗被殺。《晋書》卷九九有傳。

[3]秘書郎：官名。掌整理典籍，考核舊文，删省浮穢。多爲世族起家之官。六品。

[4]孟昶：人名。安丘（今山東安丘市）人。曾與劉裕合謀討桓玄，累遷吏部尚書。

[5]員外散騎侍郎：官名。屬散騎省。初爲正員之外添差之散騎侍郎，無員數，後成定員官。爲閑散之職。

[6]西省：官署名。東晋爲門下三省之一，禁軍將領直宿之處。以他省郎官如中書、散騎等侍郎輪流直宿西省，掌起草詔誥。南朝於駐禁軍外亦置學士等文學侍從之臣，掌圖書著作撰史等事。又爲中書省、秘書省之别稱。

[7]領軍：官名。資深者稱領軍將軍，資輕者稱中領軍，職掌

統領禁衛軍。三品。　長史：官名。相府、王府、公府、將軍府皆置，爲幕僚長，處理政務。

[8]中書郎：官名。屬中書令。亦爲中書通事郎、中書侍郎之省稱。　滕演：人名。見下文。

[9]劉毅：人名。字希樂，彭城沛（今江蘇沛縣）人。《晋書》卷八五有傳。　記室參軍：官名。又稱記室參軍事。爲記室曹長官，掌文疏表奏。

[10]東陽：郡名。治所在今浙江金華市。

[11]司馬休之：人名。字季預，河內溫（今河南溫縣）人。《晋書》卷三七有附傳。

[12]太尉：官名。東漢列三公之首，魏晋爲名譽宰相，位居一品，多爲大臣加官，無實際職掌。一品。但東晋末年劉裕任太尉時則有實權。

[13]羊徽：人名。泰山南城（今山東平邑縣）人。本書卷六二有附傳。

　　亮從征關、洛，[1]還至彭城。[2]宋國初建，令書除侍中，領世子中庶子。[3]徙中書令，領中庶子如故。從還壽陽。[4]高祖有受禪意，而難於發言，乃集朝臣宴飲，從容言曰：“桓玄暴篡，鼎命已移，我首唱大義，復興皇室，南征北伐，平定四海，功成業著，遂荷九錫。[5]今年將衰暮，崇極如此，物戒盛滿，非可久安。今欲奉還爵位，歸老京師。”群臣唯盛稱功德，莫曉此意。日晚坐散，亮還外，乃悟者，而宮門已閉，亮於是叩扉請見，高祖即開門見之。亮入便曰：“臣暫宜還都。”高祖達解此意，無復他言，直云：“須幾人自送？”亮曰：“須數十人便足。”於是即便奉辭。亮既出，已夜，見長星竟天。[6]亮拊髀曰：“我常不信天文，今始驗矣。”至都，即徵高祖入輔。

[1]關、洛：地區名。指關中和洛陽，指今河南、陝西地區。

[2]彭城：郡縣名。治所在今江蘇徐州市。

[3]世子：諸王公侯之嫡長子，或繼承王位、爵位者。　中庶子：官名。太子中庶子的省稱。爲太子屬官，與中舍人共掌文翰。五品。

[4]壽陽：縣名。治所在今安徽壽縣。

[5]九錫：九種器物，包括車馬、衣服、樂器、朱户、納陛、虎賁、鐵鉞、弓矢、秬鬯。原爲帝王專用，也賜予勳貴及有權威的元老重臣，以示尊禮。

[6]長星：彗星的別稱。長星竟天古時認爲是吉祥之兆。《漢書》卷四《文帝紀》：“有長星出于東方。”顏師古注引文穎曰：“長星光芒有一直指，或竟天。”

永初元年，遷太子詹事，中書令如故。以佐命功，封建城縣公，[1]食邑二千户。入直中書省，專典詔命。以亮任總國權，聽於省見客。神虎門外，[2]每旦車常數百兩。高祖登庸之始，文筆皆是記室參軍滕演；北征廣固，[3]悉委長史王誕；[4]自此後至于受命，表策文誥，皆亮辭也。演字彥將，南陽西鄂人，[5]官至黄門郎、秘書監。[6]義熙八年卒。二年，亮轉尚書僕射，中書令、詹事如故。明年，高祖不豫，與徐羨之、謝晦並受顧命，給班劍二十人。

[1]縣公：公爵名。常爲開國縣公之省稱。

[2]神虎門：古門名。位於建康皇宮的西首。

[3]廣固：城名。在今山東青州市西北。十六國南燕都此。

[4]王誕：人名。字茂世，琅邪臨沂人。本書卷五二有傳。

[5]南陽：郡名。治所在今河南南陽市。　西鄂：縣名。治所在今河南南陽市北。

[6]秘書監：官名。秘書省長官，掌圖書經籍，領著作省。三品。

少帝即位，進爲中書監，[1]尚書令。景平二年，領護軍將軍。少帝廢，亮率行臺至江陵奉迎太祖。[2]既至，立行門於江陵城南，題曰"大司馬門"。[3]率行臺百僚詣門拜表，威儀禮容甚盛。太祖將下，引見亮，哭慟甚，哀動左右。既而問義真及少帝薨廢本末，悲號嗚咽，侍側者莫能仰視。亮流汗沾背，不能答。於是布腹心於到彥之、王華等，深自結納。太祖登阼，加散騎常侍、左光禄大夫、開府儀同三司，[4]本官悉如故。司空府文武即爲左光禄府。又進爵始興郡公，[5]食邑四千户，固讓進封。

[1]中書監：官名。中書省長官之一，然權歸中書舍人後，監、令名爲長官，品秩升高，多用作重臣加官。三品。

[2]行臺：官署名。原爲皇帝出征時隨侍身邊臨時執行尚書臺職權的機構，由尚書臺部分主要官員組成。　江陵：縣名。治所在今湖北荆州市荆州區。

[3]大司馬門：門名。一般稱司馬門，皇宮之外門。此爲臨時所設，以示尊嚴。

[4]開府儀同三司：官名。爲大臣加號，意謂享受與三司即太

尉、司徒、司空相同的禮制、待遇，許開設府署，自辟僚屬。

　　[5]始興郡公：公爵名。位在縣公之上。始興郡，治所在今廣東韶關市東南蓮花嶺下。

　　元嘉三年，太祖欲誅亮，先呼入見，省内密有報之者，亮辭以嫂病篤，求暫還家。遣信報徐羨之，因乘車出郭門，騎車奔兄迪墓。屯騎校尉郭泓收付廷尉，[1]伏誅。時年五十三。初至廣莫門，[2]上遣中書舍人以詔書示亮，并謂曰：“以公江陵之誠，當使諸子無恙。”

　　[1]屯騎校尉：官名。北軍五校尉之一。不領營兵，充任皇帝侍衛武官，仍隸中領兵。四品。　郭泓：人名。本書及《南史》各一見，其事不詳。
　　[2]廣莫門：門名。建康城北門。

　　初，亮見世路屯險，著論名曰《演慎》，曰：
　　《大道》有言：[1]“慎終如始，則無敗事矣。”[2]《易》曰：“括囊無咎，慎不害也。”[3]又曰：“藉之用茅，何咎之有。慎之至也。”[4]文王小心，[5]《大雅》詠其多福；[6]仲由好勇，[7]馮河貽其苦箴。[8]《虞書》著慎身之譽，[9]周廟銘陛坐之側。[10]因斯以談，所以保身全德，其莫尚於慎乎。

　　[1]《大道》：即《道德經》，又名《老子》。
　　[2]慎終如始，則無敗事：語出《老子》。
　　[3]括囊無咎，慎不害也：語出《易·坤卦》。
　　[4]藉之用茅，何咎之有，慎之至也：語出《易·繫辭上》。

[5]文王：周文王姬昌。

[6]《大雅》：《詩經》中朝會之樂，受命陳戒之辭。其中《文王》篇有“厥猶翼翼”“自求多福”句。

[7]仲由：人名。字子路，卞（今山東泗水縣東南）人，春秋時孔丘弟子。

[8]馮河貽其苦箴：事見《論語·述而》。子路曰：“子行三軍，則誰與？”子曰：“暴虎馮河，死而無悔者，吾不與也。必也臨事而懼，好謀而成者也。”暴虎馮河，即空手搏虎，徒步過河。比喻冒險蠻幹，有勇無謀。孔子戒之。

[9]《虞書》：指《尚書》中的《堯典》《舜典》《大禹謨》《益稷》《皋陶謨》，相傳是堯舜和夏禹時代的文書。　慎身：皋陶曰：“都！慎厥身修，思永。”見《尚書·皋陶謨》。

[10]周廟銘：見《孔子家語·觀周》：“孔子觀周，遂入太祖后稷之廟。廟堂右階之前，有金人焉。三緘其口，而銘其背曰：‘古之慎言人也，戒之哉！無多言，多言多敗；無多事，多事多患’。”

夫四道好謙，[1]三材忌滿，[2]祥萃虛室，鬼瞰高屋。[3]豐屋有蔀家之災，[4]鼎食無百年之貴，[5]然而徇欲厚生者，忽而不戒；知進忘退者，曾莫之懲。前車已摧，後轡不息，乘危以庶安，行險而徼幸。於是有顛墜覆亡之禍，殘生夭命之釁。其故何哉？流溺忘反，而以身輕於物也。

[1]四道：即《禮記·中庸》所說的子事父、臣事君、弟事兄及朋友先施之四道，亦即君子之四道。

[2]三材：又作“三才”，指天、地、人。

[3]鬼瞰高屋：由“鬼瞰其室”衍化而來。鬼窺視富貴顯達人

家，將招來禍害。揚雄《解嘲》："高明之家，鬼瞰其室。"

[4]豐屋有蔀家之災：豐屋有遮障光明的災難。《易·豐卦》："象曰：……上六豐其屋，蔀其家，闚其戶，闃其无人，三歲不覿，凶。"王弼注："蔀，覆曖鄣光明之物也。"

[5]鼎食：列鼎而食。指生活奢侈。《孔子家語·致思》："從車百乘，積粟萬鍾，累茵而坐，列鼎而食。"

　　故昔之君子，同名爵於香餌，[1]故傾危不及；思憂患而豫防，則針石無用。洪流壅於涓涓，合拱挫於纖櫱，介焉是式，色斯而舉，[2]悟高鳥以風逝，[3]鑑醴酒而投紱。[4]夫豈敝著而後謀通，患結而後思復云爾而已哉！故《詩》曰："慎爾侯度，用戒不虞。"[5]言防萌也。

[1]名爵：名譽，爵位。　香餌，漁獵用的誘餌。

[2]色斯而舉：見《論語·鄉黨》："色斯舉矣，翔而後集。"何晏注："馬（融）曰：'見顏色不善，則去之。'"後以"色斯"代指離去。

[3]悟高鳥以風逝：比喻有功之臣難免被誅。典出《史記》卷九二《淮陰侯列傳》。劉邦僞游雲夢，逮捕楚王韓信，載之車後。信嘆曰："高鳥盡，良弓藏。"

[4]醴酒：甜酒。漢楚元王劉交禮中大夫穆生、申公等，穆生不嗜酒，元王每置酒，特爲穆生設醴。及王戊即位，始亦常設，後漸淡忘，穆生退曰："可以逝矣！醴酒不設，王之意怠，不去，楚人將鉗我於市。"事見《漢書》卷三六《楚元王傳》。　投紱：比喻棄官。紱，即古代作祭服的蔽膝，爲士大夫的服飾。

[5]慎爾侯度，用戒不虞：見《詩·大雅·抑》。

　　夫單以營內喪表，[1]張以治外失中，[2]齊、秦有守一之敗，[3]偏恃無兼濟之功，冰炭滌於胸心，[4]巖墻絕於四體。[5]夫然，故形神偕全，表裏寧一，營魄內澄，百骸外固，邪氣不能襲，憂患不能及，然可以語至而言極矣。

[1]單以營內喪表：單，即單子，東周王室卿士。營內，營理後宮財物。《左傳》昭公十一年叔向曰："單子其將死乎！朝有著定，會有表。衣有襘，帶有結。會朝之言，必聞于表著之位，所以昭事序也。"

[2]張以治外失中：張，即張湯，官至御史大夫。張湯"治淮南、江都，以深文痛詆諸侯，別疏骨肉，使蕃臣不自安。"終因"懷詐而欺"，責令自殺。事見《漢書》卷五九《張湯傳》。

[3]守一：執一，專一。《漢書》卷六四《嚴安傳》引鄒子曰："政教文質者，所以云救也，當時則用，過則舍之，有易則易（也）〔之〕，故守一而不變者，未睹治之至也。"

[4]冰炭：危險。二者不能相容。

[5]巖墻：將要倒塌的墻。

　　夫以嵇子之抗心希古，[1]絕羈獨放，五難之根既拔，[2]立生之道無累，人患殆乎盡矣。徒以忽防於鍾、呂，[3]肆言於禹、湯，[4]禍機發於豪端，逸翩鎩於垂翬。觀夫貽書良友，則匹厚味於甘酞，□□□□□□□□其懼患也，[5]若無轡而乘奔，其慎禍也，猶履冰而臨谷。或振褐高棲，揭竿獨往，或保約違豐，安于卑位。故漆園外楚，[6]忌在龜犧；商洛遐遯，[7]畏此駟馬。平仲辭邑，[8]殷鑒於崔、慶；[9]張臨挹滿，灼戒乎桑、霍。[10]若君子覽茲二塗，則賢鄙之分既明，全喪之實又顯。非知之難，慎之惟艱，慎也者，言行之樞管乎。

[1]嵇子：即嵇康。字叔夜，西晉譙國銍（今安徽宿州市）人，竹林七賢之一。　抗心希古：高尚其志，希冀古人。語出嵇康《幽憤詩》：“抗心希古，任其所尚。”

[2]五難：謂養生之五難，即名利不滅、喜怒不除、聲色不去、滋味不絕、神慮消散。見向秀《難嵇康養生論》。

[3]鍾、呂：指音律、聲律。嵇康著有《聲無哀樂論》，反對利用音樂宣傳“天人感應”。

[4]禹、湯：即大禹和成湯。夏商王朝的奠基者，儒家崇尚的聖王。嵇康文章中有“輕賤唐虞而笑大禹”（《卜疑》）、“非湯、武而簿周、孔”（《與山巨源絕交書》）之語。

[5]□□□□□□□□：各本並闕此八字。原文無考。

[6]漆園：地名。在今山東東明縣。此處代指莊周，戰國時期宋國蒙縣（今河南民權縣）人，曾爲漆園吏。　外楚：楚威王聘莊周爲相而不受，以神龜、犧牛爲喻言。見《史記》卷六三《老子韓非列傳》。

[7]商洛：陝西商縣、洛南。此指“商山四皓”，即漢初商山四隱士東園公、綺里季、夏黃公、角里先生。

[8]平仲：即晏嬰。春秋時齊國夷維（今山東高密市）人，曾任齊相。　辭邑：指齊國崔氏、慶氏之亂後，與晏子邶殿，其鄙六十，弗受。事見《左傳》襄公二十八年。

[9]殷鑒：見《詩·大雅·蕩》：“殷鑒不遠，在夏后之世。”意謂殷的子孫應以夏的滅亡作爲鑒戒。後泛指可作借鑒的往事。崔、慶：即齊國之崔氏、慶氏。以富淫而亡。事見《左傳》襄公二十七、二十八年。

[10]張臨挹滿，灼戒乎桑、霍：張臨抑制滿贏，深以桑、霍爲戒。張臨，人名。西漢杜陵（今陝西西安市長安區）人。張湯曾孫。桑、霍，即西漢桑弘羊、霍禹，均以驕奢致禍。張臨謙儉，每登閤殿，常嘆曰：“桑、霍爲我戒，豈不厚哉！”見《漢書》卷五

九《張湯傳》。

夫據圖揮刃，愚夫弗爲，臨淵登峭，莫不惴慄。何則？害交故慮篤，患切而懼深。故《詩》曰："不敢暴虎，不敢馮河。"[1]慎微之謂也。故庖子涉族，怵然爲戒，[2]差之一毫，弊猶如此。況乎觸害犯機，自投死地。禍福之具，内充外斥，陵九折於邛㟷，[3]泛衝波於吕梁，[4]傾側成於俄頃，性命哀而莫救！嗚呼！嗚呼！故語有之曰，誠能慎之，福之根也。曰是何傷，禍之門爾。言慎而已矣。

[1]不敢暴虎，不敢馮河：見《詩·小雅·小旻》。

[2]庖子涉族，怵然爲戒：典出《莊子·養生主》：庖丁解牛，"每至於族，吾見其難爲，怵然爲戒"。涉族，涉及到交錯聚結處。

[3]邛㟷：山名。與"邛峽"同。《續漢書·郡國志五》：蜀郡"嚴道有邛㟷九折坂"。注引《華陽國志》曰："王陽行部至此退。"

[4]吕梁：地名。在今江蘇銅山縣東南。有上下二洪，相距數里，巉石齒列，波流湍激。《列子》稱"孔子觀於吕梁，懸水三十仞，流沫三十里"即此。

亮布衣儒生，僥幸際會，既居宰輔，兼總重權，少帝失德，内懷憂懼，作《感物賦》以寄意焉。其辭曰：

余以暮秋之月，述職内禁，夜清務隙，遊目藝苑。于時風霜初戒，蟄類尚繁，飛蛾翔羽，翩翾滿室，赴軒幌、集明燭者，必以燋滅爲度。雖則微物，矜懷者久之。退感莊生異鵲之事，[1]與彼同迷而忘反鑒之道，此先師所以鄙智，及齊客所以難曰論也。[2]悵然有懷，感物興思，遂賦之云爾。

[1]莊生異鵲：事見《莊子·山木》：“莊周遊於雕陵之樊，睹一異鵲自南方來者。翼廣七尺，目大運寸，感周之顙而集于栗林。莊周曰：‘此何鳥哉，翼殷不逝，目大不睹？’蹇裳躩步，執彈而留之。睹一蟬，方得美蔭而忘其身；螳螂執翳而搏之，見得而忘其形；異鵲從而利之，見利而忘其真。莊周怵然曰：‘噫！物固相累，二類相召也！’捐彈而反走，虞人逐而誶之。”

[2]及齊客所以難日論也：典出《史記》卷四一《越王句踐世家》。下文爲“今王知晉之失計，而不自知越之過，是目論也”。張森楷《校勘記》云：“日疑當作目”。孫彪《考論》云：“當作目論。齊使者對越王，目見豪毛而不自見睫。”

在西成之暮晷，[1]肅皇命於禁中。聆蜻蛚於前廡，[2]鑒朗月於房櫳。風蕭瑟以陵幌，霜澄澄而被墉。憐鳴蜩之應節，惜落景之懷東。嗟勞人之萃感，何夕永而慮充。眇今古以遐念，若循環之無終。詠倚相之遺矩，[3]希董生之方融。[4]鑽光燈而散衰，溫聖哲之遺蹤。墳素杳以難暨，[5]九流紛其異封。[6]領三百於無邪，[7]貫五千於有宗。[8]考舊聞於前史，訪心跡於汙隆。豈夷阻之在運，將全喪之由躬。遊翰林之彪炳，[9]嘉美手於良工。辭存麗而去穢，旨既雅而能通。雖源流之深浩，且揚搉而發蒙。

[1]西成：秋天莊稼已成熟的季節。

[2]蜻蛚：蟋蟀。

[3]詠倚相之遺矩：倚相遺留下來的準則。此指倚相勸楚靈王

"式昭德音，思我王度"一段話。見《左傳》昭公十二年。倚相，春秋時楚國良史，能讀三墳五典八索九丘，楚靈王稱爲良史。

[4]董生：即董仲舒，西漢廣川（今河北冀州市，一説在今河北棗强縣）人，爲當時名儒。　方融：通達。此指董仲舒講天人之策受到漢武帝的重視。

[5]墳素：指聖賢所著之書。《文選》潘岳《閑居賦》："傲墳素之場圃，步先哲之高衢。"李善注引賈逵曰："三墳，三皇之書……八索，素王之法。"

[6]九流：指先秦學術流派，即儒、道、陰陽、法、名、墨、縱横、雜、農等九家。見《漢書·藝文志》。

[7]領三百於無邪：三百，指《詩經》，凡三百零五篇，此取其大數。《論語·爲政》："子曰：詩三百，一言以蔽之，曰：'思無邪。'"

[8]五千：指《老子》。共五千言，故稱。　有宗：有一定的主旨。《老子》七十章："言有宗，事有君。"

[9]翰林：謂文翰薈萃之所在。

習習飛蚋，飄飄纖蠅，緣幌求隙，望燼思陵。糜蘭膏而無悔，赴朗燭而未懲。瞻前軌之既覆，忘改轍於後乘。匪微物之足悼，悵永念而捬膺。彼人道之爲貴，[1]參二儀而比靈。[2]稟清曠以授氣，修緣督而爲經。[3]照安危於心術，鏡纖兆於未形。有徇末而捨本，或耽欲而忘生。碎隋侯於微爵，[4]捐所重而要輕。矧昆蟲之所昧，在智士其猶嬰。悟雕陵於莊氏，[5]幾鑒濁而迷清。仰前修之懿軌，知吾跡之未并。雖宋元之外占，[6]曷在予之克明。豈知反之徒爾，喟投翰以增情。

　　[1]人道：與天道對立，指人事，爲人之道或社會規範。《易·繫辭下》：“有天道焉，有人道焉。”

　　[2]二儀：天地。曹植《惟漢行》：“太極定二儀，清濁始以形。”人與天、地並稱三靈。

　　[3]緣督：順守中道。《莊子·養生主》：“緣督以爲經，可以保身，可以全生，可以養親，可以盡年。”

　　[4]隋侯：指隋侯之珠。《淮南子·覽冥訓》：“譬如隋侯之珠，和氏之璧，得之者富，失之者貧。”高誘注：“隋侯，漢東之國，姬姓諸侯也。”隋侯見大蛇傷斷，以藥傅之，後蛇於江中銜大珠以報之，因曰隋侯之珠。”

　　[5]雕陵：地名。《莊子·山木》：“莊周游於雕陵之樊。”詳前注“莊生異鵲”。　莊氏：莊周。

　　[6]宋元：即春秋時宋國國君宋元公佐，因信占卜而夢得神龜以爲國寶。事見《史記》卷一二八《龜策列傳》。

　　初，奉迎大駕，道路賦詩三首，其一篇有悔懼之辭，曰：“夙櫂發皇邑，[1]有人祖我舟。[2]餞離不以幣，贈言重琳球。[3]知止道攸貴，懷禄義所尤。四牡倦長路，君彎可以收。張邨結晨軌，[4]疏菫頓夕軑。[5]東隅誠已謝，[6]西景逝不留。[7]性命安可圖，懷此作前修。敷衽銘篤誨，引帶佩嘉謀。迷寵非予志，厚德良未酬。撫躬愧疲朽，三省慚爵浮。[8]重明照蓬艾，萬品同率由。忠詁豈假知，式微發直謳。”亮自知傾覆，求退無由，又作辛有、穆生、董仲道讚，[9]稱其見微之美。

　　[1]夙櫂：舊的船槳，此處代指船。

　　[2]祖：出行時祭祀路神。

［3］琳球：美玉。

［4］張邴：即張安世與邴吉。張安世，字子孺，西漢杜陵（今陝西西安市長安區東北）人。曾與霍光定策，立漢宣帝，後辭讓大將軍之職。邴吉，一作“丙吉”。字少卿，西漢魯國（今山東曲阜市）人。曾養護皇曾孫劉病已，奏記霍光，立爲帝，即漢宣帝。丙吉亦登相位。　結晨軌：早晨軌迹交結。喻共同奔向仕途。與本書卷九四《恩倖傳》“方塗結軌，輻湊同奔”意同。

［5］疏董：疏廣、董養。疏廣，字仲翁，蘭陵（今山東蒼山縣）人，漢宣帝時任太子太傅。在職五年，稱病乞骸骨，歸隱鄉里。董養，字仲道，浚儀（今河南開封市）人。晋泰始初年到洛陽，不干禄求榮。永嘉年間避亂入蜀。　頓夕輈：停晚車。喻晚年歸隱不仕。

［6］東隅：早晨。

［7］西景：夕陽。

［8］三省：多次或多方面反省。《論語·學而》：“曾子曰：‘吾日三省吾身：爲人謀而不忠乎？與朋友交而不信乎？傳不習乎？’”

［9］辛有：人名。周大夫。平王東遷，適伊川。見被髮而祭於野者，曰：“不及百年，此其戎乎！其禮先亡矣。”其後秦晋遷陸渾之戎於伊川。　穆生：西漢魯國人。仕楚元王爲中大夫，不喜酒，元王常爲之設醴。元王死，子戊即位，初常設醴以待，後忘設。穆生知王意怠，稱病謝去。　董仲道：人名。即董養。

　　長子演，秘書郎，先亮卒。演弟悝、湛逃亡，湛弟都，徙建安郡，[1]世祖孝建之中，[2]並還京師。

［1］建安郡：治建安，在今福建建甌市。

［2］世祖：宋孝武帝劉駿廟號。　孝建：宋孝武帝劉駿年號（454—456）。

檀道濟，高平金鄉人，[1]左將軍韶少弟也。少孤，居喪備禮。奉姊事兄，以和謹致稱。

[1]高平：郡名。治所在今山東鄒平縣。　金鄉：縣名。治所在今山東嘉祥縣南。

高祖創義，道濟從入京城，參高祖建武軍事，[1]轉征西。[2]討平魯山，[3]禽桓振，[4]除輔國參軍、南陽太守。[5]以建義勳，封吳興縣五等侯。[6]盧循寇逆，[7]群盜互起，郭寄生等聚作唐，[8]以道濟爲揚武將軍、天門太守討平之。[9]又從劉道規討桓謙、苟林等，[10]率屬文武，身先士卒，所向摧破。及徐道覆來逼，[11]道規親出拒戰，道濟戰功居多。遷安遠護軍、武陵內史。[12]復爲太尉參軍，拜中書侍郎，[13]轉寧朔將軍，[14]參太尉軍事。以前後功封作唐縣男，食邑四百戶。補太尉主簿、諮議參軍。豫章公世子爲征虜將軍鎮京口，[15]道濟爲司馬、臨淮太守。[16]又爲世子西中郎司馬、梁國內史。[17]復爲世子征虜將軍司馬，加冠軍將軍。

[1]參高祖建武軍事：即劉裕建武將軍府參軍，爲府僚屬。建武，官名。即建武將軍，五武將軍之一。四品。

[2]轉：官制用語。指轉任與原品秩相同的其他官職，或同職而僅調換任所。　征西：官名。即征西將軍，地位顯要。三品。若爲持節都督則進爲二品。

[3]魯山：地名。即魯山城，在今湖北武漢市漢陽區北隅。

[4]禽桓振：丁福林《校議》據《晋書》卷七四《桓振傳》、卷九九《桓玄傳》、《通鑑》卷一一四及本書卷四七《劉懷肅傳》

考證，桓振在義熙元年已被陣斬，此云"禽桓振"，與事實不符。桓振，人名。字道全。東晋譙國龍亢人。其事見於本書卷一、二五、四七、五一。

[5]輔國將軍：官名。三品。

[6]吳興：縣名。治所在今福建浦城縣。 五等侯：侯爵名。宋侯爵等級之一，不食封。

[7]盧循：人名。字于先，東晋范陽涿縣（今河北涿州市）人，孫恩反晋軍首領。《晋書》卷一〇〇有傳。

[8]郭寄生：人名。本書僅此一見，其事不詳。

[9]揚武將軍：官名。五武將軍之一。四品。 天門：郡名。治所在今湖南石門縣。

[10]劉道規：人名。字道則，彭城人，劉裕少弟。本書卷五一有傳。 苟林：人名。盧循部將。一作"苟林"。

[11]徐道覆：人名。盧循姊夫，部將。事見《晋書》卷一〇〇《盧循傳》。

[12]安遠護軍：官名。職掌如將軍，而位略低。統兵，管理少數民族事務，多由武陵內史領之。六品。 武陵：國名。治所在今湖南常德市。 內史：官名。掌民政。五品。

[13]中書侍郎：官名。屬中書省，職閑官清。五品。

[14]寧朔將軍：官名。四品。

[15]豫章公：即劉裕。豫章，郡名。治所在今江西南昌市。世子：即劉義符。劉裕長子。 京口：地名。即今江蘇鎮江市。

[16]臨淮：郡名。治所在今江蘇泗洪縣。

[17]梁國：國名。治所在今河南商丘市。

義熙十二年，高祖北伐，以道濟爲前鋒出淮、肥，[1]所至諸城戍望風降服。進剋許昌，[2]獲僞寧朔將軍、潁川太守姚坦，[3]及大將楊業。[4]至成皋，[5]僞兗州刺史韋華降。[6] 逕進洛陽，[7] 僞平南將軍陳留公姚洸歸順。[8] 凡拔城破壘，俘四千餘人。議者謂應悉戮以爲京觀。道濟曰："伐罪弔民，正在今日。"皆釋而遣之。於是戎夷感悅，相率歸之者甚衆。進據潼關，[9] 與諸軍共破姚紹。[10] 長安既平，[11] 以爲征虜將軍、琅邪內史。世子當鎮江陵，復以道濟爲西中郎司馬、持節、南蠻校尉。又加征虜將軍。遷宋國侍中，領世子中庶子，兗州大中正。[12]

[1]淮：即淮水，今淮河。　肥：即肥水，今東肥河。

[2]許昌：縣名。治所在今河南許昌市。

[3]潁川：郡名。治所在今河南許昌市東。　姚坦：人名。本書僅此一見，其事不詳。中華本校勘記云："《通鑑》晉安帝義熙十二年作'姚垣'。"

[4]楊業：人名。本書僅此一見，其事不詳。

[5]成皋：關名。在今河南滎陽市氾水鎮西。

[6]韋華：人名。京兆（今陝西西安市）人。事見本書卷二《武帝紀中》、卷六五《杜驥傳》。

[7]洛陽：地名。在今河南洛陽市東。

[8]平南將軍：官名。四平將軍之一。三品。《晉書》卷一一九作"征南"。　陳留公：公爵名。公國在今河南開封市祥符區陳留鎮。　姚洸：人名。《晉書》卷一〇作"姚光"，卷一一七作"姚洸"。十六國後秦主姚興子。

[9]潼關：關名。在今陝西潼關縣東北。

[10]姚紹：人名。十六國後秦將領。

[11]長安：地名。即今陝西西安市。

[12]宋國：東晉末宋公劉裕封國，都彭城（今江蘇徐州市）。

大中正：官名。負責評定士族內部品第的官員。州設大中正，郡設中正。

高祖受命，轉護軍，[1]加散騎常侍，領石頭戍事。[2]聽直入殿省。以佐命功，改封永脩縣公，[3]食邑二千户。徙爲丹陽尹，護軍如故。高祖不豫，給班劍二十人。

[1]護軍：官名。即護軍將軍。三品。
[2]石頭戍：在今江蘇南京市西清涼山。
[3]永脩縣公：公爵名。公國在今江西永修縣西北。

出監南徐、兗之江北、淮南諸郡軍事、鎮北將軍、南兗州刺史。[1]景平元年，虜圍青州刺史竺夔於東陽城，[2]夔告急。加道濟使持節、監征討諸軍事，與王仲德救東陽。未及至，虜燒營，焚攻具遁走。將追之，城內無食，乃開窖取久穀，窖深數丈，出穀作米，已經再宿，虜去已遠，不復可追，乃止。還鎮廣陵。[3]

[1]南徐：州名。治所在今江蘇鎮江市。
[2]竺夔：人名。字祖季，東晉東莞（今山東莒縣）人。事見本書卷九五、二五、六八。　東陽：城名。在今山東青州市。
[3]廣陵：郡名。治所在今江蘇揚州市西北蜀崗上。

徐羨之將廢廬陵王義真，以告道濟，道濟意不同，屢陳不可，不見納。羨之等謀欲廢立，諷道濟入朝，既至，以謀告之。將廢之夜，道濟入領軍府就謝晦宿。晦其夕竦動不得眠，道濟就寢便熟，晦以此服之。太祖未至，道濟入守朝堂。上即位，進號征北將軍，[1]加散騎常侍，給鼓吹一部。進封武陵郡公，[2]食邑四千户。固辭進封。又增督青州、徐州之淮陽、下邳、琅邪、東莞五郡諸軍事。[3]

[1]征北將軍：官名。四征將軍之一。三品。

[2]武陵郡公：公爵名。公國在今湖南常德市。

[3]淮陽：郡名。治所在今江蘇淮安市清浦區西古泗水南岸。下邳：郡名。治所在今江蘇睢寧縣古邳鎮東。　五郡：錢大昕《考異》云：“文云五郡而實四郡，當有脱誤。”

及討謝晦，道濟率軍繼到彦之。彦之戰敗，退保隱圻，[1]會道濟至。晦本謂道濟與羨之等同誅，忽聞來上，人情兇懼，遂不戰自潰。事平，遷都督江州荊州之江夏豫州之西陽新蔡晋熙四郡諸軍事、征南大將軍、開府儀同三司、江州刺史，[2]持節、常侍如故。增封千户。

[1]隱圻：地名。在今湖南臨湘市西北長江南岸。

[2]荊州之江夏：各本並脱“荊州”二字。錢大昕《考異》曰：“江州下當有荊州二字。是時江夏屬荊州。”江夏，郡名。治所在今湖北省武漢市武昌區。　晋熙：郡名。治所在今安徽潛山縣。征南大將軍：官名。多授予統兵出鎮在外、都督數州諸軍事者。在武職中地位很高，在四征將軍之上。二品。　開府儀同三司：官名。爲大臣加號，意謂與三司即太尉、司徒、司空禮制、待遇相同，許開府設署，自辟僚屬。

元嘉八年，[1]到彦之伐索虜，[2]已平河南，[3]尋復失之，金墉、虎牢並没，[4]虜逼滑臺。[5]加道濟都督征討諸軍事，率衆北討。軍至東平壽張縣，[6]值虜安平公乙旃眷。[7]道濟率寧朔將軍王仲德、驍騎將軍段宏奮擊，[8]大破之。轉戰至高梁亭，[9]虜寧南將軍、濟州刺史壽昌公悉頰庫結前後邀戰，[10]道濟分遣段宏及臺隊主沈虔之等奇兵擊之，[11]即斬悉頰庫結。道濟進至濟上，[12]連戰二十餘日，前後數十交，虜衆盛，遂陷滑臺。道濟於歷城全軍而返。[13]進位司空，持節、常侍、都督、刺史並如故。還鎮尋陽。[14]

[1]元嘉八年：此處所記元嘉八年幾件事，丁福林《校議》據本書及《南史》卷二《宋文帝紀》、《建康實録》卷一二、《通鑑》卷一二一，皆記在元嘉七年。

[2]索虜：南朝對北方拓跋魏政權之蔑稱。因鮮卑人頭上有辮髮，故有是稱。

[3]河南：地區名。指今河南省的黄河以南地區。

[4]金墉：城名。在今河南洛陽市東北漢魏故城西北隅。　虎牢：關名。在今河南滎陽市西北汜水鎮。

[5]滑臺：城名。在今河南滑縣東舊滑縣。

[6]東平：郡名。治所在今山東東平縣。　壽張：縣名。治所在今山東東平縣西南。

[7]安平公：公爵名。公國在今山西沁水縣東北。安平，郡名。治所在今山西沁水縣東北西城。　乙旃眷：人名。即叔孫建。北魏名將，先後封壽光侯、丹陽王。《魏書》卷二九有傳。

[8]驍騎將軍：官名。擔當宿衛之任。四品。　段宏：人名。鮮卑人。南燕亡，降劉裕。

[9]高梁亭：亭名。確址未詳，當在今山東東平縣或東阿縣境。

[10]寧南將軍：官名。爲領兵武職。　濟州：治所在今山東茌平縣西南。　壽昌：地名。確址不詳。　悉頰庫結：人名。本書僅此一見，其事不詳。

[11]隊主：官名。軍事編制隊的主將，多以雜號將軍領之。沈虔文：人名。本書僅此一見，其事不詳。

[12]濟：水名。源出今河南濟源市西王屋山，下游屢有變遷。

[13]歷城：縣名。治所在今山東濟南市歷城區。

[14]尋陽：郡名。治所在今江西九江市西南。

　　道濟立功前朝，威名甚重，左右腹心，並經百戰，諸子又有才氣，朝廷疑畏之。太祖寢疾累年，屢經危殆。彭城王義康慮宮車晏駕，[1]道濟不可復制。十二年，上疾篤，會索虜爲邊寇，召道濟入朝。既至，上間。[2]十三年春，將遣道濟還鎮，已下船矣，會上疾動，召入祖道，[3]收付廷尉。詔曰：“檀道濟階緣時幸，荷恩在昔，寵靈優渥，莫與爲比。曾不感佩殊遇，思答萬分，乃空懷疑貳，履霜日久。[4]元嘉以來，猜阻滋結，不義不昵之心，附下罔上之事，固已暴之民聽，彰於遐邇。謝靈運志凶辭醜，不臣顯著，納受邪說，每相容隱。又潛散金貨，招誘剽猾，逋逃必至，實繁彌廣，[5]日夜伺隙，希冀非望。鎮軍將軍仲德往年入朝，屢陳此迹。朕以其位居台鉉，豫班河岳，彌縫容養，庶或能革。而長惡不悛，凶慝遂遘，因朕寢疾，規肆禍心。前南蠻行參軍龐延祖具悉奸狀，[6]密以啓聞。夫君親無將，刑兹罔赦。況罪釁深重，若斯之甚。便可收付廷尉，肅正刑書。事止元惡，餘無所問。”於是收道濟及其子給事黃門侍郎植、司徒從事中郎粲、太子舍人隰、征北主簿承伯、秘書郎遵等八人，[7]並於廷尉伏誅。又收司空參軍薛彤，[8]付建康伏法。又遣尚書庫部郎顧仲文、建武將軍茅亨至尋陽，[9]收道濟子夷、邕、演及司空參軍高進之誅之。[10]薛彤、進之並道濟腹心，有勇力，時以比張飛、關羽。[11]初，道濟見收，脫幘投地曰：“乃復壞汝萬里之長城！”邕子孺乃被宥，世祖世，爲奉朝請。[12]

[1]彭城王：王爵名。王國在今江蘇徐州市。　義康：人名。即劉義康。彭城人。宋武帝劉裕子。本書卷六八有傳。

[2]上間：皇帝的病稍好一些。《論語·子罕》：“子疾病，子路使門人爲臣。病間。”何晏《集解》引孔安國曰：“少差曰間。”

[3]祖道：爲出行祭祀路神，並飲宴送行。《漢書》卷六六《劉屈氂傳》：“丞相爲祖道，送至渭橋。”顏師古注：“祖者，送行之祭。”

[4]履霜：行於霜上而知嚴寒冰凍將至。比喻防微杜漸，及早驚惕。典出《易·坤卦》：“履霜堅冰至。”

[5]謝靈運：人名。陳郡陽夏人。本書卷六七有傳。　實繁：這樣的人很多。《尚書·仲虺之誥》：“簡賢附勢，實繁有徒。”

[6]龐延祖：人名。本書僅此一見，其事不詳。

[7]給事黃門侍郎：官名。爲侍中省或門下省次官，與侍中俱常門下衆事。　太子舍人隰：《南史》卷一五《檀道濟傳》作“太子舍人混”。太子舍人，官名。輪流宿衛太子。七品。

[8]薛彤：人名。《南史》作“薛肜”。本書僅此一見，其事不詳。

[9]尚書庫部郎：官名。尚書省庫部曹長官，掌軍械製造保管之政。六品。　顧仲文：人名。本書僅此一見，其事不詳。

[10]高進之：人名。本書僅此一見，其事不詳。

[11]張飛：人名。字益德，三國時涿郡（今河北涿州市）人。關羽：人名。字雲長，三國時河東解（今山西臨猗縣）人。二人

均爲劉備心腹。二人《三國志》卷三六有傳。

[12]奉朝請：南朝列爲散騎（集書省）屬官，安置閑散。

史臣曰：夫彈冠出里，結組登朝，道申於夷路，運艱於險轍，是以古人裴回於出處，[1]交戰乎臨岐，若其任重於身，恩結自主，雖復據鼎承劍，悠然不以存歿爲懷。當二公受言西殿，跪承顧託，若使死而可再，固以赴蹈爲期也。及逢權定之機，當震主之地，甫欲攘抑後禍，御蔽身災，使桐宮有卒迫之痛，[2]淮王非中霧之疾。[3]若以社稷爲存亡，則義異於此。但彭城無燕刺之釁，[4]而有楚英之戮。[5]若使一昆延曆，亦未知定終所在也。謝晦言“不以賊遺君父”，[6]豈徒言哉。

[1]裴回：即徘徊，往返回轉。

[2]桐宮：宮名。在今河南虞城縣。《古木竹書紀年》：“任仲崩，伊尹放太甲於桐。”即在此地。又《尚書·太甲》：“太甲既立，不明，伊尹放諸桐。”

[3]淮王：即西漢淮南王劉長，漢高帝劉邦少子。《漢書》卷四四有傳。

[4]燕刺：即西漢燕刺王劉旦，與劉澤、上官桀等謀反，兵敗自殺。事見《漢書》卷六三《武五子傳》。

[5]楚英：東漢楚王劉英。因造作圖讖、擅封官秩，廢徙丹陽，自殺國除。

[6]謝晦言“不以賊遺君父”：本書卷四四《謝晦傳》：“耿弇不以賊遺君父，臣亦何負於宋室邪？”

宋書　卷四四

列傳第四

謝晦

　　謝晦字宣明，陳郡陽夏人也。[1]祖朗，[2]東陽太守。[3]父重，[4]會稽王道子驃騎長史。[5]兄絢，[6]高祖鎮軍長史，[7]蚤卒。

　　[1]陳郡：治所在今河南淮陽縣。　　陽夏：縣名。治所在今河南太康縣。

　　[2]朗：人名。即謝朗。字長度。《晋書》卷七九有附傳。

　　[3]東陽：郡名。治所在今浙江金華市。

　　[4]重：人名。即謝重。字景重。《晋書》卷七九有附傳。

　　[5]會稽王：王爵名。王國在今浙江紹興市。　　道子：人名。即司馬道子。字道之，東晋簡文帝子。河内温（今河南温縣）人。《晋書》卷六四有傳。　　驃騎長史：官名。驃騎將軍府幕僚長，主管庶務。　　驃騎，官名。即驃騎將軍。居諸名號將軍之首，僅作爲軍府名號加授大臣、重要州郡長官，無具體職掌。二品。開府者位從公，一品。

　　[6]絢：人名。即謝絢。字宣映。《晋書》卷七九有附傳。

　　[7]高祖：宋武帝劉裕廟號。　鎮軍：官名。即鎮軍將軍。權勢很重，位比四鎮將軍。主要爲中央軍職，亦可出任地方軍政長官。三品。

　　晦初爲孟昶建威府中兵參軍。[1]昶死，高祖問劉穆之：[2]"孟昶參佐，誰堪入我府？"穆之舉晦，即命爲太尉參軍。[3]高祖嘗訊囚，其旦刑獄參軍有疾，[4]札晦代之，[5]於車中一覽訊牒，[6]催促便下。相府多事，獄繫殷積，晦隨問酬辯，曾無違謬。高祖奇之，即日署刑獄賊曹，[7]轉豫州治中從事。[8]義熙八年，[9]土斷僑流郡縣，[10]使晦分判揚、豫民戶，[11]以平允見稱。入爲太尉主簿。[12]從征司馬休之。[13]時徐逵之戰敗見殺。[14]高祖怒，將自被甲登岸，諸將諫，不從，怒愈甚。晦前抱持高祖，高祖曰："我斬卿！"晦曰："天下可無晦，不可無公，晦死何有！"會胡藩已得登岸，[15]賊退走，乃止。

　　[1]孟昶：人名。安丘（今山東安丘市）人。曾與劉裕合謀討桓玄，官至吏部尚書，盧循攻建康，畏懼自殺。　建威：官名。即建威將軍。五威將軍之一。四品。　中兵參軍：官名。諸公、軍府僚屬之一。掌中兵曹事務，兼備參謀咨詢。

　　[2]劉穆之：人名。字道和，東莞莒（今山東莒縣）人。本書卷四二有傳。

　　[3]太尉參軍：官名。太尉府僚屬，參謀軍務。太尉，官名。東漢位列三公之首，魏晋、宋時爲名譽宰相。一品。但東晋末年劉裕任太尉則有實權。多爲大臣加官，無實際職掌。

　　[4]刑獄參軍：官名。刑獄賊曹參軍之省稱。刑獄賊曹長官。

七品。

　　[5]札：文書名。下行文書。

　　[6]一覽訊牒："覽"各本並作"鑑"，中華本據《南史》、《元龜》卷七九九、《御覽》卷六三一引、《通鑑》晉安帝義熙七年改。訊，典獄官審問犯罪的程式。牒，文書名。

　　[7]署：官制用語。攝官，指代理、暫任或試充官職。　刑獄賊曹：官署名。掌盜賊刑獄，爲公府、軍府屬曹，長官爲參軍。

　　[8]轉：官制用語。官吏調任曰轉。指改任與原品秩相同的其他官職，或僅調換任所。　豫州：地名。東晉僑置，治所不常，義熙年間徙壽春（今安徽壽縣）。　治中從事：官名。又稱治中從事史，簡稱治中。爲州佐吏，雖地位尊崇，但職任日削，掌衆曹文書事。

　　[9]義熙：晉安帝司馬德宗年號（405—418）。

　　[10]土斷：不論本地土著或僑居者，統一在所居郡縣編著户口，納税服役。

　　[11]揚：州名。治所在今江蘇南京市。

　　[12]太尉主簿：官名。太尉府幕僚，典領文書簿籍，經辦事務。

　　[13]司馬休之：人名。字季預，河內温人。晉宗室，爲平西將軍、荊州刺史。因子文思事怨望，欲誅執政，劉裕征之。《晉書》卷三七有附傳。

　　[14]徐逵之：人名。東海郯（今山東郯城縣）人。本書卷七一有傳。"逵之"各本作"達之"，誤。

　　[15]胡藩：人名。字道序，豫章南昌（今江西南昌市）人。本書卷五〇有傳。

　　晦美風姿，善言笑，眉目分明，鬢髮如點漆。涉獵文義，朗贍多通。高祖深加愛賞，群僚莫及。從征關、洛，[1]內外要任悉委之。劉穆之遣使陳事，晦往往措異同，穆之怒曰：“公復有還時不？”高祖欲以爲從事中郎，[2]以訪穆之，堅執不與。終穆之世不遷。[3]穆之喪問至，高祖哭之甚慟。晦時正直，喜甚，自入閤內參審穆之死問。其日教出，轉晦從事中郎。

[1]關：指關中地區（今陝西中部）。 洛：指洛陽（今河南洛陽市）一帶地方。

[2]從事中郎：官名。公府、將軍府屬官。其職因時因府而異，或主吏，或分掌諸曹，或掌機密，或參謀議。六品。

[3]遷：官制用語。指官吏調動職務。有平遷、超遷、左遷、升遷之別。

宋臺初建，爲右衛將軍，[1]尋加侍中。[2]高祖受命，於石頭登壇，[3]備法駕入宮。[4]晦領游軍爲警備，遷中領軍，[5]侍中如故。以佐命功，封武昌縣公，[6]食邑二千戶。[7]二年，坐行璽封鎮西司馬、南郡太守王華大封，[8]而誤封北海太守球，[9]版免晦侍中。[10]

[1]右衛將軍：官名。爲禁衛軍主要統帥之一，權任很重。四品。

[2]加：官制用語。原職之外，增授其他職銜或虛銜。 侍中：官名。爲門下之侍中省長官，或加予宰相、尚書等高級官員，令其出入殿省，入宮議政。兼統宮廷內侍諸署。三品。

[3]石頭：城名。在今江蘇南京市西清涼山。

[4]法駕：天子的車駕。《史記》卷九《吕太后本紀》：“迺奉天子法駕，迎代王於邸。”《集解》引蔡邕曰：“法駕上所乘，曰金

根車，駕六馬，有五時副車，皆駕四馬，侍中參乘，屬車三十
六乘。"

　　[5]中領軍：官名。掌京師駐軍及禁軍。三品。

　　[6]武昌縣公：公爵名。公國在今湖北鄂州市鄂城區。

　　[7]食邑：受封者所享有的封地，可分成食封戶所納租稅。

　　[8]鎮西司馬：官名。即鎮西將軍府司馬。軍府高級幕僚，掌
參贊軍務，管理府內武職，位僅次於長史。　　南郡：治所在今湖北
荆州市荆州區。　　王華：人名。字子陵，琅邪臨沂（今山東臨沂
市）人。本書卷六三有傳。

　　[9]北海：郡名。治所在今山東昌樂縣。　　球：人名。即王球。
字倩玉，琅邪臨沂人。本書卷五八有傳。

　　[10]版：官制用語。指不由吏部正式任免，而由地方軍政長官
自行版文任免。

　　尋轉領軍將軍、散騎常侍，[1]依晋中軍羊祜故事，[2]
入直殿省，總統宿衛。三月，高祖不豫，給班劍二十
人，[3]與徐羨之、傅亮、檀道濟並侍醫藥。[4]少帝即
位，[5]加領中書令，[6]與羨之、亮共輔朝政。少帝既廢，
司空徐羨之録詔命，[7]以晦行都督荆湘雍益寧南北秦七
州諸軍事、撫軍將軍、領護南蠻校尉、荆州刺史，[8]欲
令居外爲援，慮太祖至或別用人，[9]故遽有此授。精兵
舊將，悉以配之，器仗軍資甚盛。太祖即位，加使持
節，[10]依本位除授。[11]晦慮不得去，甚憂惶，及發新
亭，[12]顧望石頭城，喜曰："今得脱矣。"尋進號衛將
軍，[13]加散騎常侍，進封建平郡公，[14]食邑四千户，固
讓進封。又給鼓吹一部。[15]

[1]領軍將軍：官名。爲禁衛軍最高統帥，掌禁衛軍及京都諸軍。三品。　散騎常侍：官名。爲散騎省長官，侍從左右，主掌圖書文翰、文章撰述、諫諍拾遺，收納轉呈文書奏事爲主。亦常用作宰相、諸公加官，得入宮禁議政。

[2]中軍：官名。中軍將軍之簡稱。位比四鎮將軍。三品。羊祜：人名。字叔子，西晋泰山南城（今山東平邑縣）人。《晋書》卷三四有傳。西晋泰始中，以羊祜爲中軍將軍，統左右衛、前、後、右、驍騎等宿衛七營禁軍，主管京師及宮廷警衛。

[3]班劍：本指飾有花紋之劍。後爲隨從侍衛之代稱，且成爲皇帝對功臣之恩賜，可隨身進入宮殿。亦作爲喪禮時的儀仗。

[4]徐羨之：人名。字宗文，東海郯人。本書卷四三有傳。傅亮：人名。字季友，北地靈州（今寧夏靈武市）人。本書卷四三有傳。　檀道濟：人名。高平金鄉（今山東嘉祥縣）人。本書卷四三有傳。

[5]少帝：即劉義符。宋武帝劉裕長子。本書卷四有紀。

[6]領：官制用語。多爲暫攝之意，常有以卑官領高職，以白衣領職者。　中書令：官名。中書省長官之一。掌納奏、擬詔、出令，然權歸中書舍人後，中書監令品秩升高，多用作大臣加官。三品。

[7]司空：官名。三公之一。爲名譽宰相，多爲大臣加官，無實際職掌。一品。

[8]行：官制用語。指官缺未補，暫由他官兼攝其事。　都督：官名。多稱都督諸州軍事，爲地方軍政長官，分使持節、持節、假節三種，職權各有不同。　荆：州名。治所在今湖北荆州市荆州區。　湘：州名。治所在今湖南長沙市。　雍：僑州名。治所在今湖北襄陽市襄城區。　益：州名。治所在今四川成都市。　寧：州名。治所在今雲南曲靖市西。　南北秦：僑州名。南秦州治所在今陝西漢中市東。北秦州治所不詳。　撫軍將軍：官名。與中軍、鎮軍將軍三號位比四鎮將軍。三品。　護南蠻校尉：官名。即南蠻校

尉。掌荆州及江州少數民族事務，開府統兵。治所在今湖北荆州市荆州區。

[9]太祖：宋文帝劉義隆廟號。

[10]使持節：官名。重要軍事長官出征或出鎮時，加使持節，可誅殺二千石以下官員。

[11]除：官制用語。即拜官授職。

[12]新亭：在今江蘇南京市南。地近江濱，依山築城壘，爲軍事和交通重地。

[13]衛將軍：官名。位在諸名號將軍之上，多作爲軍府名號，以加大臣、地方長官，無具體職掌。二品。

[14]建平：郡名。治所在今重慶巫山縣。　郡公：公爵名。爲開國郡公之省稱，食邑爲郡。一品。

[15]鼓吹：演奏鼓吹樂的樂隊。多賜大臣及有功者。

初爲荆州，甚有自矜之色，將之鎮，詣從叔光禄大夫澹別。[1]澹問晦年，晦答曰：“三十五。”[2]澹笑曰：“昔荀中郎年二十七爲北府都督，[3]卿比之，已爲老矣。”晦有愧色。

[1]光禄大夫：官名。屬光禄勳。三品。　澹：人名。即謝澹。字景恒，陳郡陽夏人。《南史》卷一九有傳。

[2]三十五：三朝本、北監本、毛本、局本作“三十三”。殿本、《南史》、《建康實録》、《御覽》卷四九一引、《元龜》卷四五一作“三十五”。中華本校勘記云：“晦死時年三十七，其爲荆州刺史在死前二年，則作三十五爲是。”

[3]荀中郎：即荀羨。字令則，潁川臨潁（今河南臨潁縣）人。曾任北中郎將、徐州刺史、監徐兖二州揚州之晉陵諸軍事、假節。時年二十八。《晉書》卷七五有附傳。

　　至江陵,[1]深結侍中王華,冀以免禍。二女當配彭城王義康、新野侯義賓,[2]元嘉二年,[3]遣妻曹及長子世休送女還京邑。先是景平中,[4]索虜爲寇,[5]覆没河南。[6]至是上欲誅羨之等,并討晦。聲言北伐,又言拜京陵,[7]治裝舟艦。傅亮與晦書曰:"薄伐河朔,[8]事猶未已,朝野之慮,憂懼者多。"又言:"朝士多諫北征,上當遣外監萬幼宗往相諮訪。"[9]時朝廷處分異常,其謀頗泄。三年正月,晦弟黄門侍郎瞷馳使告晦,[10]晦猶謂不然,呼諮議參軍何承天,[11]示以亮書,曰:"計幼宗一二日必至,傅公慮我好事,故先遣此書。"承天曰:"外間所聞,咸謂西討已定,幼宗豈有上理。"晦尚謂虚妄,使承天豫立答詔啓草,言伐虜宜須明年。"[12]江夏内史程道惠得尋陽人書,[13]言"朝廷將有大處分,其事已審",使其輔國府中兵參軍樂冏封以示晦。[14]晦又謂承天曰:"幼宗尚未至,若復二三日無消息,便是不復來邪?"承天答曰:"詔使本無來理,如程所説,其事已判,豈容復疑。"

[1]江陵:縣名。治所在今湖北荆州市荆州區。

[2]彭城王:王爵名。王國在今江蘇徐州市。　義康:人名。即劉義康。彭城人。宋武帝劉裕子。本書卷六八有傳。　新野侯:侯爵名。侯國在今河南新野縣。　義賓:人名。即劉義賓。彭城人。宋宗室。本書卷五一有附傳。

[3]元嘉:宋文帝劉義隆年號(424—453)。

[4]景平:宋少帝劉義符年號(423—424)。

[5]索虜：對北方鮮卑拓跋部所建北魏政權之蔑稱。因其頭上有辮髮，故稱。

[6]河南：即以今河南省爲中心的黄河以南地區。

[7]京陵：各本並作“景陵”。中華本據《南史》《通鑑》改。《通鑑》胡三省注曰：“京陵，興寧陵也。”

[8]河朔：地區名。泛指黄河以北地區。

[9]外監：官名。外殿中監的省稱。除與内殿中監共掌皇帝衣食住行外，兼掌傳達皇帝詔敕。　萬幼宗：人名。本書僅一見，其事不詳。

[10]黄門侍郎：官名。爲侍中省或門下省次官。四品。　曕：人名。即謝曕。字宣鏡。本書卷五六有附傳。

[11]諮議參軍：官名。職掌不定。位在列曹參軍上，州所置者常帶大郡太守，且有越次行府州事者。　何承天：人名。東海郯人。本書卷六四有傳。

[12]言伐虜宜須明年：各本並脱“言”字，中華本據《通鑑》宋文帝元嘉三年補。

[13]江夏：郡名。治所在今湖北武漢市武昌區。　内史：官名。掌民政。五品。　程道惠：人名。曾任侍中、廣州刺史，餘事不詳。　尋陽：郡名。治所在今江西九江市西南。

[14]輔國：官名。輔國將軍之簡稱。將軍名號。三品。　樂冏：人名。其事不詳。

晦欲焚南蠻兵籍，[1]率見力決戰。士人多勸發兵，[2]乃立幡戒嚴，謂司馬庾登之曰：[3]“今當自下，欲屈卿以三千人守城，備禦劉粹。”[4]登之曰：“下官親老在都，又素無旅，情計二三，[5]不敢受此旨。”晦仍問諸佐：“戰士三千，足守城不？”南蠻司馬周超對曰：[6]“非徒守城而已，若有外寇，可以立勳。”登之乃曰：“超必能辦，下官請解司馬、南郡以授。"[7]即於坐命超爲司馬、建威將軍、南義陽太守，[8]轉登之爲長史，南郡如故。

[1]南蠻：官名。護南蠻校尉之省稱。掌荆江二州少數民族事務。四品。

[2]士人多勸發兵：《南史》卷一九《謝晦傳》作"土人多勸發兵"。

[3]庾登之：人名。字元龍，潁川鄢陵（今河南鄢陵縣）人。本書卷五三有傳。

[4]劉粹：人名。字道沖，沛郡蕭（今安徽蕭縣）人。本書卷四五有傳。

[5]又素無旅，情計二三：《通鑑》云："素無部衆，情計二三。"是。

[6]周超：人名。又稱周超之。其事不詳。

[7]南郡：指南郡太守。

[8]南義陽：郡名。治所在今湖南安鄉縣西南。

太祖誅羨之等及晦子新除秘書郎世休，[1]收暟、暟子世平、兄子著作佐郎紹等。[2]樂冏又遣使告晦："徐、傅二公及暟等並已誅。"晦先舉羨之、亮哀，次發子弟凶問。既而自出射堂，配衣軍旅。數從高祖征討，備覩經略，至是指麾處分，莫不曲盡其宜。二三日中，四遠投集，得精兵三萬人。乃奉表曰：

[1]秘書郎：官名。掌整理典籍，考核舊文，刪省浮穢。爲世族起家之官。六品。

[2]著作佐郎：官名。屬著作省（局），掌搜集資料，供著作

郎撰史。爲世家子弟起家之官。六品。

　　臣階緣幸會，蒙武皇帝殊常之眷，外聞政事，內謀帷幄，經綸夷險，毗贊王業，預佐命之勳，膺河山之賞。及先帝不豫，導揚末命，臣與故司徒臣羨之、左光禄大夫臣亮、征北將軍臣道濟等，[1]並升御床，跪受遺詔，載貽話言，託以後事。臣雖凡淺，感恩自厲，送往事居，誠貫幽顯。逮營陽失德，[2]自絶宗廟，朝野炎炎，憂及禍難，忠謀協契，徇國忘己，援登聖朝，惟新皇祚。陛下馳傳乘流，曾不惟疑，臨朝殷勲，增崇封爵。此則臣等赤心已亮於天鑒，遠近萬邦咸達於聖旨。若臣等志欲專權，不顧國典，便當協翼幼主，孤背天日，豈復虛館七旬，仰望鸞旗者哉？故廬陵王於營陽之世，[3]屢被猜嫌，積怨犯上，自貽非命。天祚明德，屬當昌運，不有所廢，將何以興？成人之美，《春秋》之高義，立帝清館，臣節之所司。耿弇不以賊遺君父，[4]臣亦何負於宋室邪？況釁結闚墻，禍成畏逼，天下耳目，豈伊可誣。

[1]司徒：官名。爲名譽宰相，或與丞相、相國並置。其府處理全國日常行政事務，考核地方官吏，督課州郡農桑，領全國名數户口簿籍。一品。　征北將軍：官名。爲四征將軍之一。三品。若爲持節都督則進爲二品。

[2]營陽：指營陽王。即宋少帝劉義符。

[3]廬陵王：即劉義真。宋武帝劉裕子。本書卷六一有傳。

[4]耿弇：人名。字伯昭，扶風茂陵（今陝西興平市）人。漢光武帝詔耿弇攻張步。陳俊勸弇休兵待光武援軍，耿弇曰"臣子當擊牛釃酒以待百官，反欲以賊虜遺君父邪？"見《後漢書》卷一九《耿弇傳》。

　　臣忝居蕃任，乃誠匪懈，爲政小大，必先啓聞。糾剔群蠻，清夷境内，分留弟姪，並侍殿省。陛下聿遵先志，申以婚姻，童稚之目，猥荷齒召，薦女遷子，合門相送。事君之道，義盡於斯。臣羡之總録百揆，翼亮三世，年耆乞退，屢抗表疏，優旨綢繆，未垂順許。臣亮管司喉舌，恪虔夙夜，恭謹一心，守死善道。此皆皇宋之宗臣，社稷之鎮衛，而讒人傾覆，妄生國釁，天威震怒，加以極刑，并及臣門，同被孥戮。雖未知臣道濟問，推理即事，不容獨存。先帝顧託元臣翼命之佐，勦於佞邪之手，忠貞匪躬之輔，不免夷滅之誅。陛下春秋方富，始覽萬機，民之情僞，未能鑒悉。王弘兄弟，[1]輕躁昧進，王華猜忌忍害，規弄威權，先除執政，以逞其欲。天下之人，知與不知，孰不爲之痛心憤怨者哉！

[1]王弘兄弟：指王弘、王曇首，時在中樞當政。

　　臣等見任先帝，垂二十載，小心謹慎，無纖介之愆，伏事甫爾，而嬰若斯之罪。若非先帝謬於知人，則爲陛下未察愚款。臣去歲末使反，得朝士及殿省諸將書，並言嫌隙已成，必有今日之事。臣推誠仰期，罔有二心，不圖姦回潛邁，理順難恃，忠賢隕朝，愚臣見襲。到彥之、蕭欣等在近路。[1]昔白公稱亂，[2]諸梁嬰胄，[3]惡人在朝，趙鞅入伐。[4]臣義均休戚，任居分陜，[5]豈可顛而不扶，以負先帝遺旨。輒率將士，繕治舟甲，須其自送，投袂撲討。若天祚大宋，卜世靈長，義師克振，中流清蕩，便當浮舟東下，戮此三豎，申理冤恥，謝罪闕庭。雖伏鑕赴鑊，無恨於心。伏願陛下遠尋永初託付之旨，[6]近存元嘉奉戴之誠，則微臣丹款，猶有可察。臨表哽慨，言不自盡。

[1]到彥之：人名。字道豫，彭城武原（今江蘇邳州市）人。《南史》卷二五有傳。　蕭欣：人名。一作"蕭欣之"。其事不詳。

[2]白公：名勝。春秋時期楚國王室，爲巢大夫。與勇士死士襲殺楚令尹子西、司馬子期，劫惠王，自立爲王。事見《史記》卷四〇《楚世家》。

[3]諸梁：人名。即沈諸梁。名子高，春秋時期楚臣。爲葉邑大夫，因稱葉公。白公之亂發生月餘，諸梁發兵救楚，攻殺白公，惠王復位。事見《史記》卷四八《陳涉世家》。

[4]趙鞅：人名。又稱趙孟、趙簡子，春秋時晉臣。晉定公十四年，范氏、中行氏作亂，趙鞅入絳，盟於公宮。事見《史記》卷四三《趙世家》。

[5]分陜：相傳周初周公、召公分陜而治，周公治其東，召公治其西。陜即今河南陜縣。見《公羊傳》隱公五年。後封建王朝中央官員出任地方重要長官，亦稱分陜。

[6]永初：宋武帝劉裕年號（420—422）。

太祖時已戒嚴，諸軍相次進路。尚書符荆州曰：[1]

禍福無門，逆順有數，天道微於影響，人事鑒於前圖，未有蹈義而福不延，從惡而禍不至也。故智計之士，審敗以立功，守正之臣，臨難以全節。徐羨之、傅亮、謝晦，安忍鴆殺，獲罪於天，名教所極，政刑所取，已遠暴四海，宣於聖詔。羨之父子、亮及晦息，電斷之初，並即大憲。復王室之讎，攄義夫之憤，國典澄明，人神感悅。三姓同罪，既擒其二，晦之室屬，縲仆獄戶，苟幽明所怨，孤根易拔，以順討逆，雖厚必崩。然歸死難圖，獸困則噬，是以爰整其旅，用爲過防。京師之衆，天下雲集，士練兵精，大號響震。

使持節、中領軍偃山縣開國侯到彥之率羽林選士果勁二萬，[2]雲旆首路，組甲曜川。使持節、散騎常侍、都督南徐兗之江北淮南青州徐州之淮陽下邳琅邪東莞七郡諸軍事、征北將軍、南兗州刺史、永脩縣開國公檀道濟統勁銳武卒三萬，[3]戈船蔽江，星言繼發，千帆俱舉，萬棹遄征。散騎常侍、驍騎將軍段宏鐵馬二千，[4]風驅電擊，步自竟陵，[5]直至鄢郢。[6]又命征虜將軍、雍州刺史劉粹控河陰之師，[7]衝其巢窟。湘州刺史張邵提湘川之衆，[8]直據要害。巴、蜀杜荆門之險，[9]秦、梁絕丹圻之逕，[10]雲網四合，走伏路盡，然後鑾輿效駕，六軍鵬翔，[11]警蹕前臨，[12]五牛整旆。[13]雖以英布之氣，[14]彭寵之資，[15]登陴無名，授兵誰御？加以西土之人，[16]咸沐皇澤，東吳將士，[17]懷本首丘，[18]必不自陷罪人之黨，橫爲亂亡之役。置軍則魚潰，嬰城則鳥散，其勢然矣。聖上慇懃哀愍，其罪由晦，士民何辜。是用一分前麾，宣示朝旨。符到，其即共收擒晦身，輕舟護送。若已猖蹶，先事阻衛，宜翻然背亂，相率歸朝。頃大刑所加，洪恩曠洽，傅亮三息，特蒙全宥，晦同產以下，羨之諸姪，咸無所染。況彼府州文武，並列王職，荷國榮任，身雖在外，乃心辰極。夫轉禍貴速，後機則凶，若使王師臨郊，雷電皆至，噬臍之恨，亦將何及。

[1]尚書：官署名。即尚書省。置六曹。　符：公文。尚書所下公文之稱。三公府、大將軍府、州府所下亦然。

[2]佷山縣開國侯：侯爵名。侯國在今湖北長陽土家族自治縣西。

[3]南徐：州名。治所在今江蘇鎮江市。　兗：僑州名。治所在今江蘇淮安市淮陰區西南。　江北：郡名。治所不詳，查本書《州郡志》無江北郡。　淮南：僑郡名。治所在今安徽當塗縣。青州：治所在今山東青州市。　徐州：治所在今江蘇徐州市。　淮陽：郡名。治所在今江蘇淮安市清浦區西古泗水西岸。　下邳：郡名。治所在今江蘇睢寧縣西北古邳鎮東。　琅邪：郡名。治所在今山東臨沂市。　東莞：郡名。治所在今山東莒縣。　七：錢大昕《考異》云："實四郡，七字誤。"據此江北、淮南乃地區名，非郡名。丁福林《校議》據《通鑑》、本書卷四三《檀道濟傳》，認爲江北、淮南是郡名，"七"字未必誤。引此以備一說。　永脩：縣

名。治所在今江西永修縣艾城西南。　開國公：公爵名。初爲公爵中開國置官食封者，後僅爲爵位名。分爲郡公、縣公二級。

　　[4]驍騎將軍：官名。護衛皇帝宮廷的主要將領之一。四品。段宏：人名。鮮卑人，南燕亡歸宋。

　　[5]竟陵：郡名。治所在今湖北潛江市西北。

　　[6]鄾：縣名。在今湖北宜城市南。　郢：今湖北江陵縣西北紀南城。

　　[7]征虜將軍：官名。爲武官，亦作爲高級文職官員的加官。三品。　河陰：指黃河以南地區。

　　[8]張邵：人名。字茂宗，吳郡吳（今江蘇蘇州市）人。本書卷四六有傳。

　　[9]巴：郡名。治所在今重慶市。　蜀：郡名。治所在今四川成都市。　荆門：荆門山。在今湖北宜都市西北長江西南岸，東北與虎牙山隔江相望。

　　[10]梁：州名。治所在今陝西漢中市。　丹圻：地名。即丹江、淅水，爲江漢通往關中之重要通道。今址未詳，疑“圻”爲“析”之誤。

　　[11]六軍：原爲周朝的軍隊。《周禮·夏官·司馬》：“凡制軍，萬有二千五百人爲軍。王六軍，大國三軍，次國二軍，小國一軍。”後世遂以六軍爲朝廷的軍隊。

　　[12]警蹕：警戒，清道。專指皇帝出入經過的地方要戒嚴、斷絕行人。《漢書》卷四七《梁孝王傳》：“出稱警，入言趯。”説明梁孝王冒用天子的警蹕制度。

　　[13]五牛：《晉書·輿服志》：“以五牛建旗。車設五牛，青赤在左，黃在中，白黑在右。”此五牛旗車，祇有皇帝親征時，牛身上的旗幟纔能展開，否則不能展開。

　　[14]英布：人名。一名黥布。六（今安徽六安市）人。起兵反秦，爲楚勇將。封九江王。後歸漢，爲淮南王。因謀反敗死。《史記》卷九一有傳。

[15]彭寵：人名。字伯通，南陽宛（今河南南陽市）人。西漢末據有漁陽（今北京密雲縣西南），後歸光武，轉運糧食不絕，爲北道主人。漸富强。後發兵反漢，自立爲燕王。被殺。《後漢書》卷一二有傳。

[16]西土：指長江中上游地區。

[17]東吳：指長江下游地區。

[18]首丘：《楚辭·九章·哀郢》："狐死必首丘。"即狐狸死，其頭必嚮其丘穴。引申有懷念故鄉之意。《後漢書》卷四七《班超傳》："況於遠處絶域，小臣能無依風首丘之思哉。"

　　時益州刺史蕭摹之、巴西太守劉道産被徵還，[1]始至江陵，晦並繫縶，没其財貨，以充軍資。竟陵内史殷道鸞未之郡，[2]以爲諮議參軍。以弟遯爲冠軍、竟陵内史，[3]總留任，兄子世猷爲建威將軍、南平太守。[4]劉粹若至，周超能破之者，即以爲龍驤將軍、雍州刺史。[5]晦率衆二萬，[6]發自江陵，舟艦列自江津至于破冢，[7]旍旗相照，蔽奪日光。晦乃嘆曰："恨不得以此爲勤王之師！"自領湘州刺史，以張邵爲輔國將軍，邵不受命。

[1]益州：治所在今四川成都市。　蕭摹之：人名。南蘭陵（今江蘇常州市武進區）人。本書卷七八有附傳。　巴西：郡名。治所在今四川綿陽市東。　劉道産：人名。彭城呂（今江蘇銅山縣）人。本書卷六五有傳。

[2]殷道鸞：人名。陳郡長平（今河南西華縣）人。事見本書卷八七《殷琰傳》。

[3]冠軍：官名。即冠軍將軍。將軍名號。三品。

[4]南平：郡名。治所在今湖北公安縣西北。

[5]龍驤將軍：官名。地位較高。三品。

[6]晦率衆二萬：各本並脱"衆"字，中華本據《南史》補。

[7]江津：戍名。在今湖北荆州市市東南。　破冢：地名。在今湖北江陵縣東南。

晦檄京邑曰：

王室多故，禍難荐臻。營陽失德，自絶宗廟。盧陵王構閱有本，屢被猜嫌，且居喪失禮，退邇所具，積怨犯上，自貽非道。群后釋位，爰登聖明，亂之未义，職有所係。按車騎大將軍王弘、侍中王曇首，[1]謬蒙時私，叨竊權要。弘於永初之始，實荷不世之恩，元嘉之讓，自謂任遇浮淺，進誣先皇委誠之寄，退長嫌隙異同之端。曇首往因使下，訪以今上起居，不能光揚令德，彰於朝聽，其言多誣，故不具說。王華賊亡之餘，賞擢之次，先帝常見訪逮，庶有一分可取，而華稟性凶猜，多所忍害，曩者縱人入城，託疾辭事，此都士庶，咸所聞知。以其所啓及上手答示宗叔獻，[2]又令宣告徐、傅二公。及周糾使下，[3]又令見咨，云："欲自攬政事，求離任還都，并令曇首具述此意。"又惠觀道人說，[4]外人告華及到彦之謀反，不謂無之。城內東將，數日之內，操戈相待。華說數爲秋當所譖，[5]常不自安。凡此諸事，豈有忠誠冥契若此者邪。自以父亡道側，情事異人，外絶酒醴，而宵飲是恣。覿貌□□□□□凡厥士庶，[6]誰不側目。又常嘆宰相頓有數人，是何憒憒，規總威權，不顧國典。保祐皇家者，罹屠戮之誅，效勤社稷者，致

殲夷之禍。搢紳之徒，孰不慷慨。遂矯違詔旨，遣
到彥之、蕭欣之輕舟見襲。即日監利左尉露檄衆軍
已至揚子。[7]

[1]王曇首：人名。琅邪臨沂人。本書卷六三有傳。
[2]宗叔獻：人名。本書僅一見，其事不詳。中華本僅“獻”
字標爲人名，有誤，宗爲姓，叔獻爲名。
　[3]周糾：人名。一作“周赳”。官中書舍人，餘事不詳。
　[4]惠觀道人：本書僅一見，其事不詳。
　[5]秋當：人名。其事不詳。宋本、弘治本、毛本作“秋當”，
北監本、殿本、局本作“狄當”。中華本據《廣韻》：“秋，又姓，
宋中書舍人秋當。”《通鑑》胡三省注云：“秋當，人姓名。《姓
譜》，秋姓，秋胡之後。”以爲作“秋當”者是。並校正。
　[6]覬貌：其後六個空白字，不知何字，待考。
　[7]監利：縣名。治所在今湖北監利縣東北。　左尉：官名。
宋置，爲大縣所設二尉之一。　揚子：津名。在今江蘇揚州市南。
爲江濱要津。

　　雖以不武，忝荷蕃任，國家艱難，悲憤兼集。
若使小人得志，君子道消，凡百有殄瘁之哀，[1]蒼
生深橫流之懼。輒糾勒義徒，繕治舟甲，舳艫亘
川，駟介蔽野，武夫鷙勇，人百其誠。今遣南蠻司
馬寧遠將軍庾登之統參軍事建武將軍建平太守安
泰、宣威將軍昭弘宗、參軍事宣威將軍王紹之
等，[2]精銳一萬，前鋒致討。南蠻參軍、振武將軍
魏像統參軍事、宣威將軍陳珍虎旅二千，[3]參軍事、
建威將軍、新興太守賀愔甲卒三千，[4]相係取道。

南蠻參軍、振威將軍郭卓鐵騎二千,[5]水步齊舉。大軍三萬,駱驛電邁。行冠軍將軍竟陵內史河東太守謝遯、建威將軍南平太守謝世猷驍勇一萬,[6]留守江陵。分命參軍、長寧太守竇應期步騎五千,[7]直出義陽。[8]司馬、建威將軍、行南義陽太守周超之統軍司馬、振武將軍胡崇之精悍一萬,[9]北出高陽,[10]長兼行參軍、寧遠將軍朱澹之步騎五千,[11]西出雁塞,[12]同討劉粹,並趨襄陽。[13]奇兵尚速,指景齊奮。諸賢並同國恩,情兼義烈,今誠志士忘身之日,義夫著績之秋,見機而動,望風而不待勗。

[1]百有:猶百物。一作“萬有”,猶萬物。

[2]南蠻司馬:官名。南蠻校尉府幕僚,掌參軍務及府內武職。寧遠將軍:官名。將軍名號。五品。　參軍事:官名。即參軍。建武將軍:官名。爲五武將軍之一。四品。　安泰:人名。本書僅此一見,其事不詳。　宣威將軍:官名。爲雜號將軍。五品。昭弘宗:人名。本書僅此一見,其事不詳。　王紹之:人名。本書僅此一見,其事不詳。

[3]振武將軍:官名。五武將軍之一。爲雜號將軍,統兵。四品。　魏像:人名。本書僅此一見,其事不詳。　陳珍:人名。本書僅此一見,其事不詳。

[4]新興:郡名。治所在今湖北竹溪縣西。　賀愔:人名。其事不詳。

[5]振威將軍:官名。五威將軍之一。爲雜號將軍,統兵。四品。　郭卓:人名。本書僅此一見,其事不詳。

[6]河東:郡名。治所在今湖北松滋市。

[7]長寧：郡名。治所在今湖北荆門市。　竇應期：人名。其事不詳。

[8]義陽：郡名。治所在今河南信陽市。

[9]周超之：人名。中華本校勘記云：“即前後文之周超，南北朝人名後之‘之’字，有時可省去。此檄文則仍存‘之’字。”

胡崇之：人名。籍貫不詳，曾隨臧質與北魏軍周旋。官至龍驤將軍、秦州刺史。

[10]高陽：鎮名。治所在今湖北興山縣北。

[11]長兼：官制用語。原指長期兼任某職，後發展爲一種任官形式。秩位低於正員，可由此升爲正員，亦可由正員降此。　朱澹之：人名。本書僅此一見，其事不詳。

[12]雁塞：今址不詳，當在今湖北境內。

[13]襄陽：郡名。治所在今湖北襄陽市襄城區。

　　晦至江口，[1]到彦之已到彭城洲。[2]庾登之據巴陵，[3]畏懦不敢進。會霖雨連日，參軍劉和之曰：[4]“彼此共有雨耳，檀征北尋至，[5]東軍方强，唯宜速戰。登之恇怯，使小將陳祐作大囊，[6]貯茅數千斛，懸於艒檣，云可以焚艦，用火宜須晴，以緩戰期。晦然之，遂停軍十五日。乃攻蕭欣於彭城洲，中兵參軍孔延秀率三千人進戰，[7]甚力。欣於陣後擁楯自衛，又委軍還船，於是大敗。延秀又攻洲口栅陷之，彦之退保隱圻。[8]

[1]江口：地名。在今湖南漵浦縣西南江口鎮。

[2]彭城洲：地名。又作“彭城磯”。在今湖南臨湘市西北長江南岸。

[3]巴陵：縣名。治所在今湖南岳陽市。

[4]劉和之：人名。本書僅此一見，其事不詳。

[5]檀征北：即檀道濟。時任征北將軍。

[6]陳祐：人名。本書僅此一見，其事不詳。

[7]孔延秀：人名。其事不詳。

[8]隱圻：地名。又名隱礬。在今湖南臨湘市西北長江南岸。

晦又上表曰：

臣聞凶邪敗國，先代成患；讒豎亂朝，異世齊禍。故趙高矯逼，[1]秦氏用傾，董卓階亂，[2]漢祚伊覆。雖哲王宰世，大明照臨，未能使其漸弗興，茲害不作。姦臣王弘等竊弄威權，興造禍亂，遂與弟華内外影響，同惡相成，忌害忠賢，圖希非望。故司徒臣羨之、左光禄大夫臣亮橫被酷害，并及臣門。雖未知征北將軍臣道濟存亡，不容獨免。遂遣蕭欣、到彦之等輕舟見襲，姦偽之甚，一至於斯。羨之及亮，或宿德元臣，姻婭皇極，或任總文武，位班三事，[3]道濟職惟上將，扞城是司，皆受遇先朝，棟梁一代。臣昔因時幸，過蒙先眷，内聞政事，外經戎旅，與羨之、亮等同被齒盼。既經啓王基，協濟大業，爰自權興，暨于揖讓，誠積雖微，仍見紀録，並蒙丹書之誓，[4]各受山河之賞，欲使與宋升降，傳之無窮。及聖體不預，穆卜無吉，召臣等四人，同升御牀，顧命領遺，委以家國。仰奉成旨，俯竭股肱，忠貞不效，期之以死。但營陽悖德，自絶於天，社稷之危，憂在託付，不有所廢，將焉以興。乃遠稽殷、漢，用升聖德。陛下順流乘傳，不聽張武之疑，[5]入邸龍飛，非俟宋昌之議，[6]斯乃主臣相信，天人合契，九五當陽，[7]化形四海。羨之及亮，內贊皇猷，臣與道濟，分翰于外，普天之下，孰曰不宜。遂蒙寵授，來鎮此方，分留弟姪，以侍臺省。到任以來，首尾三載，雖形在遠外，心係本朝，事無大小，動皆咨啓，八州之政，罔一專輒，尊上之心，足貫幽顯。陛下遠述先旨，申以婚姻，大息世休，復蒙引召，是以去年送女遣兒，闔家俱下，血誠如此，未知所愧。而凶狡無端，妄生釁禍，羨之內誅，臣受外伐，顧省諸懷，不識何罪？天聽遐邈，陳訴靡由。弘等既蒙寵任，得侍左右，自謂勢擅狐鼠，[8]理隔熏掘。又以陛下富於春秋，始覽政事，欲馮陵恩幸，闚望國權，親從磐跱，規自封殖。不除臣等，罔得專權，所以交結讒慝，成是亂階。又惟弘等所構，當以營陽爲言，廬陵爲罪。又以臣等位高功同，內外膠固。陛下信其厚貌，忘厥左道，三至下機，[9]能不暫惑。

[1]趙高：人名。秦朝宦官。始皇死後，與李斯矯詔賜長子扶蘇死，立胡亥爲帝。旋殺李斯，自任丞相，獨攬朝政。又殺胡亥，立子嬰。事見《史記》卷六《秦始皇本紀》。

[2]董卓：人名。字仲穎，東漢隴西臨洮（今甘肅岷縣）人。漢末擁兵進入都城洛陽，廢少帝劉辯立陳留王劉協，迫使獻帝遷都長安，焚燒洛陽城，關東軍閥討伐，天下大亂，史稱董卓之亂。《後漢書》卷七二有傳。

[3]三事：周朝指三事大夫，即三公。漢朝以後指丞相，亦有

三司義。

[4]丹書：帝王用紅筆寫的詔書，頒發給功臣，使其享有世襲爵位和免罪特權。典出《漢書·高惠高后文功臣表》。

[5]張武：人名。西漢代王劉恒之郎中令。陳平、周勃誅諸呂，使人迎代王劉恒爲帝。張武等議曰："此以迎大王爲名，實不可信。願大王稱疾毋往，以觀其變。"事見《史記》卷一〇《孝文本紀》。

[6]宋昌：人名。西漢代王劉恒之中尉。陳平、周勃使人迎代王，宋昌力排衆議曰："此乃天授，非人力也……方今高帝子獨淮南王與大王，大王又長，賢聖仁孝，聞於天下，故大臣因天下之心而欲迎立大王，大王勿疑也。"事見《史記·孝文本紀》。

[7]九五：《易·乾卦》："九五，飛龍在天，利見大人。"乾卦九五，術數家説是人君之象徵，後因稱帝位爲九五之尊。

[8]狐鼠："城狐社鼠"之省稱。比喻仗勢作惡之人。《晋書》卷四九《謝鯤傳》："隗誠始禍，然城狐社鼠耳。"

[9]三至下機：相傳曾參居費，有同名者殺人。別人告訴參母"曾參殺人"，母不信，後又有二人相繼來告，參母懼怕，投杼下機，越墻而走。事見《戰國策·秦策二》。表示謡言多次傳播，也會産生影響。

伏自尋省，廢昏立明，事非爲己。盧陵之事，不由傍人，内積蕭墻之釁，外行叔段之罰，[1]既制之有主，臣何預焉。然盧陵爲性輕險，悌順不足，武皇臨崩，亦有口詔，比雖發自營陽，實非國禍。至於羨之、亮等，周旋同體，[2]心腹内外，政欲戮力皇家，盡忠報主。若令臣等頗欲執權，不專爲國，初廢營陽，陛下在遠，武皇之子，尚有童幼，擁以號令，誰敢非之。而沂流三千，虚館三月，奉迎鑾駕，以遵下武，[3]血心若斯，易爲可鑒。且臣等奉事先朝，十有七年，並居顯要，世稱恭謹，不圖一旦致兹釁罰。夫周公大賢，[4]尚有流言之謗，伯奇至孝，[5]不免譖愬之禍。慈父非無情於仁子，明君豈有志於貞臣。姦邪所移，勢回山岳，況乃精誠微淺，而望求信者哉。《詩》不云乎：“讒人罔極，交亂四國。愷悌君子，無信讒言。”[6]陛下躬覽篇籍，研覈是非，釁兆之萌，宜應深察。臣竊懼王室小有皇甫之患，[7]大有閻樂之禍，[8]夙夜殷憂，若無首領。夫周道浸微，桓、文稱伐，[9]君側亂國，趙鞅入誅。況今凶禍滔天，辰極危逼，[10]台輔孥戮，[11]岳牧傾陷。[12]臣才非絳侯，[13]安漢是職，人愧博陸，[14]厠奉遺旨。國難既深，家痛亦切。輒簡徒繕甲，軍次巴陵，蕭欣窘懾，望風奔迸。臣誠短劣，在國忘身，仰憑社稷之靈，俯厲義勇之氣，將長驅電掃，直入石頭，梟翦元凶，誅夷首惡，弔二公之冤魂，寫私門之禍痛。然後分歸司寇，甘赴鼎鑊，雖死之日，猶生之年。

[1]叔段：即共叔段。春秋時鄭武公子、莊公弟。居於京（今河南滎陽市東南），謀舉兵襲鄭。鄭莊公伐之，出奔共（今河南輝縣市）。見《史記》卷四二《鄭世家》。

[2]周旋：應接、交際。《晉書》卷七七《殷浩傳》：“我與君周旋久，寧作我也。”

[3]下武：後人有聖德能繼先王功業者。《詩·大雅·下武》“下武維周，世有哲王。”

[4]周公：姬旦。西周武王弟。成王即位，幼沖，周公輔政。管叔及其群弟乃流言於國，曰："公將不利於孺子。"並勾結武庚發動叛亂。周公東征，平定叛亂。見《尚書·金縢》。

[5]伯奇：人名。西周尹吉甫之子，至孝。但吉甫聽其後妻之讒言，而逐伯奇。伯奇含冤而作《履霜操》，援琴而鼓之。見《初學記》卷二引蔡邕《琴操》。

[6]"讒人罔極"至"無信讒言"：詩見《詩·小雅·青蠅》。

[7]皇甫：即周幽王（一説厲王）卿士皇父，以后黨亂政。見《詩·小雅·十月之交》。

[8]閻樂：人名。趙高的女婿，劫殺秦二世。見《史記》卷六《秦始皇本紀》、卷八七《李斯列傳》。

[9]桓、文：即春秋時期稱霸諸侯的齊桓公和晉文公，常以"尊王攘夷"爲名進行征伐。

[10]辰極：北極星。

[11]台輔：宰相、三公等最高級官員之尊稱。

[12]岳：堯舜時主一方諸侯之伯長。

[13]絳侯：即周勃，西漢沛（今江蘇沛縣）人。官太尉。與陳平等誅諸呂，迎立文帝，漢室得安。《漢書》卷四〇有傳。

[14]博陸：即霍光。西漢河東平陽（今山西臨汾市）人。官至大將軍，封博陸侯，輔昭帝，立宣帝，權勢甚重。身以壽終，子孫被誅滅。《漢書》卷六八有傳。

伏惟陛下德合乾元，[1]道侔玄極，[2]鑒凶禍之無端，察貞亮之有本，回日月之照，發霜電之威，梟四凶於廟庭，[3]懸三監於絳闕，[4]申二台之匪辜，明兩蕃之無罪，上謝祖宗，下告百姓，遣一乘之使，賜咫尺之書，臣便勒衆旋旗，還保所任。須次近路，尋復表聞。

[1]乾元：天。《易·乾卦》：“大哉乾元。”

[2]玄極：玄妙深微的道理。梁朝僧祐《明佛論》：“孔氏之訓，資釋氏而通，可不曰玄極不易之道哉。”

[3]四凶：指不服從舜控制的四個部族的首領，即渾敦、窮奇、檮杌、饕餮。見《左傳》文公十八年。《尚書·舜典》又以共工、驩兜、三苗、鯀爲四罪。

[4]三監：西周武王滅商，以商舊都封紂子武庚，以武王弟管叔、蔡叔、霍叔監之，稱三監。另説以邶、鄘、衛三國爲三監。此處指前者。三叔勾結武庚反叛，被殺或流放。

初，晦與徐羨之、傅亮謀爲自全之計，晦據上流，而檀道濟鎮廣陵，[1]各有强兵，以制持朝廷；羨之、亮於中秉權，可得持久。及太祖將行誅，王華之徒咸云：“道濟不可信。”太祖曰：“道濟止於脅從，本非事主。殺害之事，又所不關。吾召而問之，必異。”於是詔道濟入朝，授之以衆，委之西討。晦聞羨之等死，謂道濟必不獨全，及聞率衆來上，惶懼無計。

[1]廣陵：郡名。治所在今江蘇揚州市西北蜀崗上。

道濟既至，與彦之軍合，牽艦緣岸。[1]晦始見艦數不多，輕之，不即出戰。至晚，因風帆上，前後連咽，西人離阻，無復鬬心。臺軍至忌置洲尾，[2]列艦過江，晦大軍一時潰散。晦夜出，投巴陵，得小船還江陵。初，雍州刺史劉粹遣弟竟陵太守道濟與臺軍主沈敞之襲江陵，[3]至沙橋，[4]周超率萬餘人與戰，大破之。俄而晦敗問至。晦至江陵，無它處分，唯愧謝周超而已。超其夜舍軍單舸詣到彥之降。衆散略盡，乃攜其弟遜、兄子世基等七騎北走。遜肥壯不能騎馬，晦每待之，行不得速。至安陸延頭，[5]爲戍主光順之所執。[6]順之，晦故吏也。檻送京師，於路作《悲人道》，其詞曰：

[1]牽艦緣岸："艦"各本並作"盤"，中華本據《通鑑》宋文帝元嘉三年改。

[2]忌置洲：又作"忌置山"。在今湖北洪湖市西南長江北岸，與湖南城陵磯隔江相望。

[3]道濟：人名。即劉道濟。沛郡蕭人。本書卷四五有附傳。
軍主：官名。爲軍的主將，下有軍副。所統兵力無定員，無固定品階。　沈敞之：人名。吳興武康（今浙江德清縣）人，沈慶之兄。

[4]沙橋：在今湖北江陵縣北。

[5]安陸：縣名。治所在今湖北安陸市。　延頭：地名。在今湖北大悟縣東南。

[6]光順之：人名。事見本卷。

　　悲人道兮，悲人道之實難。哀人道之多險，傷人道之寡安。懿華宗之冠胄，固清流而遠源。樹文德於庭户，立操學於衡門。[1]應積善之餘祐，當履福之所延。何小子之凶放，實招禍而作愆。

[1]衡門：橫木爲門，指簡陋房屋。《漢書》卷七三《韋玄成傳》："使得自安衡門之下。"顏師古注："衡門，謂橫一木於門上，貧者之所居也。"

值革變之大運，遭一顧於聖皇。參謀猷於創物，贊帝制於宏綱。出治戎於禁衛，入關言於帷房。分河山之珪組，[1]繼文武之龜章。稟顧命於西殿，受遺寄於御牀。伊懦劣其無節，實懷此而不忘。荷隆遇於先主，欲報之於後王。憂託討之無效，懼愧言於存亡。謂繼體其嗣業，能增輝於前光。居遏密之未幾，[2]越禮度而涵荒。普天壤而殞氣，必社稷之淪喪。矧吾儕之體國，實啓處而匪遑。[3]藉億兆之一志，固昏極而明彰。諒主尊而民晏，信卜祚之無疆。國既危而重構，家已衰而載昌。獲扶顛而休否，[4]冀世道之方康。

[1]珪組：亦作“圭組”，指印綬。

[2]遏密：禁絕。《尚書·舜典》：“帝乃殂落，百姓如喪考妣。三載，四海遏密八音。”後用來喻指皇帝之死。

[3]啓處而匪遑：言臣受命即行。語出《詩·小雅·四牡》“王事靡盬，不遑啓處。”

[4]扶顛：言輔相人君者當能持危扶顛。語出《論語·季氏》。孔子曰：“危而不持，顛而不扶，則將焉用彼相矣。”

朝褒功以疏爵，祇命服於西蕃。[1]奏簫管之嘈囋，擁朱斿之赫煌。[2]臨八方以作鎮，響文武之桓桓。[3]屬薄弱以爲政，實忘食於日旰。豈申甫之敢慕，[4]庶惟宋之屏翰。逾歷其三稔，實周回其未再。豈有慮於內□□□□其云裁。[5]痛夾輔之二宰，並加辟而靡貸。哀弱息之從禍，悲發中而心痗。[6]

[1]命服：古代按等級所穿的禮服。《詩·小雅·采芑》：“服其命服，朱芾斯皇。”

[2]擁朱旄之赫煌：張森楷《校勘記》云：“煌字與上‘蕃’，下‘桓’‘旰’‘翰’等不叶韵，疑當作烜。《廣韻》，烜，光明也。”孫虨《考論》云：“煌字非韵，蓋烜字誤也。”

[3]桓桓：威武。《尚書·牧誓》：“尚桓桓如虎、如貔、如熊、如羆，于商郊。”

[4]申甫：即申伯與甫侯，周代諸侯。《詩·大雅·崧高》：“維嶽降神，生甫及申。維申及甫，維周之翰。”

[5]□□□□：各本並空此四字，待考。

[6]痗：病，憂病。《詩·衛風·伯兮》：“願言思伯，使我心痗。”毛《傳》：“痗，病也。”

　　伊荆、漢之良彥，逮文武之子民。見忠貞而弗亮，覿理屈而莫申。皆義概而同憤，咸荷戈而競臻。浮舳艫之弈弈，陣車騎之轔轔。觀人和與師整，謂茲兵其誰陳。庶亡魂之雪怨，反涇、渭於彝倫。齊輕舟於江曲，殄銳敵其皆湮。勒陸徒於白水，[1]寇無反於隻輪。氣有捷而益壯，威既肅而彌振。嗟時哉之不與，迕風雨以踰旬。我謀戰而不克，彼繼奔其躡塵。乏智勇之奇正，忽孟明而是遵，[2]苟成敗其有數，豈怨天而尤人。恨矢石之未竭，遂摧師而覆陳。誠得喪之所遭，固當之其無吝。痛同懷之弱子，橫遭羅之殃釁。智未窮而事傾，力未極而莫振。誓同盡於鋒鏑，我怯劣而愆信。愍弟姪之何辜，實吾咎之所嬰。謂九夷其可處，[3]思致免以全生。嗟性命之難遂，乃窘絏於邊亭。亦何忤於天地，備艱危而是丁。

[1]陸徒：疑爲“陸梁之徒”的省稱。指強梁不安分的人。
白水：地名。在今湖北襄陽市。

[2]孟明：人名。即百里孟明視。春秋時期秦國將領，率軍襲
鄭未果，被晉軍敗於崤（今河南洛寧縣北），身被囚禁，後放歸。
見《左傳》僖公三十三年。

[3]九夷其可處：典出《論語·子罕》：“子欲居九夷。或曰：
‘陋，如之何？’子曰：‘君子居之，何陋之有。’”九夷，泛指少數
民族。

我聞之於昔詰，功彌高而身蹙。霍芒刺而幸
免，[1]卒傾宗而滅族。周嘆貴於獄吏，[2]終下蕃而靡
鞠。雖明德之大賢，亦不免於殘戮。懷今憚而忍
人，忘向惠而莫復。績無賞而震主，[3]將何方以自
牧。非砆石之圜照，孰違禍以取福。著殷鑑於自
古，[4]豈獨嘆於季叔。[5]能安親而揚名，諒見稱於先
哲。保歸全而終孝，傷在余而皆缺。辱歷世之平
素，忽盛滿而傾滅。惟烝嘗與灑掃，痛一朝而永
絕。問其誰而爲之，實孤人之險戾。罪有踰於丘
山，雖百死其何雪。

[1]霍：即霍光。　芒刺：比喻令人不安，如芒刺在背。

[2]周嘆貴於獄吏：周勃後免相就國，拘於廷尉。納獄吏言，
以公主爲證，終赦免復爵。因言：“吾嘗將百萬軍，安知獄吏之貴
也。”事見《漢書》卷四〇《周勃傳》。

[3]績無賞而震主：“績”各本作“續”，張森楷《校勘記》：

"續疑當作績。"中華本校勘記云："作'續'不可通，張校是，今改正。"

[4]殷鑑：《詩·大雅·蕩》："殷鑒不遠，在夏后之世。"謂殷人滅夏，殷的子孫應以夏的滅亡作爲鑑戒。後泛稱可作借鑑的往事。

[5]季叔：末世、衰世。《魏書》卷八八《良吏傳》："季叔澆漓，姦巧多緒。"中華本標作人名，誤。

　　羈角偃兮衡閭，[1]親朋交兮平義。雖履尚兮不一，隆兮好兮情寄。俱憚耕兮從禄，覩世道兮艱詖。[2]規志局兮功名，每謂之兮爲易。今定謚兮闔棺，慚明智兮昔議。雖待盡兮爲恥，嗟厚顏兮靡置。長揖兮數子，謝爾兮明智。百齡兮浮促，終焉兮斟克。卧盡兮斧斤，理命兮同得。世安彼兮非此，豈曉分兮辨惑。御莊生之達言，[3]請承風以爲則。

[1]羈角：即總角。古時兒童束髮成兩角，以示童年，故可以作童年的代稱。

[2]艱詖：艱難邪僻。

[3]莊生之達言：莊周豁達開朗的言論。莊生，即莊周。戰國時宋國蒙（今河南民權縣）人。著有《莊子》。

　　周超既降，到彦之以參府事，劉粹遣參軍沈敞之告彦之沙橋之敗，事由周超，彦之乃執之。先繫矙等，猶未即戮，於是與晦、遯、兄子世基、世猷及同黨孔延秀、周超、費愔、竇應期、蔣虔、嚴千斯等並伏誅。[1]

世基，絢之子也，有才氣。臨死爲連句詩曰：“偉哉橫海鱗，壯矣垂天翼。一旦失風水，翻爲螻蟻食。”晦續之曰：“功遂侔昔人，保退無智力。既涉太行險，[2]斯路信難陟。”晦死時，年三十七。庾登之、殷道鸞、何承天並皆原免。

　　[1]蔣虔：人名。本書僅此一見，其事不詳。　孔延秀：其上各本並有“庾登之”三字。錢大昕《考異》云：“案下文云庾登之、殷道鸞、何承天並皆原免，則登之實未誅也。”中華本校勘記云：“錢氏《考異》説是。庾登之《宋書》有傳，云‘晦敗，登之以無任免罪，禁錮還家’。今訂正。又張森楷《校勘記》云：‘費愔，當即前之賀愔，作“費”者蓋形似之訛。’”　嚴千斯：人名。本書僅此一見，其事不詳。

　　[2]太行：山名。綿延於今山西、河北、河南三省界。

　　初，河東人商玄石爲晦參軍，晦爲逆，玄石密欲推西人庾田夫及到彦之從弟爲主，[1]田夫等不敢許。玄石知獨謀不立，[2]遂爲晦領幢。事既平，恨本心之不遂，投水死。太祖嘉之，以其子懷福爲衡陽王義季右軍參軍督護。[3]晦走，左右皆棄之，唯有延陵蓋追隨不舍。[4]太祖嘉之，後以蓋爲長沙王義欣鎮軍功曹督護。[5]

　　[1]庾田夫：人名。本書僅此一見，其事不詳。　到彦之從弟：史失其名。

　　[2]玄石知獨謀不立：“玄石知”各本並作“知玄石”。孫虨《考論》云：“當云玄石知獨謀不立。”中華本校勘記云：“孫説是，今訂正。”

[3]衡陽王：王爵名。王國在今湖南株洲市西南。　義季：人名。即劉義季。宋武帝劉裕子。本書卷六一有傳。　右軍：官名。右將軍之省稱。軍府名號，用作加官。三品。　參軍都護：官名。在長兼行參軍之下。

[4]延陵蓋：人名。本書僅此一見，其事不詳。

[5]長沙王：王爵名。王國在今湖南長沙市。　義欣：人名。即劉義欣。宋武帝劉裕中弟道憐長子。本書卷五一有附傳。

史臣曰：謝晦坐璽封違謬，遂免侍中，斯有以見高祖之識治，宰臣之稱職也。夫拏戮所施，事行重釁，左黜或用，義止輕愆。輕愆，物之所輕，重釁，人之所重。故斧鉞希行於世，徽簡日用於朝，雖貴臣細故，不以任隆弛法，至乎下肅上尊，用此道也。自太祖臨務，茲典稍違，網以疏行，法爲恩息，妨德害美，抑此之由。降及大明，[1]傾詖愈甚，[2]自非訐竊深私，陵犯密諱，則左降之科，不行於權戚。若有身觸盛旨，釁非國刑，免書裁至，弔客固望其門矣。由是律無恒條，上多弛行，綱維不舉，而網目隨之。所以吉人防著在微，慎大由小，蓋爲此云。

[1]大明：宋孝武帝劉駿年號（457—464）。
[2]傾詖：偏頗不公正，有偏向。

宋書　卷四五

列傳第五

王鎮惡　檀韶　向靖　劉懷慎　劉粹

王鎮惡，北海劇人也。[1]祖猛，[2]字景略，苻堅僭號關中，猛爲將相，有文武才，北土重之。父休，[3]僞河東太守。[4]

[1]北海：郡名。治所在今山東昌樂縣。　劇：縣名。治所在今山東昌樂縣。

[2]猛：人名。即王猛。前秦的政治家。其事見《晋書》卷一一四《苻堅載記》。

[3]休：人名。即王休。本書僅一見，不見於《晋書》。

[4]河東：郡名。治所在今山西夏縣禹王城。

鎮惡以五月五日生，家人以俗忌，俗令出繼疏宗。猛見奇之，曰："此非常兒，昔孟嘗君惡月生而相齊，[1]是兒亦將興吾門矣。"故名之爲鎮惡。年十三而苻氏敗亡，關中擾亂，流寓崤、澠之間。[2]嘗寄食澠池人李方家，[3]方善遇之。謂方曰："若遭遇英雄主，要取萬户侯，[4]當厚相報。"方答曰："君丞相孫，人才如此，何患不富貴。至時願見用爲本縣令足矣。"後隨叔父曜歸晉，[5]客居荆州。[6]頗讀諸子兵書，論軍國大事，騎乘非所長，關弓亦甚弱，而意略縱横，果決能斷。

[1]孟嘗君：即田文。齊國公子。《史記》卷七五有傳。

[2]崤：即崤山。在今河南洛寧縣北。　澠：即澠池。在今河南澠池縣西。

[3]李方：人名。本書僅一見，《晉書》不見記載。

[4]萬户侯：侯爵名。即食邑萬户的列侯。

[5]曜：人名。即王曜。曾任南譙王劉義宣之參軍。

[6]荆州：治所在今湖北荆州市荆州區。

　　廣固之役，[1]或薦鎮惡於高祖，[2]時鎮惡爲天門臨澧令，[3]即遣召之。既至與語，甚異焉。因留宿。明旦謂諸佐曰："鎮惡，王猛之孫，所謂將門有將也。"即以爲青州治中從事史，[4]行參中軍太尉軍事，[5]署前部賊曹。[6]拒盧循於查浦，[7]屢戰有功，封博陸縣五等子。[8]

[1]廣固：城名。在今山東青州市西北。十六國時南燕都城。

[2]高祖：宋武帝劉裕廟號。

[3]天門：郡名。治所在今湖南石門縣。　臨澧：縣名。治所在今湖南桑植縣。

[4]青州：治所在今山東青州市。東晉又僑治於廣陵，即今江蘇揚州市西北。　治中從事史：官名。簡稱治中。爲州佐吏，掌衆曹文書事，多以六品官爲之。

[5]行參軍事：官名。又稱行參軍。晉初中央除拜者爲參軍，諸府自辟者爲行參軍。此後行參軍亦可除拜，品階低於參軍。　中軍：官名。中軍將軍之省稱，可離開京師，出任持節都督，鎮守一方。位比四鎮將軍。三品。　太尉：官名。東漢列三公之首，魏晉南朝爲名譽宰相。一品。但在東晉末年劉裕任太尉則有實權。

[6]前部：即爲部督。　賊曹：官署名。主盜賊事。東晉末分爲長流賊曹、刑獄賊曹、城局賊曹，各置參軍。

[7]盧循：人名。字于先，東晉范陽涿（今河北涿州市）人，孫恩反晉軍首領。《晉書》卷一〇〇有傳。　查浦：地名。在今江蘇南京市清凉山南。

[8]博陸縣五等子：子爵名。封地在今河北蠡縣南。五等子，子爵等級之一，不食封。

　　高祖謀討劉毅，[1]鎮惡曰：“公若有事西楚，[2]請賜給百舸爲前驅。”義熙八年，[3]劉毅有疾，求遣從弟兗州刺史藩爲副貳，[4]高祖僞許之。九月，大軍西討，轉鎮惡參軍事，[5]加振武將軍。[6]高祖至姑孰，[7]遣鎮惡率龍驤將軍蒯恩百舸前發，[8]其月二十九日也。戒之曰：“若賊知吾上，比軍至，亦當少日耳。政當岸上作軍，未辦便下船也。卿至彼，深加籌量，可擊，便燒其船艦，且浮舸水側，以待吾至。慰勞百姓，宣揚詔旨并赦文，及吾與衛軍府文武書。[9]罪止一人，其餘一無所問。若賊都不知消息，未有備防，可襲便襲。今去，但云劉兗州上。”[10]鎮惡受命，便晝夜兼行，於鵲洲、尋陽、河口、巴陵守風凡四日，[11]十月二十二日，至豫章口，[12]去江陵城二十里。[13]

[1]劉毅：人名。字希樂，彭城沛（今江蘇沛縣）人。與劉裕共討滅桓氏，任衛將軍、荊州刺史。《晉書》卷八五有傳。

[2]西楚：指以江陵爲中心的長江中游地區。

[3]義熙：晉安帝司馬德宗年號（405—418）。

[4]兗州：治所在今山東鄆城縣西。 藩：人名。即劉藩。《晉書·天文志下》《五行志下》又作"劉蕃"。

[5]轉：官制用語。官吏調任曰轉。指改任與原品秩相同的其他官職，或同職而僅調換任所，並無升降。 參軍事：官名。又稱參軍。爲公府等所設諸曹長官。品級六至九品不等。

[6]振武將軍：官名。爲雜號將軍，統兵。與建武、奮武、揚武、廣武將軍合稱五武將軍。四品。

[7]姑孰：城名。在今安徽當塗縣。

[8]龍驤將軍：官名。地位較高。三品。 蒯恩：人名。東晉人，籍貫不詳，曾任河間内史、蘭陵太守、輔國將軍等職。

[9]衛軍：官名。即衛將軍。多作爲軍府名號以加大臣、重要州郡長官，無具體職掌。常以中書監、尚書令等權臣兼任，統兵出征。

[10]劉兗州：兗州刺史劉藩。

[11]鵲洲：在今安徽銅陵、繁昌二縣之間長江中，爲江流險要處。 尋陽：縣名。在今江西九江市南。 河口：《元龜》卷四二〇作"江口"。孫彪《考論》云："河疑沔訛。" 巴陵：縣名。治所在今湖南岳陽市。

[12]豫章口：在今湖北江陵縣東南，即古夏水通長江之口。

[13]江陵城：在今湖北江陵縣。

自鎮惡進路，揚聲劉兗州上，毅謂爲信然，不知見襲。鎮惡自豫章口捨船步上，蒯恩軍在前，鎮惡次之。舸留一二人，對舸岸上竪六七旗，下輒安一鼓。語所留人："計我將至城，便長嚴，[1]令如後有大軍狀。"[2]又分隊在後，令燒江津船艦。[3]鎮惡逕前襲城，語前軍："若有問者，但云劉兗州至。"津戍及百姓皆言劉藩實上，晏然不疑。

[1]長嚴：連續不斷地擊鼓。

[2]令如後有大軍狀：各本並脫"如"字，中華本據《御覽》卷三一六引、《元龜》卷四二〇補。《通鑑》晉安帝義熙八年作"若"字。

[3]江津：戍名。一名奉城。在今湖北荊州市東南。

未至城五六里，逢毅要將朱顯之，[1]與十許騎，步從者數十，欲出江津。問是何人，答云："劉兗州至。"顯之馳前問藩在所，答云："在後。"顯之既見軍不見藩，而見軍人擔彭排戰具，[2]望見江津船艦已被燒，烟焰張天，而鼓嚴之聲甚盛，知非藩上，便躍馬馳去告毅："外有大軍，似從下上，垂已至城，江津船悉被火燒矣。"行令閉諸城門。鎮惡亦馳進，軍人緣城得入，門猶未及下關，因得開大城東門。大城內，毅凡有八隊，帶甲千餘，已得戒嚴。蒯恩入東門，便北回擊射堂，前攻金城東門。鎮惡入東門，便直擊金城西門。軍分攻金城南門。毅金城內東從舊將，[3]猶有六隊千餘人，西將及能細直吏快手，[4]復有二千餘人。食時就鬭，至中晡，西人退散及歸降略盡。鎮惡入城，便因風放火，燒大城南門及東門。又遣人以詔及赦文并高祖手書凡三函示毅，毅皆燒不視。金城內亦未信高祖自來。有王桓者，[5]家在江陵，昔手斬桓謙，[6]爲高祖所賞拔，常在左右。求還西迎家，至是率十餘人助鎮惡戰。下晡間，於金城東門北三十步鑿城作一穴，桓便先衆入穴，鎮惡自後繼之，隨者稍多，因短兵接戰。鎮惡軍人與毅東來將士，[7]或有是父兄子弟中表親親者，鎮惡令且鬬且共語，衆並知高祖自來，人情離懈。一更許，聽事前陣散潰，斬毅勇將趙蔡。[8]毅左右兵猶閉東西閤拒戰，鎮惡慮闇夜自相傷犯，乃引軍出，繞金城，開其南面，以爲退路。毅慮南有伏兵，三更中，率左右三百許人開北門突出。初，毅常所乘馬在城外不得入，倉卒無馬，毅便就子肅民取馬，肅民不與。朱顯之謂曰：“人取汝父，而惜馬不與，汝今自走，欲何之？”奪馬以授毅。初出，政值鎮惡軍，衝之不得去，回衝蒯恩軍，軍人鬬已一日，疲倦，毅得從大城東門出奔牛牧佛寺，自縊死。鎮惡身被五箭，射鎮惡手所執矟，於手中破折。江陵平後二十日，大軍方至。

[1]朱顯之：人名。本書僅此一見，其事不詳。

[2]彭排：用以禦敵藤牌之類的武器。《釋名》：“彭排，彭，旁也。在旁排敵禦攻也。”

[3]軍分攻金城南門。毅金城內東從舊將：各本並脫“南門毅金城”五字，中華本據《御覽》卷三一六引補。金城，即江陵內城。

[4]快手：善射的士兵。

[5]王桓：人名。本書僅此一見，其事不詳。

[6]桓謙：人名。字敬祖，東晉譙國龍亢（今安徽懷遠縣）人。《晉書》卷七四有附傳。

[7]鎮惡軍人與毅東來將士："東來將士"各本並作"東將"二字，《南史》作"下將"二字，中華本據《通典·兵典》、《御覽》卷三一六引訂補。

[8]趙蔡：人名。本書僅此一見，其事不詳。

署中兵，[1]出爲安遠護軍、武陵内史。[2]以討劉毅功，封漢壽縣子，[3]食邑五百户。[4]蠻帥向博抵根據阮頭，[5]屢爲凶暴，鎮惡討平之。初行，告刺史司馬休之，[6]求遣軍以爲聲援，休之遣其將朱襄領衆助鎮惡。[7]會高祖西討休之，鎮惡乃告諸將曰："百姓皆知官軍已上，朱襄等復是一賊，表裏受敵，吾事敗矣。"乃率軍夜下，江水迅急，倏忽行數百里，直據都尉治。既至，乃以竹籠盛石，堙塞水道，襄軍下，夾岸擊之，斬襄首，殺千餘人。鎮惡性貪，既破襄，因停軍抄掠諸蠻，不時反。及至江陵，休之已平，高祖怒，不時見之。鎮惡笑曰："但令我一見公，無憂矣。"高祖尋登城喚鎮惡，鎮惡爲人強辯，有口機，隨宜酬應，高祖乃釋。休之及魯宗之奔襄陽，[8]鎮惡統蒯恩諸軍水路追之，休之等奔羌，[9]鎮惡追躡，盡境而還。除游擊將軍。[10]

[1]署：官制用語。指代理、暫任或試充某官職。　中兵：官名。中兵參軍之簡稱，掌本府中兵曹事務，兼備參謀咨詢。

[2]安遠護軍：官名。職掌如將軍，而位略低。統兵，管理少數民族事務。置於武陵郡，多由武陵内史領之。六品。　武陵内史：官名。掌民政，職與郡守同。五品。武陵，在今湖南常德市。

[3]漢壽縣子：子爵名。爲開國縣子之省稱。漢壽，在今湖南常德市東北。

[4]食邑：受封者所享有的封地，收食其租稅。

[5]向博抵根：人名。本書僅此一見，其事不詳。　阮頭：地名。今址不詳。

[6]司馬休之：人名。字季預，晉宗室。官至平西將軍、荊州刺史。劉裕征之，奔後秦姚興。《晉書》卷三七有附傳。

[7]朱襄：人名。本書僅此一見，其事不詳。

[8]魯宗之：人名。字彥仁，東晉時扶風郿（今陝西眉縣）人。官至雍州刺史、鎮北將軍，後奔後秦。　襄陽：即今湖北襄陽市襄城區。

[9]羌：指羌人姚氏建立的後秦政權。

[10]除：官制用語。即拜官授職。免除官職亦稱除。　游擊將軍：官名。爲禁軍將領，與驍騎將軍分領命中虎賁，掌宿衛之任。四品。

　　十二年，高祖將北伐，轉鎮惡爲諮議參軍，[1]行龍驤將軍，[2]領前鋒。將發，前將軍劉穆之見鎮惡於積弩堂，[3]謂之曰："公愍此遺黎，志蕩逋逆。昔晉文王委伐蜀於鄧艾，[4]今亦委卿以關中，[5]想勉建大功，勿孤此授。"鎮惡曰："不剋咸陽，[6]誓不復濟江而還也！"

[1]諮議參軍：官名。職掌不定。位在列曹參軍上，州所置者常帶大郡太守，且有越次行府州事者。

[2]行：官制用語。指官缺未補，暫由他官兼攝其事。

[3]前將軍：官名。漢朝爲重要武職位上卿，平時無具體職尊，戰時則典禁具保衛京師，或領兵出征，不常置。魏晉南朝地位漸低，僅高於雜號將軍，用作加官。三品。　劉穆之：人名。字道和，東莞莒（今山東莒縣）人。本書卷四二有傳。

[4]晉文王：司馬昭。河內溫（今河南溫縣）人。《晉書》卷

二有紀。　蜀：即三國時蜀漢，都城在今四川成都市。　鄧艾：人
名。字士載，三國時義陽棘陽（今河南南陽市）人。《三國志》卷
二八有傳。

[5]關中：地區名。即今陝西中部地區。

[6]咸陽：地名。即今陝西咸陽市。

　　鎮惡入賊境，戰無不捷，邵陵、許昌，[1]望風奔散，
破虎牢及柏谷塢，[2]斬賊帥趙玄。[3]軍次洛陽，[4]僞陳留
公姚洸歸順。[5]進次澠池，造故人李方家，升堂見母，
厚加酬賚，即版授方爲澠池令。[6]遣司馬毛德祖攻僞弘
農太守尹雅於蠡城，[7]生擒之。仍行弘農太守。方軌長
驅，徑據潼關。[8]僞大將軍姚紹率大衆拒嶮，[9]深溝高壘
以自固。鎮惡懸軍遠入，轉輸不充，與賊相持久，將士
乏食，乃親到弘農督上民租，百姓競送義粟，軍食復
振。初，高祖與鎮惡等期，若剋洛陽，須大軍至，未可
輕前。既而鎮惡等逕向潼關，爲紹所拒不得進，而軍又
乏食，馳告高祖，求遣糧援。時高祖沿河，索虜屯據河
岸，[10]軍不得前。高祖呼所遣人開舫北戶，指河上虜示
之曰："我語令勿進，而輕佻深入。岸上如此，何由得
遣軍？"鎮惡既得義租，紹又病死，僞撫軍姚讚代紹守
嶮，[11]衆力猶盛。高祖至湖城，讚引退。[12]

[1]邵陵：縣名。治所在今河南漯河市郾城區東。　許昌：縣
名。治所在今河南許昌市東。

[2]虎牢：關名。在今河南滎陽市西北汜水鎮。　柏谷塢：一
名鈎鎖塢。在今河南偃師市洛河南岸。

[3]趙玄：人名。此處與《晉書》卷一一九均作"趙玄"，本

書卷九五作"趙玄石",誤。

[4]洛陽:縣名。在今河南洛陽市東漢魏故城。

[5]陳留公:公爵名。公國在今河南開封市祥符區陳留鎮。公,分爲開國公、開國郡公、郡公、縣公、鄉公等名目。 姚洸:人名。《晉書》卷一○作"姚光",卷一一七作"姚洸"。十六國後秦主姚興子。

[6]版授:官制用語。指地方軍政長官自行選用官員,未經吏部正式任命,而由州、府的户曹行版文委派。

[7]司馬:官名。公府高級幕僚,位次長史,管理府内武職,與長史共參府務。 毛德祖:人名。榮陽陽武(今河南原陽縣)人。本書卷九五有附傳。 弘農:郡名。治所在今河南靈寶市東北函谷故城。 尹雅:人名。其事不詳。 蠡城:本書卷九五作"梨城"。在今河南宜陽縣西北。

[8]潼關:關名。在今陝西潼關縣東北黃河南岸。

[9]大將軍:官名。高級軍政官員,職任頗重,常專擅軍政事務。一品。 姚紹:人名。十六國後秦將領。

[10]索虜:南朝對北方鮮卑拓跋部建立的魏政權的蔑稱。因鮮卑人頭上辮髮,故名。

[11]撫軍:官名。撫軍將軍、撫軍大將軍之省稱。三品、二品。 姚讚:人名。十六國後秦將領。

[12]湖城:縣名。治所在今河南靈寶市西北。

大軍次潼關,謀進取之計,鎮惡請率水軍自河入渭。僞鎮北將軍姚强屯兵涇上,[1]鎮惡遣毛德祖擊破之,直至渭橋。[2]鎮惡所乘皆蒙衝小艦,行船者悉在艦内,羌見艦泝渭而進,艦外不見有乘行船人,北土素無舟檝,[3]莫不驚愡,咸謂爲神。鎮惡既至,令將士食畢,便棄船登岸。渭水流急,倏忽間,諸艦悉逐流去。時姚泓屯軍在長安城下，[4]猶數萬人。鎮惡撫慰士卒曰：“卿諸人並家在江南，此是長安城北門外，去家萬里，而舫乘衣糧，並已逐流去，豈復有求生之計邪！唯宜死戰，可以立大功，不然，則無遺類矣。”乃身先士卒，衆亦知無復退路，莫不騰踊爭先，泓衆一時奔潰，即陷長安城。泓挺身逃走。明日，率妻子歸降。城內夷、晉六萬餘户，鎮惡宣揚國恩，撫慰初附，號令嚴肅，百姓安堵。

[1]姚强：人名。本書僅二見，其事不詳。
[2]渭橋：橋名。在今陝西咸陽市東北秦咸陽城南渭河上。
[3]北土素無舟檝：“土”各本並作“士”，中華本據《南史》、《建康實録》、《元龜》卷三四四改。
[4]姚泓：人名。字元子，羌人。後秦末君主。《晉書》卷一一九有載記。　長安：城名。在今陝西西安市。

　　高祖將至，鎮惡於灞上奉迎，[1]高祖勞之曰：“成吾霸業者，真卿也。”鎮惡再拜謝曰：“此明公之威，諸將之力，鎮惡何功之有焉！”高祖笑曰：“卿欲學馮異也。”[2]是時關中豐全，倉庫殷積，鎮惡極意收斂，子女玉帛，不可勝計。高祖以其功大，不問也。進號征虜將軍。[3]時有白高祖以鎮惡既克長安，藏姚泓偽輦，爲有異志。高祖密遣人覘輦所在，泓輦飾以金銀，鎮惡悉剔取，而棄輦於垣側。高祖聞之，乃安。

[1]灞上：地名。在今陝西西安市東白鹿原北首。
[2]馮異：人名。字公孫，漢穎川父城（今河南寶豐縣東）

人。爲光武帝鎮關中。爲人謙退，諸將並坐論功，異常獨屏樹下。《後漢書》卷一七有傳。

[3]征虜將軍：官名。爲武官，亦作爲高級文職官員的加官。三品。

　　高祖留第二子桂陽公義真爲安西將軍、雍秦二州刺史，[1]鎮長安。鎮惡以本號領安西司馬、馮翊太守，[2]委以扞禦之任。時西虜佛佛强盛，[3]姚興世侵擾北邊，[4]破軍殺將非一。高祖既至長安，佛佛畏憚不敢動。及大軍東還，便寇逼北地。[5]義真遣中兵參軍沈田子距之。[6]虜甚盛，田子屯劉回堡，[7]遣使還報鎮惡。鎮惡對田子使，謂長史王脩曰：[8]“公以十歲兒付吾等，當各思竭力，而擁兵不進，寇虜何由得平。”使遠，具説鎮惡言，田子素與鎮惡不協，至是益激怒。二人常有相圖志，彼此每相防疑。鎮惡率軍出北地，爲田子所殺，事在《序傳》。時年四十六。田子又於鎮惡營内，殺鎮惡兄基、弟鴻、遵、淵及從弟昭、朗、弘，凡七人。是歲，十四年正月十五日也。

　　[1]桂陽：郡名。治所在今湖南郴州市。　　安西將軍：官名。四安將軍之一，爲出鎮某一地區的軍事長官，或作爲刺史等地方官員的加官，權任很重。三品。　　雍秦二州：後秦雍州，治所在今甘肅涇川縣北涇河北岸，秦州治所在今甘肅天水市。劉裕克關中，仍置二州，治所在今陝西西安市西北。

　　[2]馮翊：郡名。治所在今陝西大荔縣。

　　[3]佛佛：人名。十六國夏主赫連勃勃，南朝人稱爲佛佛，是“勃勃”的音轉。見本書卷九五《索虜傳》。

[4]姚興：人名。字子略，南安赤亭（今甘肅隴西縣）羌人，十六國後秦皇帝。《晋書》卷一一七、一一八有載記。

[5]北地：郡名。治所在今陝西銅川市耀州區。

[6]沈田子：人名。字敬光，吳興武康（今浙江德清縣）人。事見本書卷一〇〇《自序》。

[7]劉回堡：地名。在今陝西興平市西南。

[8]長史：官名。爲府幕僚長。　王脩：人名。字叔治，京兆灞城（今陝西西安市東北）人。本書卷六一有附傳。

高祖表曰："故安西司馬、征虜將軍王鎮惡，志節亮直，機略明舉。自策名州府，[1]屢著誠績。荆南遘釁，勢據上流，難興强蕃，憂兼内侮。鎮惡輕舟先邁，神兵電臨，旰食之虞，一朝霧散。及王師西伐，有事中原，長驅洛陽，肅清湖、陝。入渭之捷，指麾無前，遂廓定咸陽，俘執僞后，克成之效，莫與爲疇，實扞城所寄，國之方、邵也。[2]近北虜游魂，寇掠渭北，統率衆軍，曜威撲討。賊既還奔，還次涇上，故龍驤將軍沈田子忽發狂易，奄加刃害，忠勳未究，受禍不圖，痛惜兼至，惋悼無已，伏惟聖懷，爲之傷惻。田子狂悖，即已備憲。鎮惡誠著艱難，勳參前烈，殊績未酬，宜蒙追寵，願敕有司，議其褒贈。"於是追贈左將軍、青州刺史。[3]高祖受命，追封龍陽縣侯，[4]食邑千五百户，謚曰壯侯。[5]配食高祖廟廷。

[1]策名：登記官吏之名策，後借指出仕做官。

[2]方：即方叔。西周宣王時大臣，先後領兵征伐玁狁和楚國，取得勝利。《詩·小雅·采芑》："方叔涖止，其車三千，師干之

試。" 邵：即召穆公。名虎，宣王時大臣。淮夷不服，宣王命召
虎領兵沿江漢出征，取得勝利。《詩·大雅·江漢》："王命召虎，
式辟四方。"

[3]左將軍：官名。爲前、後、左、右四將軍之一，其職尊、
品級、地位變化與前將軍全同。三品。

[4]龍陽縣侯：侯爵名。侯國在今湖南漢壽縣。

[5]壯侯：莊侯。按《謚法》："勝敵志强曰莊。"

　　子靈福嗣，位至南平王鑠右軍諮議參軍。[1]靈福卒，
子述祖嗣。述祖卒，子叡嗣。齊受禪，國除。

[1]南平：國名。治所在今福建南平市。　鑠：人名。即劉鑠。
字休玄，宋文帝第四子。本書卷七二有傳。　右軍：官名。即右軍
將軍之省稱。或由地方軍政長官兼任，或掌宮省宿衛。四品。

　　鎮惡弟康，留關中。及高祖北伐，鎮惡爲前鋒，康
逃匿田舍。鎮惡次潼關，康將家奔之，高祖板爲彭城公
前將軍行參軍。[1]鎮惡被害，康逃藏得免，攜家出洛陽，
到彭城，歸高祖。即以康爲相國行參軍。[2]求還洛陽視
母，尋值關、陝不守，康與長安徙民張旰醜、劉雲等唱
集義徒，得百許人，驅率邑郭僑户七百餘家，共保金墉
城，[3]爲守戰之備。時有一人邵平，率部曲及并州乞活
一千餘户屯城南，[4]迎亡命司馬文榮爲主。[5]又有亡命司
馬道恭自東垣率三千人屯城西，[6]亡命司馬順明五千人
屯陵雲臺。[7]順明遣刺殺文榮，平復推順明爲主。又有
司馬楚之屯柏谷塢，[8]索虜野坂戍主黑弰公遊騎在芒
上，[9]攻逼交至，康堅守六旬。宋臺建，除康寧朔將軍、

河東太守。[10]遣龍驤將軍姜□率軍救之，[11]諸亡命並各奔散。高祖嘉康節，封西平縣男，[12]食邑三百户，進號龍驤將軍。迎康家還京邑，勸課農桑，百姓甚親賴之。永初元年卒金墉，時年四十九，葬於偃師城西。[13]追贈輔國將軍。[14]無子，以兄河西太守基子天祐嗣。[15]當太祖元嘉二十七年，[16]隨劉康祖伐索虜敗没，[17]子懷祖嗣。[18]

[1]彭城公：公爵名。公國在今江蘇徐州市。

[2]相國：官名。位尊於丞相，職權品秩略同。

[3]金墉城：在今河南洛陽市東北漢魏故城西北隅。

[4]邵平：人名。本書僅此一見，其事不詳。　部曲：豪門大族私人的軍隊。　并州：治所在今山西太原市。　乞活：指到有糧之地就食求活的流民。

[5]司馬文榮：人名。本書僅此一見，其事不詳。

[6]司馬道恭：人名。本書僅此一見，其事不詳。　東垣：縣名。治所在今河南新安縣。

[7]司馬順明：人名。本書僅此一見，其事不詳。　陵雲臺：臺名。在今河南洛陽市東北漢魏故城内。

[8]司馬楚之：人名。字德秀。本東晉宗室，琅邪王，出逃北魏，任揚州刺史。《魏書》卷三七有傳。

[9]野坂戍：蓋即野戍，在今河南濟源市、孟津縣之間。　黑矟公：即于栗磾，代（今山西大同市）人。以黑矟爲兵器，爲河内鎮將。劉裕伐後秦，遣栗磾書，假道西上，題書曰："黑矟公麾下"，魏帝因授黑矟將軍。《魏書》卷三一有傳。"黑"，各本並作"異"，中華本據《元龜》卷七六一改。　芒：即邙山。在今河南洛陽市北。

[10]寧朔將軍：官名。晉時多爲幽州地區軍政長官，兼管烏丸

事務。四品。

[11]姜□："姜"後空白應是名字，但該字無據查考。

[12]西平：縣名。治所在今四川成都市南，或在今河南西平縣西。

[13]偃師：縣名。治所在今河南偃師市東。

[14]追贈：朝廷對官員的一種恩典，即死後授予榮譽職銜。輔國將軍：官名。將軍名號。三品。

[15]河西：郡名。治所不詳。　基子天祐：指王基的兒子王天祐，其事不詳。

[16]元嘉：宋文帝劉義隆年號（424—453）。

[17]劉康祖：人名。彭城吕（今江蘇銅山縣）人。本書卷五〇有傳。

[18]懷祖：人名。即王懷祖。其事不詳。

　　檀韶字令孫，高平金鄉人也。[1]世居京口。[2]初辟本州從事，[3]西曹主簿，[4]輔國司馬。高祖建義，韶及弟祗、道濟等從平京城，[5]行參高祖建武將軍事。[6]都邑既平，爲鎮軍參軍，[7]加寧遠將軍、東海太守，[8]進號建武將軍，遷龍驤將軍、秦郡太守，[9]北陳留内史。[10]以平桓玄功，[11]封巴丘縣侯，[12]食邑五百户。復參車騎將軍事，[13]加龍驤將軍，遷驍騎將軍，[14]中軍諮議參軍，加寧朔將軍。

[1]高平：郡名。治所在今山東巨野縣。　金鄉：縣名。治所在今山東嘉祥縣。

[2]京口：地名。即今江蘇鎮江市。

[3]辟：官制用語。即辟除，爲高級官吏任用僚屬的一種形式。從事：官名。州郡屬吏。

〔4〕西曹：官署名。公府僚屬諸曹之一，掌署用府吏事。　主簿：官名。諸公府皆置，典領文書簿籍，經辦事務。

〔5〕祇：人名。即檀祇。字恭叔。本書卷四七有傳。　道濟：人名。即檀道濟。本書卷四三有傳。　京城：又稱京口城，即今江蘇鎮江市。

〔6〕行參高祖建武將軍事：疑爲“行參高祖建武將軍軍事”。建武將軍，官名。爲五武將軍之一。四品。

〔7〕鎮軍：官名。即鎮軍將軍之省稱，與中軍、撫軍三號位比四鎮將軍。主要爲中央軍職，亦可出任地方軍政長官，並領刺史等職，兼理民政。三品。　參軍：各本並作“將軍”。錢大昕《考異》云：“是時宋武帝爲鎮軍將軍，詔爲其府參軍，不當云爲鎮軍將軍也。依史例，當云轉鎮軍參軍。此傳寫之訛，非史本文之誤。”

〔8〕加：官制用語。原職之外，增授其他職銜或虛銜。　寧遠將軍：官名。將軍名號。五品。　東海：郡名。治所在今山東郯城縣。

〔9〕遷：官制用語。指官吏調動職務，有平遷、超遷之分，貶級降職稱左遷。　秦郡：治所在今江蘇南京市六合區北。

〔10〕北陳留：僑郡名。治所不詳。

〔11〕桓玄：人名。字敬道，東晉時譙國龍亢（今安徽懷遠縣）人。《晉書》卷九九有傳。

〔12〕巴丘縣侯：侯爵名。侯國在今江西峽江縣。

〔13〕車騎將軍：疑爲“參車騎將軍軍事”。車騎將軍，官名。位次驃騎將軍，在諸名號大將軍上。多作爲軍府名號以加授大臣、重要州郡長官，無具體職掌。二品。開府者一品。

〔14〕遷驍騎將軍：各本並作“遷騎將”，不可通。孫虨《考論》云：“騎將二字脱誤，當云驍騎將軍。”據改。驍騎將軍，官名。西晉與領軍、護軍、左右衛、游擊諸將軍合稱六軍，擔當宿衛之任。四品。

　　從征廣固，率向彌、胡藩等五十人攻臨朐城，[1]克之。及圍廣固，慕容超夜燒樓當詔，[2]圍分，降號橫野將軍。[3]城陷之日，詔率所領先登，領北琅邪太守，[4]進號寧朔將軍、琅邪內史。[5]從討盧循於左里，[6]又有戰功，并論廣固功，更封宜陽縣侯，[7]食邑七百戶，降先封一等爲伯，[8]減戶之半二百五十戶，[9]賜祇子臻。[10]坐六門內乘輿，白衣領職。[11]義熙七年，號輔國將軍。八年，丁母憂，起爲冠軍將軍。[12]明年，復爲琅邪內史，淮南太守，[13]將軍如故。鎮姑孰。尋進號左將軍，[14]領本州大中正。[15]十二年，遷督江州豫州之西陽新蔡二郡諸軍事、江州刺史，[16]將軍如故。有罪，免官。高祖受命，以佐命功，增八百戶，并前千五百戶。詔嗜酒貪橫，所莅無績，上嘉其合門從義，弟道濟又有大功，故特見寵授。永初二年，[17]卒於京邑，時年五十六。追贈安南將軍，[18]加散騎常侍。[19]

　　[1]向彌：人名。即向靖。　胡藩：人名。字道序，豫章南昌（今江西南昌市）人。本書卷五〇有傳。　臨朐：縣名。治所在今山東臨朐市。

　　[2]慕容超：人名。字祖明，昌黎棘城（今遼寧義縣西北）鮮卑人。十六國南燕君主。

　　[3]橫野將軍：官名。爲雜號將軍中地位較低者。八品。

　　[4]領：官制用語。多爲暫攝之意。常以卑官領高職，白衣領某職。　北琅邪：郡國名。治所不詳。或即琅邪郡。

　　[5]琅邪：郡國名。治所在今山東諸城市。

　　[6]左里：城名。在今江西都昌縣西北左蠡山下。

　　[7]宜陽縣侯：侯爵名。侯國在今江西宜春市。

[8]伯：爵名。有開國伯、開國縣伯等名號。

[9]減戶之半二百五十戶："二百"疑爲"三百"之誤。因七百戶之半應爲三百五十戶。

[10]臻：人名。即檀臻。字係宗。本書僅此一見，其事不詳。

[11]白衣領職：對官員的處罰方式。官員因失誤削除官職，以白衣守領原職。

[12]冠軍將軍：官名。將軍名號，位在輔國將軍上。三品。

[13]淮南：僑郡名。治所在今安徽當塗縣。

[14]左將軍：官名。權位較低，僅爲武官名號，略高於一般雜號將軍，不典禁兵，不與朝政。三品。

[15]大中正：官名。負責評定州中士族内部品第。

[16]督諸軍事：爲地區軍政長官，位在都督或監某州諸軍事之下。　江州：治所在今湖北黄梅縣西南。　豫州：僑州名。治所在今安徽當塗縣。義熙中徙治壽春（今安徽壽縣）。　西陽：郡名。治所在今湖北黄岡市東。　新蔡：郡名。治所在今河南新蔡縣。

[17]永初：宋武帝劉裕年號（420—422）。

[18]安南將軍：官名。與安東、安西、安北將軍合稱四安將軍。三品。

[19]散騎常侍：官名。侍從左右，主掌圖書文翰、文章撰述、諫諍拾遺，收納轉呈文書奏事。三品。

子緒嗣。緒卒，無子，國除。祇子臻。臻卒，子遐嗣。齊受禪，國除。祇、弟道濟並別有傳。

向靖，字奉仁，小字彌，河内山陽人也。[1]名與高祖祖諱同，[2]改稱小字。世居京口，與高祖少舊。從平京城，參建武軍事。[3]進平京邑，板參鎮軍軍事，加寧遠將軍。京邑雖平，而群寇互起，彌與劉藩、孟龍符征破桓歆、桓石康、石綏於白茅，[4]攻壽陽剋之。[5]義熙三年，遷建武將軍、秦郡太守，北陳留内史，戍堂邑。[6]
以平京城功，封山陽縣五等侯。[7]

[1]河内：郡名。治所在今河南泌陽市。　山陽：縣名。漢置，
治所在今河南焦作市東南。

[2]名與高祖祖諱同：各本並脱“祖諱”二字，中華本據《南
史》補。錢大昕《考異》云：“宋武帝王父名靖，當云名與高祖祖
諱同。”

[3]建武：建武將軍之省稱。

[4]孟龍符：人名。平昌安丘（今山東安丘市）人。本書卷四
七有傳。　桓歆：人名。字叔道，譙國龍亢人。《晋書》卷九八有
附傳。　桓石康：人名。譙國龍亢人。《晋書》卷七四有附傳。
石綏：人名。即桓石綏。譙國龍亢人。《晋書》卷七四有附傳。
白茅：地名。又名白茅灣，在今江西九江市東北。

[5]壽陽：縣名。治所在今安徽壽縣。

[6]堂邑：地名。在今江蘇南京市六合區北。

[7]山陽：縣名。東晋置，治所在今江蘇淮安市。　五等侯：
侯爵名。宋侯爵等級之一，不食封。

從征鮮卑，[1]大戰於臨朐，累月不決。彌與檀韶等
分軍自間道攻臨朐城。彌擐甲先登，即時潰陷，斬其牙
旗，賊遂奔走。攻拔廣固，彌又先登。盧循屯據蔡
洲，[2]以親黨阮賜爲豫州刺史，[3]攻逼姑孰。彌率譙國内
史趙恢討之。[4]時輔國將軍毛脩之戍姑孰，[5]告急續至，
彌兼行進討，破賜，收其輜重。除中軍諮議參軍，將軍
如故。盧循退走，高祖南征，彌爲前鋒，於南陵、雷
池、左里三戰，[6]並大捷。軍還，除太尉諮議參軍、下

邳太守,[7]將軍如故。八年，轉游擊將軍，尋督馬頭、淮西諸郡軍事、龍驤將軍、鎮蠻護軍、安豐汝陰二郡太守、梁國內史,[8]戍壽陽。以平廣固、盧循功，封安南縣男,[9]食邑五百户。十年，遷冠軍將軍、高陽內史,[10]臨淮太守,[11]領石頭戍事。[12]高祖西伐司馬休之，以彌爲吳興太守,[13]將軍如故。明年，高祖北伐，彌以本號侍從，留戍碻礅,[14]進屯石門、栢谷。[15]遷督北青州諸軍事、北青州刺史,[16]將軍如故。高祖受命，以佐命功，封曲江縣侯,[17]食邑千户。遷太子左衛率,[18]加散騎常侍。二年，卒官。時年五十九。追贈前將軍。彌治身儉約，不營室宇，無園田商貨之業，時人稱之。

[1]鮮卑：此指十六國南燕主慕容超。

[2]蔡洲：地名。爲江中沙洲。在今江蘇南京市西南。

[3]阮賜：人名。其事不詳。

[4]譙國：郡名。治所在今安徽亳州市。　趙恢：人名。其事不詳。

[5]毛脩之：人名。字敬文，滎陽陽武人。本書卷四八有傳。

[6]南陵：縣名。治所在今安徽池州市貴池區西南。　雷池：各本並作“電池”，中華本據《元龜》卷三四四改。在今湖北黃梅縣和安徽宿松縣以南，望江縣西境長江北岸龍感湖、大官湖及泊湖一帶。

[7]太尉：官名。東漢時列三公之首，魏晉時爲名譽宰相。一品。　下邳：郡名。治所在今江蘇睢寧縣西北古邳鎮東。

[8]馬頭：郡名。治所在今安徽懷遠縣南淮河南岸馬頭城。淮西：地區名。指今皖北、豫南淮河北岸一帶。　鎮蠻護軍：官名。職掌如將軍，而地位略低。統兵，管理少數民族事務。六品。

安豐：郡名。治所在今安徽霍邱縣西南。　汝陰：郡名。治所在今安徽阜陽市。　梁國內史：梁國民政長官，職同郡守。五品。梁國，在今河南商丘市南。

[9]安南縣男：男爵名。爲安南開國縣男之省稱。安南，在今湖南華容縣。

[10]高陽內史：職同梁國內史。高陽，在今河北蠡縣南。

[11]臨淮：郡名。治所在今江蘇泗洪縣南。

[12]石頭戍：蓋即石頭城。在今江蘇南京市西清涼山。

[13]吳興：郡名。治所在今浙江湖州市吳興區南下菰城。

[14]碻磝：津名。在今山東茌平縣西南古黃河上，南岸有碻磝城。

[15]石門：在今河南滎陽市北。　栢谷：栢谷塢。

[16]北青州：治所在今山東青州市。

[17]曲江：縣名。治所在今廣東韶關市南武水西岸。

[18]太子左衛率：官名。領兵宿衛東宮，亦任征伐。五品。

子植嗣，多過失，不受母訓，奪爵。更以植次弟楨紹封，又坐殺人，國除。

植弟柳，字玄季，有學義才能，立身方雅，無所推先，諸盛流並容之。太尉袁淑、司空徐湛之、東揚州刺史顏竣皆與友善。[1]歷始興王濬征北中兵參軍，[2]始興內史，南康相。[3]臧質爲逆，[4]召柳至尋陽，與之俱下。質敗歸降，下獄死。

[1]袁淑：人名。字陽源，陳郡陽夏（今河南太康縣）人。本書卷七〇有傳。　司空：三公之一。爲名譽宰相，多爲大臣加官，無實際職掌。一品。　徐湛之：人名。字孝源，東海郯（今山東郯城縣）人。本書卷七一有傳。　東揚州：治所在今浙江紹興市。

顏竣：人名。字士遜，琅邪臨沂（今山東費縣）人。本書卷七五有傳。

[2]始興：郡名。治所在今廣東韶關市東南蓮花嶺下。　濬：人名。即劉濬。字休明，宋文帝劉義隆次子。本書卷九九有傳。征北：官名。爲征北將軍之省稱。三品。爲持節都督則進爲二品。

中兵參軍：官名。亦作"中兵參軍事"。公府、軍府、州多置爲僚屬，掌本府兵曹事務。品級六至九品不等。

[3]南康：國名。治所在今江西贛州市東北。

[4]臧質：人名。字含文，東莞莒人。本書卷七四有傳。

彌弟劭，永初中，爲宣城太守。[1]劭弟子亮，以私忿殺彌妻施氏，託云奴客所殺，劭輒於墓所殺亮及彌妾并奴婢七八人，匿不聞官，爲有司所奏，詔無所問。元嘉初，卒於義興太守。[2]

[1]宣城：郡名。治所在今安徽宣城市宣州區。
[2]義興：郡名。治所在今江蘇宜興市。

劉懷慎，彭城人，左將軍懷肅弟也。[1]少謹慎質直。始參高祖鎮軍將軍事，[2]振威將軍、彭城內史。[3]從征鮮卑，每戰必身先士卒，及克廣固，懷慎率所領先登。從高祖距盧循於石頭，[4]屢戰克捷，加輔國將軍。義熙八年，以本號監北徐州諸軍事，[5]鎮彭城。尋加徐州刺史。[6]爲政嚴猛，境內震肅。九年，亡命王靈秀爲寇，[7]討平之。十一年，進北中郎將。[8]以平廣固、盧循功，封南城縣男，[9]食邑五百戶。十三年，高祖北伐，[10]以爲中領軍、征虜將軍，[11]衛輦轂。坐府中相殺，免官。

雖名位轉優，而恭恪愈至，每所之造位任不踰己者，皆束帶門外下車，其謹退類如此。宋臺立，召爲五兵尚書，[12]仍督江北淮南諸軍、前將軍、南青州刺史。[13]復徵爲度支尚書，[14]加散騎常侍。高祖遷都壽春，[15]留懷慎督北徐兗青淮北諸軍事、中軍將軍、徐州刺史。[16]以亡命入廣陵城，[17]降號征虜將軍。永初元年，以佐命功，進爵爲侯，增邑千户。進號平北將軍。[18]徵爲五兵尚書，加散騎常侍，光禄大夫。[19]景平元年，[20]遷護軍將軍，[21]常侍如故。禄賜班於宗族，[22]家無餘財。二年卒，時年六十一。追贈撫軍，諡曰肅侯。[23]

[1]懷肅：人名。即劉懷肅。宋武帝劉裕從母兄。本書卷四七有傳。

[2]鎮軍：下各本並有“騎”字，中華本據《元龜》卷三四四删。

[3]振威將軍：官名。爲雜號將軍，統兵出征。五威將軍之一。四品。

[4]石頭：城名。在今江蘇南京市西清涼山。

[5]監諸軍事：爲地區軍事長官，位在督諸軍事之上。　北徐州：治所在今江蘇徐州市。

[6]徐州：北徐州。

[7]王靈秀：人名。本書僅此一見，其事不詳。

[8]北中郎將：官名。地位重要，多有較固定的轄區和任所。常兼徐、兗等州刺史。

[9]南城縣男：男爵名。封邑在今江西南城縣東南。縣男，爲開國縣男之省稱。

[10]十三年，高祖北伐：丁福林《校議》云：“‘十三年’，

《南史·劉懷肅傳附劉懷慎傳》作‘十二年’。考劉裕北伐在義熙十二年八月，其以懷慎爲中領軍而衛輦轂亦應爲十二年事。”

[11]中領軍：官名。東晉時無營兵，總統二衛、驍騎、材官諸營禁軍。南朝掌京師駐軍及禁軍。三品。

[12]五兵尚書：官名。屬尚書省。掌軍事樞務，領中兵、外兵、騎兵、別兵、都兵五郎曹。三品。

[13]南青州：僑州名。治所在今江蘇揚州市西北。

[14]度支尚書：官名。尚書省度支曹長官，掌軍國財賦收支及事役漕運、物價、屯田之政令。三品。

[15]壽春：縣名。治所在今安徽壽縣。

[16]兗：州名。即北兗州，治所在今河南滑縣東舊滑縣。　徐州刺史：據本書卷二《武帝紀中》，時以劉懷慎爲北徐州州刺史，鎮彭城。

[17]廣陵城：在今河南息縣。

[18]平北將軍：官名。多兼鎮守地區的刺史，統管軍政事務，與平南、平東、平西將軍合稱四平將軍。三品。

[19]光祿大夫：官名。無具體職掌，位在諸卿上。三品。

[20]景平：宋少帝劉義符年號（423—424）。

[21]護軍將軍：官名。掌督護京師以外諸軍，權任頗重。三品。

[22]祿：各本並作“特”，中華本據《南史》、《元龜》卷四〇六、八一二改。

[23]肅侯：按《謚法》：“剛德克就曰肅。”

子德願嗣。世祖大明初，[1]爲游擊將軍，領石頭戍事。坐受賈客韓佛智貨，[2]下獄，奪爵土。後復爲秦郡太守。德願性粗率，爲世祖所狎侮。上寵姬殷貴妃薨，[3]葬畢，數與群臣至殷墓。謂德願曰：“卿哭貴妃若悲，當加厚賞。”德願應聲便號慟，撫膺擗踊，涕泗交流。上甚悦，以爲豫州刺史。又令醫術人羊志哭殷氏，[4]志亦嗚咽。他日有問志：“卿那得此副急淚？”志時新喪愛姬，答曰：“我爾日自哭亡妾耳。”[5]志滑稽善爲諧謔，上亦愛狎之。德願善御車，嘗立兩柱，使其中劣通車軸，乃於百餘步上振轡長驅，未至數尺，打牛奔從柱間直過，其精如此。世祖聞其能，[6]爲之乘畫輪車，幸太宰江夏王義恭第。[7]德願岸著籠冠，短朱衣，執轡進止，甚有容狀。永光中，[8]爲廷尉，[9]與柳元景厚善。[10]元景敗，下獄誅。

　　[1]世祖：宋孝武帝劉駿廟號。　　大明：宋孝武帝劉駿年號（457—464）。

　　[2]韓佛智：人名。本書僅此一見，其事不詳。

　　[3]殷貴妃：又稱殷淑儀，南郡王劉義宣女，或云殷琰家人。事見《南史》卷一一一《后妃傳上》。

　　[4]羊志：人名。本書僅此一見，其事不詳。

　　[5]爾日：三朝本作“爾白”，北監本、毛本、殿本、局本作“爾時”，《南史》、《御覽》卷四八三引作“爾日”。中華本據《南史》《御覽》改。

　　[6]世祖：各本並作“孝武”，中華本據《元龜》卷八四五改。按《宋書》於宋有廟號諸帝，多稱廟號，鮮舉謚法。

　　[7]太宰：官名。用作贈官，無職掌。一品。　　江夏王：王爵名。王國在今湖北武漢市武昌區。　　義恭：人名。即劉義恭。宋武帝劉裕子。本書卷六一有傳。

　　[8]永光：宋前廢帝劉子業年號（465）。

　　[9]廷尉：官名。主管司法詔獄。三品。

[10]柳元景：人名。字孝仁，河東解（今山西臨猗縣）人。本書卷七七有傳。

懷慎庶長子榮祖，少好騎射，爲高祖所知。[1]及盧循攻逼，時賊乘小艦，入淮拔柵。高祖宣令三軍，不得輒射賊，榮祖不勝憤怒，冒禁射之，所中應弦而倒，帝益奇焉。以戰功參太尉軍事。從討司馬休之，彭城内史徐逵之敗没，[2]諸將意沮，榮祖請戰愈厲，高祖乃解所著鎧以授之。榮祖率所領陷陣，身被數創，會賊破走。加振威將軍，尋參世子征虜軍事，[3]領遂成令。[4]高祖北伐，轉鎮西中兵參軍，[5]寧遠將軍。水軍入河，與朱超石大破索虜於半城，[6]又攻劉度壘克之。[7]高祖大饗戰士，謂榮祖曰：“卿以寡克衆，攻無堅城，雖古名將，何以過此。”轉爲太尉中兵參軍，加建威將軍。[8]既破長安，姚泓女婿徐衆率其餘衆連營叛走，[9]榮祖與檀道濟等攻營破之，斬首擒馘，不可稱計。十四年，除彭城内史。又補相國參軍。[10]其年，遣榮祖還都，爲世子中兵參軍。永初元年，除越騎校尉，[11]尋轉右軍將軍。[12]索虜南寇，司州刺史毛德祖陷没，[13]榮祖時居父艱，起爲輔國將軍。追論半城之功，賜爵都鄉侯。[14]榮祖爲人輕財貴義，善撫將士，然性偏險褊隘，頗失士君子之心，領軍將軍謝晦深接待之，[15]廢立之際，要榮祖，固辭獲免。及晦出鎮荆楚，欲請爲南蠻校尉，[16]榮祖又固止之。其年冬卒。德願弟興祖，青州刺史。

[1]爲高祖所知：“高祖”各本並作“武帝”，據《元龜》卷八

八六改。下"高祖宣令三軍"，各本亦並作"武帝"，中華本並據《元龜》改。

[2]徐逵之：人名。東海郯人。本書卷七一有附傳。

[3]世子：諸侯之嫡長子或爵位繼承人。

[4]領遂成令：孫彪《考論》云"遂成屬廣州蒼梧郡，不得遠領此縣。南徐州南彭城蕃縣，志云義旗初，免軍户立遂誠縣，永初元年改從舊名。是晉末徐州有遂誠縣。世子時爲徐、兗二州刺史，榮祖以府僚帶本州令禄也。"

[5]鎮西：官名。鎮西將軍之省稱。三品。如爲持節都督則進爲二品。

[6]朱超石：人名。沛郡沛人。本書卷四八有附傳。　半城：在山東臨沂市四十餘里。

[7]劉度壘：今址不詳。

[8]建威將軍：官名。爲五威將軍之一。四品。

[9]徐裒：人名。本書僅此一見，其事不詳。

[10]補：官制用語。即遞補、委任官職。

[11]越騎校尉：官名。隸中領軍。爲侍衛武官，不領兵，用以安置勳舊武臣。四品。

[12]右軍將軍：官名。掌宮禁宿衛、與前軍、後軍、左軍將軍合稱四軍將軍。四品。

[13]司州：治所在今河南洛陽市東漢魏故城。

[14]都鄉侯：侯爵名。封邑位於城郊，位次於縣侯。後多無封邑。

[15]領軍將軍：官名。掌禁衛及京都諸軍。三品。　謝晦：人名。字宣明，陳郡陽夏人。本書卷四四有傳。

[16]南蠻校尉：官名。亦稱護南蠻校尉。治所在江陵。四品。

懷慎弟懷默，冠軍將軍、江夏內史，太中大夫。[1]

懷默子道球，巴東、建平二郡太守。^[2]

[1]太中大夫：官名。隸郎中令，禄賜與卿相當。七品。

[2]巴東：郡名。治所在今重慶奉節縣東。　建平：郡名。治所在今重慶巫山縣。

　道球弟孫登，武陵内史。孫登子亮，世祖大明中，爲武康令。^[1]時境内多盗鑄錢，亮掩討無不禽，所殺以千數。太宗泰始初，^[2]爲巴陵王休若鎮東中兵參軍，^[3]北伐南討，功冠諸將，封順陽縣侯，^[4]食邑六百户。歷黄門郎，^[5]梁、益二州刺史。^[6]在任廉儉，不營財貨，所餘公禄，悉以還官。太宗嘉之，下詔褒美。亮在梁州，忽服食修道，^[7]欲致長生。迎武當山道士孫道胤，^[8]令合仙藥。至益州，泰豫元年藥始成，^[9]而未出火毒。孫不聽亮服，亮苦欲服，平旦開城門取井華水服，至食鼓後，心動如刺，中間便絶。後人逢見，乘白馬，將數十人，出關西行，共語分明，此乃道家所謂尸解者也。^[10]追贈冠軍將軍，謚曰剛侯。^[11]

[1]武康：縣名。治所在今浙江德清縣西千秋鎮。

[2]太宗：宋明帝劉彧廟號。　泰始：宋明帝劉彧年號（465—471）。

[3]巴陵王：王爵名。王國在今湖南岳陽市。　休若：人名。即劉休若。宋文帝劉義隆第十九子。本書卷七二有傳。　鎮東：官名。鎮東將軍之省稱，與鎮西、鎮南、鎮北將軍合稱四鎮將軍。三品。如爲持節都督則進爲二品。

[4]順陽：縣名。治所在今河南淅川縣南。

[5]黄門郎：官名。給事黄門侍郎之省稱。爲侍中省或門下省次官，位頗重要。

[6]梁：州名。治所在今陝西漢中市東。　益：州名。治所在今四川成都市。

[7]服食：道家爲長生而服食丹藥。《世説新語·語言》："服五石散非唯治病，亦覺神明開朗。"《中國方術大辭典》有"服食"條可參閲。

[8]孫道胤：人名。其事不詳。《南史》卷一七《劉懷肅傳》作"孫懷道"。

[9]泰豫：宋明帝劉彧年號（472）。

[10]尸解：修仙的人死後謂尸解。言將登仙，假托爲尸以解化也。據《集仙録》，尸解有多種形式，文繁不録。

[11]剛：按《謚法》："追補前過曰剛。"

孫登弟道隆，元嘉二十二年，爲廬江太守。[1]世祖舉義，棄郡來奔，以補南中郎參軍事，[2]加龍驤將軍。時世祖分麾下以爲三幢，道隆與中兵參軍王謙之、馬文恭各領其一。[3]大明中，歷黄門侍郎，徐、青、冀三州刺史。[4]前廢帝景和中，[5]以爲右衛將軍，[6]永昌縣侯，[7]食邑五百户，委以腹心之任。泰始初，爲太宗盡力，遷左衛將軍，[8]中護軍，[9]尋賜死，事在《建安王休仁傳》。

[1]廬江：郡名。治所在今安徽舒城縣。

[2]南中郎：官名。南中郎將之省稱，與東、西、北中郎將合稱四中郎將。多帥師征戰，職權頗重。

[3]王謙之、馬文恭：人名。本卷有附傳。

[4]冀：僑州名。治所在今山東濟南市。

[5]前廢帝：即劉子業。宋孝武帝劉駿長子。本書卷七有紀。
景和：宋前廢帝劉子業年號（465）。

[6]右衛將軍：官名。爲禁衛軍主要統帥之一，與領軍、護軍、
左衛、驍騎、游擊等將軍合稱六軍。四品。

[7]永昌：縣名。治所在今湖南祁東縣西北。

[8]左衛將軍：官名。爲禁衛軍主要統帥之一。四品。各本並
脱“左”字，中華本據《南史》補。

[9]中護軍：官名。掌督護京師以外地方諸軍。三品。

　　王謙之字休光，琅邪臨沂人，[1]晋司州刺史胡之曾
孫也。[2]世祖初，歷驍騎將軍，御史中丞，[3]吳興太守。
以南下之功，封石陽縣子，[4]食邑五百户。大明三年卒，
贈前將軍，謚曰肅。子應之嗣。大明末，爲衡陽内
史。[5]晋安王子勛反，[6]應之起義拒湘州行事何慧文，[7]
爲慧文所殺，事在《鄧琬傳》，追贈侍中。[8]應之弟雲
之，順帝昇明中貴達。[9]

[1]臨沂：縣名。治所在今山東費縣東。琅邪王氏住址在臨
沂市。

[2]胡之：人名。即王胡之。字修齡，仕晋歷任郡守、侍中、
丹陽尹。見《晋書》卷七六《王舒傳》。

[3]御史中丞：官名。爲御史臺長官，掌監察、執法。四品。

[4]石陽縣子：子爵名。封地在今江西吉水縣東北。縣子，爲
開國縣子之省稱。

[5]衡陽：郡名。治所在今湖南株洲市西南。

[6]晋安王：王爵名。王國在今福建福州市。　子勛：人名。
即劉子勛。字孝德，宋孝武帝劉駿第三子。本書卷八〇有傳。

[7]湘州：治所在今湖南長沙市。　行事：指以他官代行某官

職權，亦稱行某州或某府事，多以較低官階代行較高官職。　何慧文：人名。籍貫不詳，曾任輔國將軍、冠軍長史、長沙内史。

　[8]侍中：官名。爲門下之侍中省長官，兼統宮廷内侍諸署。三品。

　[9]昇明：宋順帝劉準年號（477—479）。

　　馬文恭，扶風人也。[1]亦以功封泉陵縣子，[2]食邑五百户。世祖即位，爲游擊將軍。頃之，卒。

　[1]扶風：郡名。治所在今陝西涇陽縣西北。
　[2]泉陵：縣名。治所在今湖南永州市芝山區。

　　劉粹字道沖，沛郡蕭人也。[1]祖恢，持節、監河中軍事，[2]征虜將軍。粹家在京口。少有志幹，初爲州從事，高祖克京城，參建武軍事。從平京邑，轉參鎮軍事，尋加建武將軍、沛郡太守，又領下邳太守。復爲車騎中軍參軍。從征廣固，戰功居多。以建義功，[3]封西安縣五等侯。[4]軍還，轉中軍諮議參軍。盧循逼京邑，京口任重，太祖時年四歲，[5]高祖使粹奉太祖鎮京城。轉游擊將軍。

　[1]沛郡：治所在今江蘇沛縣。　蕭：縣名。治所在今安徽蕭縣西北。
　[2]河中：地名。今址不詳。
　[3]以建義功：各本並脱“建”字，中華本據《元龜》卷三七九補。
　[4]西安：縣名。治所在今山東臨朐縣西南。

[5]太祖：宋文帝劉義隆廟號。

遷建威將軍、江夏相。衛將軍毅，[1]粹族兄也，粹盡心高祖，不與毅同。高祖欲謀毅，衆並疑粹在夏口，[2]高祖愈信之。及大軍至，粹竭其誠力。事平，封瀟陽縣男，[3]食邑五百户。母憂去職。俄而高祖討司馬休之，起粹爲寧朔將軍、竟陵太守，[4]統水軍入河。明年，進號輔國將軍。遷相國右司馬、侍中、中軍司馬、冠軍將軍，[5]遷左衛將軍。永初元年，以佐命功，改封建安縣侯，[6]食邑千户。二年，以役使監吏，免官。尋督江北淮南郡事、征虜將軍、廣陵太守。三年，以本號督豫司雍并四州南豫州之梁郡弋陽馬頭三郡諸軍事、豫州刺史，[7]領梁郡太守，鎮壽陽，治有政績。

[1]衛將軍：官名。位在諸名號大將軍之上，多作爲軍府名號以加大臣、重要州郡長官。常以權臣兼任，統兵出征。二品。毅：人名。即劉毅。字希樂，彭城沛人。《晋書》卷八五有傳。

[2]夏口：在今湖北武漢市黄鵠山上。

[3]瀟陽縣男：男爵名。封邑在今湖北武漢市黄陂區西南。各本並脱“陽”字，中華本據本書卷四三《徐羨之傳》補正。錢大昕《考異》云：“瀟下脱陽字。宋《州郡志》，江夏郡有瀟陽縣。《徐羨之傳》作瀟陽縣男。”

[4]竟陵：郡名。治所在今湖北鍾祥市。

[5]右司馬：官名。司馬或分左、右。爲公府高級幕僚，位次長史。參贊軍務，管理府内武職。

[6]建安：縣名。治所在今福建建甌市。

[7]南豫州：治所在今安徽和縣。 梁郡：僑郡名。治所在今

安徽壽縣。　　弋陽：郡名。治所在今河南潢川縣西。

　　少帝景平二年，[1]譙郡流離六十餘家叛没虜，[2]趙炅、秦剛等六家悔倍還投陳留襄邑縣頓謀等村，[3]粹遣將苑縱夫討叛户不及，[4]因誅殺謀等三十家，男丁一百三十七人，女弱一百六十二口，收付作部。[5]粹坐貶號爲寧朔將軍。時索虜南寇，粹遣將軍李元德襲許昌，[6]殺僞潁川太守庾龍，[7]於是陳留人董遴自稱小黄盟主，[8]斬僞征虜將軍、廣州刺史司馬世賢，[9]傳首京都。

　　[1]少帝景平二年：丁福林《校議》據本書卷四《少帝紀》、卷九五《索虜傳》、《通鑑》卷一一九、《建康實録》卷一一考證，本文以下，所記之事，均發生在景平元年。少帝，即宋少帝劉義符，武帝劉裕長子。

　　[2]譙郡：治所在今安徽蒙城縣。

　　[3]趙炅、秦剛：人名。本書僅此一見，其事不詳。　陳留：郡名。治所在今河南開封市祥符區陳留鎮。　襄邑：縣名。治所在今河南睢縣。

　　[4]苑縱夫：丁福林《校議》云："本書《索虜傳》有'劉粹遣將姚聳夫率軍助守項城'事。頗疑此劉粹將姚聳夫即苑聳夫也。姚聳夫，吳興武康人，有勇力，事附見本書《杜驥傳》。"

　　[5]作部：官署名。掌器物製造。

　　[6]李元德：人名。曾任宣威將軍、陳南頓二郡太守、寧朔將軍。

　　[7]潁川：郡名。治所在今河南許昌市東。　庾龍：人名。潁川人。

　　[8]董遴：人名。本書僅此一見，其事不詳。　小黄：縣名。治所在今河南開封市東。

[9]廣州：治所在今河南魯山縣東。　司馬世賢：人名。本書僅此一見，其事不詳。

　　太祖即位，遷使持節、督雍梁南北秦四州荆州之南陽竟陵順陽襄陽新野隨六郡諸軍事、征虜將軍、領寧蠻校尉、雍州刺史、襄陽新野二郡太守。[1]在任簡役愛民，罷諸沙門二千餘人，以補府史。元嘉三年討謝晦，遣粹弟車騎從事中郎道濟、龍驤將軍沈敞之就粹，[2]自陸道向江陵。粹以道濟行竟陵內史，與敞之及南陽太守沈道興步騎至沙橋，[3]爲晦司馬周超所敗，[4]士衆傷死者過半，降號寧朔將軍。初，晦與粹厚善，以粹子曠之爲參軍，粹受命南討，一無所顧，太祖以此嘉之。晦遣送曠之還粹，亦不害也。明年，粹卒，時年五十三。追贈安北將軍，[5]持節、本官如故。

　　[1]使持節：官名。重要軍事長官出征或出鎮時，加使持節。可誅殺二千石以下官員。　南北秦：二僑州名。南秦州治所在今陝西漢中市東，北秦州治所不詳。　南陽：郡名。治所在今河南南陽市。　新野：郡名。治所在今河南新野縣。　隨：郡名。一作“隨陽郡”，治所在今湖北隨州市。　寧蠻校尉：官名。掌管雍州的少數民族事務。領兵，設府。多兼任。四品。

　　[2]車騎從事中郎：官名。車騎將軍府屬官。或主吏，或分掌諸曹，或掌機密，或參謀議。六品。　道濟：人名。即劉道濟。下有傳。　沈敞之：人名。吳興武康人。沈慶之兄。

　　[3]沈道興：人名。本書僅此一見，其事不詳。　沙橋：在今湖北江陵縣北。

　　[4]周超：人名。又稱周超之，其事不詳。

[5]安北將軍：官名。與安南、安西、安東將軍合稱四安將軍。爲出任北方某一地區的軍事長官，或作爲地方官員兼理軍務的加官。三品。

曠之嗣，官至晋熙太守。[1]曠之卒，子琛嗣。琛卒，無子，國除。琛弟亮，順帝昇明末，尚書駕部郎。[2]粹庶長子懷之，爲臨川内史，[3]與臧質同逆，伏誅。

[1]晋熙：郡名。時有二晋熙郡。晋安帝時郡治在今安徽潛山縣。後爲安置流民，又在今四川綿竹市設一晋熙郡。

[2]尚書駕部郎：官名。爲尚書省駕部曹長官通稱，亦稱駕部郎中，資深者可轉侍郎。六品。

[3]臨川：郡國名。治所在今江西撫州市臨川區西。

粹弟道濟，尚書起部郎，[1]王弘車騎從事中郎，[2]江夏王義恭撫軍司馬、[3]河東太守，[4]仍遷振武將軍、益州刺史。長史費謙、別駕張熙、參軍楊德年等，[5]並聚斂興利，而道濟委任之，傷政害民，民皆怨毒。太祖聞之，與道濟詔，戒之曰："聞卿在任，未盡清省，又頗爲殖貨，若萬一有此，必宜改之。比傳人情不甚緝諧，[6]當以法御下，深思自警，以副本望。"道濟雖奉此旨，政化如初。

[1]尚書起部郎：官名。尚書起部曹長官通稱。亦稱起部郎中，資深勤能者可轉侍郎。六品。

[2]王弘：人名。字休元，琅邪臨沂人。本書卷四二有傳。車騎：官名。車騎將軍之省稱。

[3]義恭：人名。即劉義恭。宋武帝劉裕子。本書卷六一有傳。

[4]河東：僑郡名。治所在今湖北松滋市西北。

[5]費謙：人名。亦作“費謙之”，其事不詳。南北朝人名下之“之”字，有時可省去。　別駕：官名。州部佐吏，主吏員選舉。六品。　張熙、楊德年：人名。本書僅此一見，其事不詳。

[6]不甚緝諧：“甚”各本並作“政”，中華本據《元龜》卷一九六改。

　　有司馬飛龍者，自稱晉之宗室，晉末走仇池。[1]元嘉九年，聞道濟綏撫失和，遂自仇池入綿竹，[2]崩動群小，得千餘人，破巴興縣，[3]殺令王貞之。[4]進攻陰平，[5]陰平太守沈法興焚城遁走。[6]道濟遣軍擊飛龍斬之。初，道濟以五城人帛氐奴、梁顯爲參軍督護，[7]費謙固執不與。遠方商人多至蜀土資貨，或有直數百萬者，謙等限布絲綿各不得過五十斤，馬無善惡，限蜀錢二萬。府又立冶，一斷民私鼓鑄，[8]而貴賣鐵器，商旅吁嗟，百姓咸欲爲亂。氐奴既懷恚忿，因聚黨爲盜賊。其年七月，道濟遣羅習爲五城令，[9]氐奴等謀曰：“羅令是使君腹心，而卿猶有作賊盜不止者，一旦發露，則爲禍不測。宜結要誓，共相禁檢。”乃殺牛盟誓。俄而氐奴及趙廣等唱曰：[10]“官禁殺牛，而村中公違法禁，脫使羅令白使君，疑吾徒更欲作賊，則無餘類矣。”因詐言司馬殿下猶在陽泉山中，[11]若能共建大事，則功名可立；不然，立滅不久。衆既樂亂，因相率從之，得數千人，復向廣漢。[12]道濟遣參軍程展會、治中李抗之五百人擊之，[13]並爲所殺。賊於是逕向涪城，[14]巴西人唐頻聚衆應之，寧遠將軍、巴西梓潼二郡太守王懷業再遣軍拒之，[15]戰敗失利。懷業及司馬、南漢中太守韋處伯並棄城走。[16]涪陵太守阮惠、江陽太守杜玄起、遂寧太守馮遷聞涪城不守，[17]並委郡出奔。蜀土僑舊，翕然並反。道濟惶懼，乃免吳兵三十六營以爲平民，[18]分立宋興、宋寧二郡，[19]又招集商賈及免道俗奴僮，東西勝兵可有四千人。賊衆數萬屯城西及城北，道濟嬰城自守。

　　[1]司馬飛龍：人名。原名許穆之，流民首領。　仇池：地名。在今甘肅西和縣西南。

　　[2]綿竹：縣名。治所在今四川德陽市北。

　　[3]巴興：縣名。治所在今四川蓬溪縣附近。

　　[4]王貞之：人名。本書僅此一見，其事不詳。

　　[5]陰平：僑郡名。治所在今四川江油市東北。

　　[6]沈法興：人名。本書僅此一見，其事不詳。

　　[7]五城：縣名。又稱伍城。治所在今四川中江縣東南。　參軍督護：官名。諸府皆置，地位較低，在長兼行參軍之下。

　　[8]一斷民私鼓鑄："民私"各本並作"私民"，中華本據《元龜》卷六九七改。

　　[9]羅習：人名。本書僅此一見，其事不詳。

　　[10]趙廣：人名。與帛氏奴共同起兵反宋，自號鎮軍將軍。

　　[11]陽泉山：在今四川德陽市西。

　　[12]廣漢：縣名。治所在今四川射洪縣南。

　　[13]程展會：人名。本書僅此一見，其事不詳。　治中：官名。治中從事史之省稱。　李抗之：人名。本書僅此一見，其事

不詳。

　　[14]涪城：縣名。治所在今四川三台縣西北。

　　[15]巴西：郡名。治所在今四川綿陽市東。　梓潼：郡名。治所亦在今四川綿陽市東。　王懷業：人名。本書僅此一見，其事不詳。

　　[16]南漢中：郡名。治所不詳。　韋處伯：人名。本書僅此一見，其事不詳。

　　[17]涪陵：郡名。治所在今重慶涪陵縣東北。　阮惠：人名。本書僅此一見，其事不詳。　江陽：郡名。治所在今四川彭山縣東。　杜玄起：人名。本書僅此一見，其事不詳。　遂寧：郡名。治所在今四川射洪縣南。　馮遷：人名。曾任益州都護，手斬桓玄。

　　[18]免吳兵三十六營以爲平民：魏晉南北朝有軍戶制，一旦當兵即入軍戶，世代當兵，失去自由，劉道濟免吳兵爲平民，是收買軍心的措施。

　　[19]宋興：郡名。治所在今四川成都市北。　宋寧：郡名。治所在今四川成都市。

　　趙廣本以譎詐聚兵，頓兵城下，不見飛龍，各欲分散。廣懼，乃將三千人及羽儀，詐其衆云迎飛龍。至陽泉寺中，謂道人程道養曰：“但自言是飛龍，則坐享富貴；若不從，即日便斬頭。”道養惶怖許諾。道養，枹罕人也。[1]廣改名爲龍興，號爲蜀王、車騎大將軍、益梁二州牧，建號泰始元年，備置百官。以道養弟道助爲驃騎將軍、長沙王，鎮涪城。廣自號鎮軍，帛氏奴征虜將軍，梁顯鎮北將軍，[2]同黨大帥張寧秦州刺史，[3]嚴遐前將軍。[4]奉道養還成都，衆十餘萬，四面圍城。就道濟索費謙、張熙，曰："但送此人來，我等自不復作賊。"

[1]枹罕：縣名。治所在今甘肅臨夏縣西南。

[2]鎮北將軍：官名。與鎮東、鎮西、鎮南合稱四鎮將軍，多爲持節都督，出鎮方面。三品。如爲持節都督則進爲二品。

[3]張寧：人名。本書僅此一見，其事不詳。

[4]嚴遇：人名。其事不詳。

　道濟遣中兵參軍裴方明、任浪之各將千餘人出西門戰，[1]皆失利。十一月，方明等復出戰，破賊營，焚其積聚。賊黨江陽人楊孟子領千餘人屯城南，道濟參軍梁儁之統南樓，[2]屢與孟子交言，因投書曉以禍福，要使入城。孟子許諾，入見道濟，道濟大喜，即板爲主簿，[3]遣子爲任，克期討賊。趙廣知其謀，孟子懼，將所領奔晉原。[4]晉原太守文仲興拾合得二千餘人，[5]與孟子并力自固。廣遣同黨袁玄子攻晉原，[6]爲仲興所殺。廣又遣帛氐奴攻之，連戰，仲興軍敗，及孟子並死。

[1]裴方明：人名。河東（今山西夏縣）人。本書卷四七有附傳。　任浪之：人名。本書僅此一見，其事不詳。

[2]梁儁之：人名。其事不詳。

[3]主簿：官名。諸府州郡皆置，地位較高。典領文書簿籍，經辦事務。

[4]晉原：郡名。治所在今四川崇州市西北懷遠鎮。

[5]文仲興：人名。本書僅此一見，其事不詳。

[6]袁玄子：人名。本書僅此一見，其事不詳。

方明復出東門，破賊三營，斬首數百級。賊雖敗，已復還合。方明復僞出北門，仍回軍擊城東大營，殺千餘人，斬僞僕射蔡滔。[1]時天大霧，方明等復揚聲出東門，而潛自北門出攻城北城西諸營，賊衆大潰，於是奔散。道養收合得七千人還廣漢，趙廣以別卒五千餘人還涪城。

[1]僕射：官名。爲尚書僕射之省稱。尚書省次官，主持尚書省日常政務。三品。　蔡滔：人名。本書僅此一見，其事不詳。

初，別駕張熙説道濟令糴太倉穀，賊以九月末圍城，至十二月末，廩糧便盡。方明將二千人出城求食，爲賊所敗，匹馬獨還。賊因追之，衆復大集。方明夜於城西縋上，道濟爲設食，饐不能飡，唯泣涕而已。道濟時有疾已篤，自力慰勉之曰：“卿非大丈夫，小敗何苦。賊勢既衰，臺兵垂至，但令卿還，何憂於賊。”即減左右數十人配之。賊城外云：“方明已死，可來取喪。”城中大恐。道濟夜列炬火，方明自出，衆見之乃安。道濟悉出財物於北射堂，令方明募人。時城中或傳道濟已亡，莫有至者。梁儁之説道濟曰：“將軍氣息綿綿，而外論互有同異。今軍師屢敗，妖寇未殄，若一旦不虞，則危禍立至。宜稱小損，聽左右給使暫出，不然敗矣。”道濟從之，即喚左右三十餘人告之曰：“吾疾久，汝等扶侍疲勞。今既小損，各聽歸家休息。喚復還。”給使既出，其父兄皆問：“使君亡來幾日？”子弟皆言：“君漸差，誰言亡者！"傳相告語，城內乃安，由是應募者一日千餘人。十年正月，賊衆大至，攻逼成都。道濟卒，梁儁之與方明等及其故舊門生數人，共埋尸於後齋。使書與道濟相似者爲教命，酬答籤疏，不異常日，故雖母妻，不知也。

二月，道養於毁金橋升壇郊天，[1]方就柴燎，[2]方明將三千人出擊之。賊列陣營前死戰。日夕乃大敗。臨陣斬僞征虜將軍趙石之等八百餘級，道養等退保廣漢。是月，平西將軍臨川王義慶，[3]以揚武將軍、巴東太守周籍之即本號督巴西梓潼宕渠遂寧巴郡五郡諸軍事、巴西梓潼二郡太守，[4]率平西參軍費淡、龍驤將軍羅猛二千人援成都。[5]廣等屯據廣漢，分守郫川，[6]連營百數，處處屯結。籍之與方明及費淡等攻郫，剋之。廣等退據郡城，傍竹自固。羅猛率隊主王旴等并力追討。[7]張尋自涪城率衆二萬來助廣等，[8]方明、淡斬竹開逕邀之，戰敗，退還郫縣。[9]廣等又移營屯箭竿橋，方明等破其六營，乘勝追奔，逕至廣漢。廣等走還涪及五城。四月十日，發道濟喪。五月，方明進軍向涪城。[10]張尋、唐頻渡水拒戰，方明擊破之，生擒僞驃騎將軍、雍秦二州刺史司馬龍伸，斬之。龍伸，道助也。州吏嚴道度斬嚴遐首，[11]廣等並奔散，涪、蜀皆平。俄而張尋攻破陰平，復與道養合。帛氏奴攻廣漢，費淡督將軍种松等與戰，[12]斬其梁州刺史杜承等百餘級。[13]

[1]郊天：古代祭祀天神的儀式。在郊外舉行。
[2]柴燎：燒柴祭天。古代稱帝者多行之。

[3]平西將軍：官名。與平東、平南、平北將軍合稱四平將軍。多持節都督或監某一地區軍事，也作爲地方官員兼理軍務的加官。三品。　義慶：人名。即劉義慶。宋武帝中弟長沙景王劉道憐次子，出繼宋武帝少弟臨川烈武王劉道規爲嗣。本書卷五一有附傳。

[4]揚武將軍：官名。爲五武將軍之一。統兵出征。四品。周籍之：人名。籍貫不詳，曾任安陸公相、寧州益州刺史。　宕渠：郡名。治所在今四川渠縣東北。　巴郡：治所在今重慶市。

[5]費淡：人名。籍貫不詳，官至太子屯騎校尉。　羅猛：人名。本書僅此一見，其事不詳。

[6]郫川：又稱郫江。即今四川金堂、簡陽二縣之間沱江河段。

[7]隊主：官名。軍事編制隊的主將。多以雜號將軍領之。王旰：人名。本書僅此一見，其事不詳。

[8]張尋：人名。蜀郡（今四川成都市）人，與帛氏奴、趙廣共同反宋軍。

[9]郫縣：在今四川郫縣。

[10]方明進軍向涪城：各本並脫“明”字，中華本據《通鑑》宋文帝元嘉十年補。

[11]嚴道度：人名。本書僅此一見，其事不詳。

[12]种松：人名。本書僅此一見，其事不詳。

[13]杜承：人名。本書僅此一見，其事不詳。

　　九月，益州刺史甄法崇至成都，[1]誅費謙之，[2]道濟喪及方明等並東反。道養等領二千餘家逃于郪山，[3]其餘群賊，亦各擁户藏竄，出爲寇盜不絶。

[1]甄法崇：人名。中山（今河北定州市）人。《南史》卷七〇有傳。

[2]誅費謙之：中華本校勘記云：“‘費謙之’即上文之‘費

謙’，南北朝人名下之‘之’，有時可省去。”

[3]郪山：當今四川中江縣東南。

十三年六月，太祖遣寧朔將軍蕭汪之統軍討之。[1]軍次郪口，[2]帛氏奴斬僞衛將軍司馬飛燕歸降。[3]汪之擊破道養，道養還入郪山。十四年四月，趙廣、張尋、梁顯各率部曲歸降，僞輔國將軍王道恩斬道養，[4]送首，餘黨悉平。遷趙廣、張尋等於京師。十六年，廣、尋復與國山令司馬敬琳謀反，[5]伏誅。

[1]蕭汪之：人名。又稱蕭汪，籍貫不詳，歷任西戎長史、建武將軍、北海太守。

[2]郪口：今址當在四川中江縣東南。

[3]司馬飛燕：人名。本書僅此一見，其事不詳。

[4]王道恩：人名。本書僅此一見，其事不詳。

[5]國山：縣名。治所在今江蘇宜興市西南國山西。　司馬敬琳：人名。本書僅此一見，其事不詳。

先是，道濟振武司馬、蜀郡太守任薈之雖不任軍事，[1]事寧，以爲正員郎。裴方明虎賁中郎將，[2]仍爲義慶平西中兵參軍、龍驤將軍、河東太守。費淡，太子屯騎校尉。[3]周籍之後爲益州刺史。

[1]振武：官名。振武將軍之省稱。　蜀郡：治所在今四川成都市。　任薈之：人名。字處茂，樂安（今山東廣饒縣北）人。事見本書卷七四《臧質傳》。

[2]虎賁中郎將：官名。屬領軍，無營兵。與羽林監、冗從僕

射合稱三將。五品。

[3]太子屯騎校尉：官名。東宮侍從武官，掌騎兵。太子三校之一。五品。

粹族弟損，字子騫，衛將軍毅從父弟也。父鎮之字仲德，以毅貴，歷顯位，閑居京口，未嘗應召。常謂毅：「汝必破我家。」毅甚憚之。每還京，[1]未嘗敢以羽儀人從入鎮之門。左光禄大夫徵，[2]不就。元嘉二年，年九十餘，卒於家。損，元嘉中歷職義興太守。東土殘饑，太祖遣揚州治中沈演之東入賑恤，[3]以損綏撫有方，稱爲良守。官至吳郡太守。[4]追贈太常。[5]

[1]每還京：中華本校勘記云：「《南史》‘京’下有‘口’字。按上文云鎮之居京口，則似以作‘京口’爲是。」

[2]左光禄大夫：官名。屬光禄勳。無職掌，作爲在朝顯職的加官，以示優崇，或授予年老有病者爲致仕之官，亦常用於卒後贈官。二品。

[3]治中：官名。治中從事（史）之省稱。百石。　沈演之：人名。字臺真，吳興武康人。本書卷六三有傳。

[4]吳郡：治所在今江蘇蘇州市。

[5]太常：官名。九卿之一。屬官有丞、主簿、博士、協律都尉、國子祭酒、太學博士等。主管祭祀、禮儀、文化教育。三品。

史臣曰：「帝王受命，自非以功靜亂，以德濟民，則其道莫由也。自三代以來，醇風稍薄，成功濟務，尊出權道，雖復負扆南面，比號軒、犧，[1]莫不自謝王風，率由霸德。高祖崛起布衣，非藉民譽，義無曹公英傑之響，^[2]又闕晉氏輔魏之基，^[3]一旦驅烏合，不崇朝而制國命，功雖有餘，而德未足也。是故王謐以內懼流奔，^[4]王綏以外侮成釁，^[5]若非樹奇功於難立，震大威於四海，則不能承配天之業，一異同之心。義熙以後，大功仍建，自桓溫旆旃所臨，^[6]莫不獻珍受朔。及金墉請吏，^[7]元勳將舉，九命之禮既行。^[8]代終之符已及，方復觀兵函、渭，^[9]用師天險，獨克之舉，振古難稱。若使閉門反政，置兵散地，後敗責其前功，一眚虧其盛業，豈復得以黃屋朱戶，爲衰晉之貞臣乎。及其靈威薄震，重關莫守，故知英算所苞，先勝而後戰也。王鎮惡推鋒直指，前無強陳，爲宋方叔，^[10]壯矣哉！

[1]軒：即軒轅，黃帝之名。本姓公孫，改姓姬。古代傳說中的五帝之一。　犠：即伏羲，又稱太昊，古代傳說中的三皇之一。

[2]曹公：即曹操，曾任漢相，討滅群雄，統一北方，爲魏代漢奠定初基。

[3]晉氏：指司馬懿、司馬師、司馬昭父子，在曹魏後期爲輔臣，終使司馬氏稱帝代魏。

[4]王謐：人名。字稚遠，琅邪臨沂人。受桓玄寵任，玄敗歸劉裕，任侍中、領揚州刺史、録尚書事，常不自安，懼而出奔。追還，委任如初。《晉書》卷六五有附傳。

[5]王綏：人名。字彥猷，太原晉陽（今山西太原市）人。爲桓玄甥。父愉輕侮劉裕，心不自安，潛結司州刺史溫詳作亂，事泄並被誅。《晉書》卷七五有附傳。

[6]桓溫：人名。字元子，譙國龍亢人。曾領兵伐蜀，北伐中原關中，成爲東晉權臣。《晉書》卷九八有傳。

[7]金墉請吏：指劉裕於義熙十二年十一月收復洛陽後，派王

弘回建康諷朝廷加九錫事。見本書卷四二《王弘傳》。金墉，即金墉城。在今河南洛陽市東北。

[8]九命：九錫之命。是魏晋以來權臣篡權的前奏。

[9]函：指函谷關，在今河南靈寶市東北。　渭：即渭水，在今陝西中部，黄河支流。

[10]方叔：人名。周宣王時賢臣，曾伐玁狁、荆蠻以揚周之國威，此以王鎮惡比方叔。

宋書　卷四六

列傳第六^[1]

趙倫之　到彥之 闕　王懿　張邵

趙倫之字幼成，下邳僮人也。^[2]孝穆皇后之弟。^[3]幼孤貧，事母以孝稱。武帝起兵，^[4]以軍功封閬中縣五等侯，^[5]累遷雍州刺史。^[6]武帝北伐，倫之遣順陽太守傅弘之、扶風太守沈田子出嶢柳，^[7]大破姚泓於藍田。^[8]及武帝受命，以佐命功，封霄城縣侯、安北將軍，^[9]鎮襄陽。^[10]少帝即位，^[11]徵拜護軍。^[12]元嘉三年，^[13]拜鎮軍將軍，^[14]尋遷左光禄大夫、領軍將軍。^[15]

[1]列傳第六：中華本校勘記："《崇文總目》：'此一卷闕。'按《宋書》此卷北宋初已闕失，後人以《南史》及《高氏小史》補之，説見卷後鄭穆校語。今一仍其舊。"是，今從。

[2]下邳：郡名。治所在今江蘇睢寧縣古邳鎮東。　僮：縣名。在今安徽泗縣。

[3]孝穆：各本作"武穆"，中華本據本書卷四一《后妃傳》

及《南史》卷一八《趙倫之傳》改。按此謂武帝母孝穆皇后，不當簡稱"武穆皇后"。是，今從。孝穆皇后，姓趙，名安宗。本書卷四一有傳。

[4]武帝：宋開國皇帝劉裕。謚武。按《謚法》："剛强理直曰武。""克定禍亂曰武。"

[5]閬中縣五等侯：侯爵名。侯國在今四川閬中市。

[6]雍州：僑置州名。治所在今湖北襄陽市襄城區。

[7]順陽：郡名。治所在今河南淅川縣。　傅弘之：人名。字仲度，北地泥陽（今陝西銅川市耀州區東南）人。本書卷四八有傳。　扶風：郡名。僑置。治所在今湖北襄陽市襄城區。　沈田子：人名。字敬光，吳興武康（今浙江德清縣）人。見本書卷一〇〇《自序》。

[8]姚泓：人名。羌族。後秦姚興長子，晋義熙十二年（416）即皇帝位，改元永和，在位二年，劉裕北伐，被俘，送建康斬首。《晋書》卷一一九有載記。　藍田：縣名。在今陝西藍田縣灞河西岸。

[9]霄城縣侯：侯爵名。侯國在今湖北天門市。本書《州郡志》，各本皆作"宵城"，《中國地名大辭典》認爲宋無"霄城"，齊改"宵城"爲"霄城"。中華本據本卷《趙倫之傳》和《南齊書·州郡志》《隋書·地理志》改作"霄城"，極是。　安北將軍：官名。四安將軍之一，爲出鎮某一地區的軍事長官，或作爲刺史等地方官兼理軍務的加官，權任很重。三品。

[10]襄陽：地名。在今湖北襄陽市襄城區。

[11]少帝：即劉義符。劉裕長子。本書卷四有紀。

[12]護軍：官名。護軍將軍的簡稱，掌護京師以外諸軍，權任頗重。三品。

[13]元嘉：宋文帝劉義隆年號（424—453）。

[14]鎮軍將軍：官名。中央重要將領之一，亦可出任地方軍事長官，並可領刺史等地方官，兼理民政。三品。

[15]左光禄大夫：官名。作爲朝廷顯職的加官，或授予年老致仕之官，也作爲死後的贈官，以示尊崇，無職掌。二品。　領軍將軍：官名。掌禁衛軍及京都諸軍。三品。

倫之雖外戚貴盛，而以儉素自處。性野拙，人情世務，多所不解。久居方伯，頗覺富盛，入爲護軍，資力不稱，以爲見貶。光禄大夫范泰好戲，[1]謂曰：[2]“司徒公缺，[3]必用汝老奴。我不言汝資地所任，要是外戚高秩次第所至耳。”倫之大喜，每載酒肴詣泰。五年，卒。子伯符嗣。

[1]光禄大夫：官名。作爲三公或朝廷顯職致仕的加官，或用作大臣卒後贈官，以示尊崇。三品。　范泰：人名。字伯倫，順陽山陰（今浙江紹興市）人。本書卷六〇有傳。

[2]謂曰：丁福林《校議》據《南史》卷一八《趙倫之傳》作“笑謂曰”。

[3]司徒：官名。三公之一，名譽宰相，加録尚書事者爲真宰相。一品。

伯符字潤遠。少好弓馬。倫之在襄陽，伯符爲竟陵太守。[1]時竟陵蠻屢爲寇，[2]伯符征討，悉破之，由是有將帥之稱。後爲寧遠將軍，[3]總領義徒，[4]以居宮城北，每有火起及賊盜，輒身貫甲胄，助郡縣赴討，武帝甚嘉之。文帝即位，[5]累遷徐、兖二州刺史，[6]爲政苛暴，吏人畏之若豺虎，然而寇盜遠竄，無敢犯境。元嘉十八年，徵爲領軍將軍。先是，外監不隸領軍，[7]宜相統攝者，自有別詔，至此始統領焉。

［1］竟陵：郡名。治所在今湖北鍾祥市。

［2］竟陵蠻：今湖北鍾祥市一帶少數民族。

［3］寧遠將軍：官名。將軍名號。五品。

［4］義徒：猶義兵。以某種政治目的爲號召而組織起來的軍隊。

［5］文帝：宋第三位皇帝劉義隆。諡“文”。按《諡法》：“經天緯地曰文。”“慈惠愛民曰文。”

［6］徐：州名。治所在今江蘇徐州市。　兗：州名。時寄治今江蘇徐州市。

［7］外監：外殿中監的簡稱，與内殿中監共掌皇帝的衣食住行，兼掌傳達皇帝的詔敕。品級雖低而接近皇帝，爲幸臣弄權之位。

二十一年，轉豫州刺史。[1]明年，爲護軍將軍。復爲丹陽尹，[2]在郡嚴酷，吏人苦之，或至委叛被録赴水而死。典筆吏取筆不如意，[3]鞭五十。子倩，[4]尚文帝第四女海鹽公主。[5]初，始興王濬以潘妃之寵，[6]故得出入後宫，遂與公主私通。及適倩，倩入宫而怒，肆詈搏擊，引絶帳帶。事上聞，有詔離婚，殺主所生蔣美人，[7]伯符慚懼，發病卒，諡曰肅。[8]傳國至孫勗，[9]齊受禪，[10]國除。

［1］豫州：治所在今安徽壽縣。

［2］丹陽尹：官名。京師所在郡的長官，掌京師行政及詔獄。地位高於其他郡守。丹陽，在今江蘇南京市。

［3］典筆吏：官名。郡級屬吏，掌管筆墨。

［4］倩：人名。即趙倩。本書僅此一見。

［5］海鹽公主：文帝蔣美人所生。其母死後曾引發一場喪服制

的辯論。事見本書《禮志二》。

　　[6]始興王：王爵名。王國在今廣東韶關市東南蓮花嶺下。濬：人名。即劉濬。字休明，爲“二凶”之一。本書卷九九有傳。

　　[7]蔣美人：海鹽公主之母，餘事不詳。美人，後宮嬪妃，位在九嬪下。

　　[8]肅：按《謚法》：“執心決斷爲肅。”

　　[9]勗：人名。即趙勗。本書僅此一見。

　　[10]齊受禪：南齊開國皇帝蕭道成接受宋順帝的禪讓，實乃逼宮奪權。

　　王懿字仲德，[1]太原祁人。[2]自言漢司徒允弟幽州刺史懋七世孫也。[3]祖宏，[4]事石季龍，[5]父苗，[6]事苻堅，[7]皆爲二千石。[8]

　　[1]王懿字仲德：《通鑑考異》云：“《宋書·仲德傳》闕。”説明本傳爲後人所補。

　　[2]太原：郡名。治所在今山西太原市古城營西古城。　祁：縣名。在今山西祁縣祁城。

　　[3]司徒：官名。後漢三公之一，分掌宰相職能，秩萬石。東漢末已無實權。　允：人名。即王允。曾與呂布共除董卓。《後漢書》卷六六有傳。　懋：人名。即王懋。本書僅此一見，《後漢書》不見此人。　幽州：治所在今北京市西南。

　　[4]宏：人名。即王宏。本書僅此一見，《晋書》不見此人。

　　[5]石季龍：人名。即後趙國君石虎。羯族。《晋書》卷一〇六、一〇七有載記。

　　[6]苗：人名。即王苗。本書僅此一見，《晋書》不見此人。

　　[7]苻堅：人名。氐族。前秦皇帝。《晋書》卷一一三、一一四有載記。

[8]二千石：俸禄單位。月俸百二十斛，屬於中央卿級、地方郡守級的秩俸。

　　仲德少沈審，有意略，通陰陽，解聲律。苻氏之敗，仲德年十七，與兄叡同起義兵，與慕容垂戰，[1]敗，仲德被重創走，與家屬相失。路經大澤，不能前，困臥林中。忽有青衣童兒騎牛行，見仲德，問曰："食未？"仲德告飢。兒去，頃之復來，攜食與之。仲德食畢欲行，會水潦暴至，莫知所如。有一白狼至前，仰天而號，號訖，銜仲德衣，因渡水，仲德隨之，獲濟，與叡相及。渡河至滑臺，[2]復爲翟遼所留，[3]使爲將帥。積年，仲德欲南歸，乃奔泰山，[4]遼遣騎追之急，夜行，忽有炬火前導，仲德隨之，行百許里，乃免。

　　[1]慕容垂：人名。字道明，鮮卑族，後燕開國皇帝。《晋書》卷一二三有載記。
　　[2]滑臺：城名。在今河南滑縣東舊滑縣。
　　[3]翟遼：人名。丁零族，翟斌之後，翟真之子。大魏國的創始人，自稱魏天王，改元建光，國都滑臺，是十六國之外的小國，曾先後臣服前秦、後燕。後爲對抗後燕，又倒向宋。
　　[4]泰山：郡名。治所在今山東泰安市東。

　　晋太元末，[1]徙居彭城。[2]兄弟名犯晋宣、元二帝諱，[3]並以字稱。叡字元德。北土重同姓，謂之骨肉，有遠來相投者，莫不竭力營贍，若不至者，以爲不義，不爲鄉里所容。仲德聞王愉在江南，[4]是太原人，乃往依之，愉禮之甚薄，因至姑孰投桓玄。[5]值玄篡，見輔國將軍張暢，[6]言及世事，仲德曰：“自古革命，誠非一族，然今之起者，恐不足以成大事。”

[1]太元：晉孝武帝司馬曜年號（376—396）。

[2]彭城：郡名。在今江蘇徐州市。

[3]宣、元二帝：即晉宣帝司馬懿、晉元帝司馬睿。《晉書》卷一、六有紀。

[4]王愉：人名。王坦之二子，在晉歷官驃騎司馬、會稽内史，桓玄篡晉建楚，任爲尚書僕射，劉裕起兵討桓玄，王愉因曾輕侮劉裕，心不自安，潛結司州刺史温詳反劉裕，事泄，被誅。

[5]姑孰：地名。在今安徽當塗縣。　桓玄：人名。字敬道，一名靈寶。桓温庶子，襲爵南郡公。據有荆州，篡晉建楚，爲劉裕所討平。《晉書》卷九九有傳。

[6]輔國將軍：官名。將軍名號。三品。　張暢：孫彪《考論》云：“此别一張暢，非張邵兄子也。《劉懷肅傳》有江夏相張暢之，蓋其人。”

元德果敢有智略，武帝甚知之，告以義舉，使於都下襲玄。仲德聞其謀，謂元德曰：“天下之事，不可不密，應機務速，不在巧遲。玄每冒夜出入，今若圖之，正須一夫力耳。”事泄，元德爲玄所誅，仲德奔竄。會義軍剋建業，[1]仲德抱元德子方回出候武帝，[2]帝於馬上抱方回與仲德相對號泣，追贈元德給事中，[3]封安復縣侯，[4]以仲德爲中兵參軍。[5]

[1]建業：地名。在今江蘇南京市。原爲東吴首都，西晉末年，因避晉愍帝司馬鄴之諱，改名建康，此處爲沿用舊名。

[2]方回：人名。即王方回。後歷官征北司馬、驃騎司馬、兗州刺史、青冀二州刺史、驍騎將軍，襲封安復縣開國侯。

[3]給事中：官名。常侍從皇帝左右，獻納得失，諫諍糾彈，收發傳達上奏文書，雖可封駁，但權任不重，亦兼管圖書文翰、修史等事。五品。

[4]安復縣侯：侯爵名。侯國在今江西安福縣西。

[5]中兵參軍：官名。亦作“中兵參軍事”，是諸公府或軍府僚屬之一，掌本府中兵曹事務，兼備參謀咨詢。其品級由府主的地位而定。

武帝伐廣固，[1]仲德爲前鋒，大小二十餘戰，每戰輒剋。及盧循寇逼，[2]敗劉毅於桑落，[3]帝北伐始還，士卒創痍，堪戰者可數千人，賊衆十萬，舳艫百里，奔敗而歸者，咸稱其雄。衆議並欲遷都，仲德正色曰：“今天子當陽而治，[4]明公命世作輔，新建大功，威震六合。[5]妖賊豕突，[6]乘我遠征，[7]既聞凱入，將自奔散。今自投草間，則同之匹夫，匹夫號令，何以威物？義士英豪，當自求其主爾。此謀若行，請自此辭矣。”帝悅之，以仲德屯越城。[8]及賊自蔡洲南走，[9]遣仲德追之。賊留親黨范崇民五千人，[10]高艦百餘，城南陵。[11]仲德攻之，大破崇民，焚其舟艦，收其散卒，功冠諸將，封新淦縣侯。[12]

[1]廣固：城名。在今山東青州市西北，時爲南燕首都。

[2]盧循：人名。字于先，小名元龍。東晉末年與孫恩起兵反晉，被劉裕所鎮壓。《晉書》卷一〇〇有傳。

[3]劉毅：人名。字希樂，彭城沛（今江蘇沛縣）人。東晉末

年，與劉裕共同起兵討桓玄，鎮壓孫恩、盧循反晉軍，因功官至衛將軍、開府儀同三司、荆州刺史，後與劉裕爭權，戰敗被殺。《晉書》卷八五有傳。　桑落：洲名。在今江西九江市東北長江中。

　　[4]當陽：語出《左傳》文公四年：“昔諸侯朝正于王，王宴樂之，於是乎賦《湛露》，則天子當陽，諸侯用命也。”孔穎達疏：“陽，謂日也，言天子當日，諸侯當露也。”杜預注：“言露見日而乾，猶諸侯禀天子命而行。”

　　[5]六合：四方上下，泛指天下。

　　[6]妖賊：盧循以五斗米道組織農民反晉，故被蔑稱爲妖衆。豕突：像野猪一樣奔突衝撞。

　　[7]乘我遠征：“征”各本作“往”，中華本據《南史》、《元龜》卷七一七改。今從。此“遠征”指劉裕征南燕。

　　[8]越城：地名。在今江蘇南京市城區南郊。

　　[9]蔡洲：洲名。原在今江蘇南京西南長江中，現已併入南岸大陸。

　　[10]范崇民：人名。盧循軍重要將領。

　　[11]南陵：地名。即南陵戍。在今安徽繁昌縣。

　　[12]新淦縣侯：侯爵名。侯國在今江西樟樹市。

　　義熙十二年北伐，[1]進仲德征虜將軍，[2]加冀州刺史，[3]爲前鋒諸軍事。冠軍將軍檀道濟、龍驤將軍王鎮惡向洛陽，[4]寧朔將軍劉遵考、建武將軍沈林子出石門，[5]寧朔將軍朱超石、胡藩向半城，[6]咸受統於仲德，仲德率龍驤將軍朱牧、寧遠將軍竺靈秀、嚴綱等開鉅野入河，[7]乃總衆軍，進據潼關。長安平，以仲德爲太尉諮議參軍。[8]

　　[1]義熙：晉安帝司馬德宗年號（405—418）。

[2]征虜將軍：官名。武官名號，也作爲高級文官的加官。
三品。

[3]冀州：僑置，治所在今山東濟南市。

[4]冠軍將軍：官名。將軍名號。三品。　　檀道濟：人名。高
平金鄉（今山東嘉祥縣）人。本書卷四三有傳。　　龍驤將軍：官
名。將軍名號。三品。　　王鎮惡：人名。北海劇（今山東昌樂縣）
人。本書卷四五有傳。

[5]寧朔將軍：官名。晋時爲出鎮幽州地區軍政長官，兼管烏
桓事務，宋沿置。四品。　　劉遵考：人名。劉裕族弟。本書卷五一
有傳。　　建武將軍：官名。將軍名號，五武將軍之一。四品。　　沈
林子：人名。字敬士，吳興武康（今浙江德清縣）人。見本書卷一
〇〇《自序》。　　石門：在今河南滎陽市北。

[6]朱超石：人名。沛郡沛（今江蘇沛縣）人。本書卷四八有
附傳。　　胡藩：人名。字道序，豫章南昌（今江西南昌市）人。本
書卷五〇有傳。　　半城：地名。即畔城。在今山東聊城市西。

[7]朱牧：人名。本書卷四八作“朱林”，《南史》卷一六、二
五作“朱枚”。林、牧、枚三字形近，未知孰是。　　寧遠將軍：官
名。將軍名號。五品。　　竺靈秀：人名。後官至兗州刺史，隨到彦
之北伐，因棄軍逃歸，被處死。　　嚴綱：人名。劉裕部將，曾隨劉
裕北伐關中，官至太尉行參軍，不知所終。　　鉅野：渠名。在今山
東巨野縣南。

[8]太尉諮議參軍：官名。劉裕太尉府僚屬，職掌不定，位在
列曹參軍之上。

武帝欲遷都洛陽，衆議咸以爲宜。仲德曰：“非常
之事，常人所駭。今暴師日久，士有歸心，固當以建業
爲王基，俟文軌大同，然後議之可也。”帝深納之，使
衛送姚泓先還彭城。武帝受命，累遷徐州刺史，加

都督。[1]

[1]都督：官名。爲地方軍政長官，分使持節、持節、假節三種，職權各有不同，亦稱都督諸州軍事，領駐在州刺史，兼理民政。

元嘉三年，進號安北將軍。[1]與到彦之北伐，[2]大破虜軍。諸軍進屯靈昌津。[3]司、兖既定，[4]三軍咸喜，仲德獨有憂色，曰：“胡虜雖仁義不足，而凶狡有餘，今斂戈北歸，并力完聚，若河冰冬合，豈不能爲三軍之憂。”十月，虜於委粟津渡河，[5]進逼金墉，[6]虎牢、洛陽諸軍，[7]相繼奔走。彦之聞二城不守，欲焚舟步走，仲德曰：“洛陽既陷，則虎牢不能獨全，勢使然也。今賊去我千里，滑臺猶有强兵，若便舍舟奔走，士卒必散。且當入濟至馬耳谷口，[8]更詳所宜。”乃回軍沿濟南歷城步上，[9]焚舟棄甲，還至彭城。仲德與彦之並免官。尋與檀道濟救滑臺，糧盡而歸。

[1]元嘉三年，進號安北將軍：丁福林《校議》引本書卷五《文帝紀》云：“（元嘉二年）三月乙丑，左將軍、徐州刺史王仲德進號安北將軍。”此“三年”爲“二年”之誤。

[2]到彦之：人名。字道豫，彭城武原（今江蘇邳州市）人。曾與劉裕同討孫恩，每有戰功。劉裕討桓玄，到彦之追不及，故未加官。後以功封佷山縣子，累遷至南郡太守，入宋進爵爲侯。文帝時任中領軍，以平謝晦功，改封建昌縣公，遷南豫州刺史，因北伐失利，下獄免官，復起爲護軍，卒於官。本書原有傳，後佚。《南史》卷二五有傳。

［3］靈昌津：一名延津。在今河南衛輝市古黄河上。

［4］司：州名。時治所在今河南滎陽市汜水鎮。

［5］委粟津：在今河南范縣古黄河上。

［6］金墉：城名。在今河南洛陽市東北魏晋洛陽故城西北隅。

［7］虎牢：關名。時司州治於此，在今河南滎陽市汜水鎮西。

［8］馬耳谷口：地名。在今山東章丘市。

［9］歷城：地名。在今山東濟南市歷城區。

　　九年，又爲鎮北將軍、徐州刺史。[1]明年，加領兗州刺史。仲德三臨徐州，威德著於彭城，立佛寺作白狼、童子像於塔中，以河北所遇也。十三年，進號鎮北大將軍。[2]十五年，卒，謚曰桓侯。[3]亦於廟立白狼、童子壇，每祭必祠之。子正脩嗣，[4]爲家僮所殺。

　　［1］鎮北將軍：官名。四鎮將軍之一，多授持節都督出鎮方面。二品。如不授持節都督，三品。

　　［2］鎮北大將軍：官名。職掌與鎮北將軍同，唯有資歷深者，得任此職。二品。

　　［3］桓：謚號。按《謚法》："克敵服遠曰桓。" "闢土兼國曰桓。"

　　［4］正脩：《南史》卷二五《王懿傳》作"正循"。

　　張邵字茂宗，[1]會稽太守裕之弟也。[2]初爲晋琅邪内史王誕龍驤府功曹，[3]桓玄徙誕於廣州，[4]親故咸離棄之，惟邵情意彌謹，流涕追送。時變亂饑饉，又饋送其妻子。

[1]張邵字茂宗：李慈銘《札記》："《宋書·張邵傳》本亡，後人雜取《南史》等書補之，故邵子敷，兄子暢，皆別有傳，而此卷邵傳後復重出敷傳。"

[2]會稽：郡名。治所在今浙江紹興市。 裕：人名。即張裕。字茂度，吳郡吳（今江蘇蘇州市）人。因名犯宋武帝劉裕諱，以字行。本書卷五三有傳。

[3]琅邪內史：官名。琅邪國民政長官，職如郡太守。五品。琅邪國，在今山東臨沂市。 王誕：人名。字茂世，琅邪臨沂（今山東臨沂市）人。本書卷五二有傳。 龍驤府功曹：官名。爲王誕龍驤將軍府僚屬，掌人事，並參與政務。

[4]廣州：治所在今廣東廣州市。

桓玄篡位，父敞先爲尚書，[1]以答事微謬，降爲廷尉卿。[2]及武帝討玄，邵白敞表獻誠款，帝大説，命署其門曰："有犯張廷尉者，以軍法論。"後以敞爲吳郡太守。[3]王誕爲揚州，[4]召邵爲主簿。[5]劉毅爲亞相，[6]愛才好士，當世莫不輻湊，獨邵不往。或問之，邵曰："主公命世人傑，何煩多問。"劉穆之聞以白，帝益親之，轉太尉參軍，署長流賊曹。[7]盧循寇迫京師，使邵守南城，時百姓臨水望賊，帝怪而問邵，邵曰："若節鉞未反，[8]奔散之不暇，亦何能觀望，今當無復恐耳。"尋補州主簿。

[1]敞：人名。即張敞。吳郡吳人。在晉歷官侍中、尚書、吳國內史。 尚書：官名。尚書省諸曹長官。三品。

[2]廷尉卿：官名。對廷尉的尊稱。秦漢時位列九卿，爲中央最高司法審判機構長官，南朝司法刑獄仰承尚書，又設"建康三

官”分管刑獄，廷尉職權漸輕。三品。

[3]吳郡：治所在今江蘇蘇州市。

[4]王謐：人名。王導孫，王劭子，過繼給王協，襲爵武岡侯。桓玄輔政，進位中書監，加散騎常侍，領司徒，兼太保。玄敗，以本官加侍中，領揚州牧，錄尚書事，卒於官。《晉書》卷六五有附傳。　揚州：治所在今江蘇南京市。

[5]主簿：官名。典領文書薄籍，經辦庶務，爲州、郡、縣府中的重要屬吏。

[6]亞相：一般爲御史大夫的別稱，此處指劉毅以衛將軍、開府儀同三司知内外留守事，地位僅次於劉裕，故稱亞相。

[7]劉穆之：人名。字道和，東莞莒（今山東莒縣）人。本書卷四二有傳。　長流賊曹：官署名。東晉末，劉裕任丞相，分府中賊曹而置，掌盜賊流徙事，長官爲參軍。

[8]節鉞：符節和黃鉞。皇帝派將出征，賜給主帥調兵遣將、執掌生殺大權的憑證。此處代指劉裕及其軍隊。

　　邵悉心政事，精力絶人。及誅劉藩，[1]邵時在西州直廬，[2]即夜誡衆曹曰：“大軍當大討，可各修舟船倉庫，及曉取辦。”[3]旦日，帝求諸薄署，應時即至，怪問其速，諸曹答曰：“昨夜受張主簿處分。”[4]帝曰：“張邵可謂同我憂慮矣。”九年，世子始開征虜府，[5]補邵録事參軍，[6]轉號中軍，[7]遷諮議參軍，領記室。[8]

[1]劉藩：人名。劉毅從弟，與劉裕共討桓玄最早起兵的二十七人之一。以後在北伐南燕，攻滅盧循的戰爭中屢立軍功，官至兗州刺史，因與劉毅共反劉裕，被收下獄，賜死。

[2]西州：地名。揚州刺史治所。因其在臺城之西而得名。《江南通志·古迹門》：“西州城在上元縣治，晉揚州刺史治所。”宋

揚州刺史亦居此。　直廬：值班房。

　　[3]"大軍當大討"至"及曉取辦"：《南史》卷三二《張邵傳》作"大軍當大討，可各各條倉庫及舟船人領，至曉取辦"。

　　[4]處分：吩咐、調度、指揮。

　　[5]世子：王公侯伯的嫡長子，或指能繼承王侯爵位的兒子。此處指少帝劉義符。　征虜府：即征虜將軍府。

　　[6]錄事參軍：官名。錄事曹長官，公府、將軍府、刺史開軍府者皆置，掌總錄衆曹文簿兼舉彈善惡。

　　[7]轉號中軍：意爲劉義符由征虜將軍遷中軍將軍，張邵也就由征虜將軍府轉至中軍將軍府。　轉：官制用語。官吏同級調任。

　　[8]領：官制用語。即兼領、暫代。一般是指以卑職領高職，或以白衣領某職。　記室：官名。記室參軍的簡稱，掌文書表奏。

　　十二年，武帝北伐，邵請見，曰："人生危脆，必當遠慮。穆之若邂逅不幸，[1]誰可代之？尊業如此，苟有不諱，事將如何？"帝曰："此自委穆之及卿耳。"青州刺史檀祗鎮廣陵，[2]時滁中結聚亡命，[3]祗率衆掩之。劉穆之恐以爲變，將發軍。邵曰："檀韶據中流，[4]道濟爲軍首，若疑狀發露，恐生大變。宜且遣慰勞，以觀其意。"既而祗果不動。及穆之卒，朝廷惶懼，便欲發詔以司馬徐羨之代之，[5]邵對曰："今誠急病，任終在徐，且世子無專命，宜須北咨。"信反，方使世子出命曰："朝廷及大府事，[6]悉咨徐司馬，其餘啓還。"武帝重其臨事不撓，有大臣體。十四年，以世子鎮荆州，邵諫曰："儲貳之重，四海所繫，不宜處外，敢以死請。"從之。

[1]邂逅：偶然。

[2]青州：治所在今山東青州市。　檀祗：人名。字恭叔，高平金鄉人。本書卷四七有傳。　廣陵：郡名。治所在今江蘇揚州市西北蜀崗上。時檀祗任廣陵相，故設青州州治於此。

[3]滁中：各本並作"滁州"，中華本據《南史》改。按：當時無滁州，當作"滁中"，在今安徽滁州市。

[4]檀韶：人名。字令孫，高平金鄉人。本書卷四五有傳。

[5]司馬：官名。公府高級幕僚，位次長史，管理府內武職，並與長史共參府務。　徐羨之：人名。字宗文，東海郯（今山東郯城縣）人。本書卷四三有傳。

[6]大府：官署名。漢指丞相府、御史大夫府。此處指劉裕太尉府。

　　文帝爲中郎將、荆州刺史，[1]以邵爲司馬，[2]領南郡相，[3]衆事悉決於邵。武帝受命，以佐命功，封臨沮伯，[4]分荆州立湘州，以邵爲刺史。將署府，邵以爲長沙內地，非用武之國，置署妨人，乖爲政要。帝從之。謝晦反，[5]遺書要邵，邵不發函，馳使呈帝。

[1]文帝爲中郎將：丁福林《校議》據本書卷五《文帝紀》考證，時文帝爲西中郎將。西中郎將，地位高於一般將領，宋多以宗室諸王任之。　荆州：州治在今湖北荆州市荆州區。

[2]司馬：官名。荆州刺史府幕僚，地位低於長史，掌府內武職。

[3]南郡相：官名。南郡王國的行政長官，職掌相當於郡太守。南郡，治所在今湖北荆州市荆州區。

[4]臨沮伯：伯爵名。伯國在今湖北當陽市。

[5]謝晦：人名。字宣明，陳郡陽夏（今河南太康縣）人。本

書卷四四有傳。

　　元嘉五年，轉征虜將軍，領寧蠻校尉、雍州刺史，[1]加都督。初，王華與邵有隙，[2]及華參要，親舊爲之危心。邵曰：“子陵方弘至公，必不以私讎害正義。”是任也，華實舉之。[3]及至襄陽，築長圍，修立隄堰，開田數千頃，郡人賴之富贍。丹、淅二川蠻屢爲寇，[4]邵誘其帥，因大會誅之，悉掩其徒黨。既失信群蠻，所在並起，水陸斷絶。子敷至襄陽定省，當還都，群蠻伺欲取之。會蠕蠕國遣使朝貢，[5]賊以爲敷，遂執之，邵坐降號揚烈將軍。[6]

　　[1]寧蠻校尉：官名。掌雍州少數民族事務，統兵，多由其他將軍兼領，且多兼任雍州刺史。四品。若不兼刺史，則減一階。

　　[2]王華：人名。字子陵，琅邪臨沂人。本書卷六三有傳。

　　[3]華實舉之：此處指張邵元嘉五年任雍州刺史，實際是王華薦舉的。按：王華於元嘉四年五月已故去，不可能再薦張邵。此處有誤。

　　[4]丹、淅二川：“川”各本並作“州”。中華本校勘記云：“時無丹州及淅州，有丹水、淅水，‘州’當作‘川’，今訂正。”

　　[5]蠕蠕國：古國名。即柔然，又稱茹茹、芮芮，皆一音之轉。北狄之一，東胡族的分支，初屬拓拔部，至南北朝時，社崘爲可汗始强大，統蒙古草原，西魏時爲突厥所滅。

　　[6]揚烈將軍：官名。將軍名號。五品。

　　江夏王義恭鎮江陵，[1]以邵爲撫軍長史、持節、南蠻校尉。[2]坐在雍州營私蓄聚，[3]贓貨二百四十五萬，下廷尉，免官，削爵土。後爲吳興太守，卒，追復爵邑，謐曰簡伯。^[4]邵臨終，遺命祭以菜果，葦蓆爲輀車，^[5]諸子從焉。子敷、演、敬，有名於世。^[6]

[1]江夏王：王爵名。王國在今湖北武漢市武昌區。 義恭：人名。即劉義恭。宋武帝五子。本書卷六一有傳。 江陵：郡名。治所在今湖北荆州市荆州區。

[2]撫軍長史：官名。撫軍將軍府高級幕僚，掌府中政務。南蠻校尉：官名。掌荆州、江州少數民族事務，統兵，多由高級將領兼任，且多兼任刺史及都督周圍數郡諸軍事。四品。

[3]聚：各本作“取”。中華本據《通鑑》宋文帝元嘉八年改。

[4]簡：按《謐法》：“壹德不解曰簡。”“平易不疵曰簡。”

[5]輀（ér）車：亦寫作“輀車”，即載運靈柩的喪車。

[6]子敷、演、敬：《南史》卷三二《張邵傳》作“長子敷”，無演、敬。據本書卷五三《張茂度傳》和《南齊書》卷三二《張岱傳》記載，演、敬爲張茂度（裕）之子。另下文有“敷弟柬，襲父封，位通直郎”，知張邵有二子，長子敷、次子柬。

敷字景胤。生而母亡，年數歲，問知之，雖童蒙，便有感慕之色。至十歲許，求母遺物，而散施已盡，唯得一扇，乃緘録之。每至感思，輒開笥流涕。見從母，悲感嗚咽。性整貴，風韻端雅，好玄言，^[1]善屬文。初，父邵使與南陽宗少文談《繫》《象》，^[2]往復數番，少文每欲屈，握麈尾嘆曰：“吾道東矣。”^[3]於是名價日重。武帝聞其美，召見奇之。曰：“真千里駒也。”^[4]以爲世子中軍參軍，數見接引。累遷江夏王義恭撫軍記室參軍。義恭就文帝求一學義沙門，^[5]會敷赴假江陵，^[6]入辭，文帝令以後車載沙門往。謂曰：“道中可得言晤。”敷不奉詔，上甚不説。遷正員中書郎。[7]敷小名查，父邵小名梨，文帝戲之曰：“查何如梨？”敷曰：“梨爲百果之宗，查何可比。”

[1]玄言：老莊玄理的言論和言談。時稱《易》《老子》《莊子》爲三玄。講論三玄深奧理論，是當時清談的主要内容。

[2]南陽：郡名：治所在今河南南陽市。　宗少文：人名。名炳，南陽涅陽人。本書卷九三有傳。　《繫》《象》：即《易經》的《繫辭》上下篇和《象辭》上下篇。是中國古代學者對《易經》所作的各種解釋。

[3]吾道東矣：典出《後漢書》卷三五《鄭玄傳》。鄭玄從馬融學習，三年不得見馬融之面。馬融僅派高業弟子傳授鄭玄。玄日夜苦讀，不敢懈怠。後來馬融聽説鄭玄善算學，乃召見鄭玄，玄得以向馬融質疑。問畢即告辭返回高密。馬融“喟然謂門人曰：‘鄭生今去，吾道東矣。’”宗炳説這句話，是把張敷比作鄭玄，以示贊譽。

[4]千里駒：比喻有才幹的青年人。

[5]學義沙門：有學問的和尚。沙門，梵語音譯，或作“娑門”“桑門”“喪門”。一説是吐火羅語音譯，原爲古印度反婆羅門教思潮各個教派出家者的通稱，佛教盛行後，纔成爲僧侶的專稱。

[6]會敷赴假江陵：丁福林《校議》引《南史》卷三二《張敷傳》、《通志》卷一三四皆作“會敷赴假還江陵”，較爲通順。

[7]正員：官制用語。指正式編制内的官員。　中書郎：官名。奏章由黄門郎署名後，經中書郎轉呈並宣讀，經皇帝同意，可代皇帝批閲意見，或爲中書通事郎、中書侍郎的省稱。

　　中書舍人秋當、周赳並管要務，[1]以敷同省名家，欲詣之。赳曰："彼恐不相容接，不如勿往。"當曰："吾等並已員外郎矣，[2]何憂不得共坐。"敷先設二牀，[3]去壁三四尺，二客就席，敷呼左右曰："移我遠客！"赳等失色而去。其自標遇如此。善持音儀，[4]盡詳緩之致，與人別，執手曰："念相聞。"餘響久之不絕。張氏後進皆慕之，其源起自敷也。

[1]中書舍人：官名。中書通事舍人的簡稱，掌收納，呈轉文書奏章，後漸奪中書侍郎草擬詔令之任，爲皇帝親信。品低而權重。七品。　秋當：各本作"狄當"，中華本據《廣韻》"秋，又姓，宋中書舍人秋當"，《通鑑》胡三省注"秋當，人姓名"而改正。　周赳：亦作"周糾"。秋、周二人，本書皆五見，均稱其爲中書舍人，餘事不詳。

[2]員外郎：官名。員外散騎侍郎的省稱，初爲正員散騎侍郎的添差，後成定員官，屬散騎省，爲閑散之職。初多以公族、功臣子弟充任，後常用以安置閑退官員，多爲榮譽頭銜。

[3]牀：古代坐具，相當於後世的凳子、椅子。

[4]音儀：説話有很强的節奏感，令人聽之悦耳。

遷黃門侍郎，[1]始興王濬後將軍司徒左長史，[2]未拜，父在吳興亡，成服凡十餘日，[3]方進水漿，葬畢，不進鹽菜，遂毀瘠成疾。伯父茂度每譬止之，[4]敷益更感慟，絕而復續，茂度曰："我比止汝，而乃益甚。"自是不復往。未朞年而卒。[5]孝武即位，[6]旌其孝道，追贈侍中，[7]改其所居爲孝張里。

[1]黃門侍郎：官名。給事黃門侍郎的簡稱，侍中省或門下省

次官，與侍中共掌門下衆事及平議尚書省奏事，侍從皇帝左右，顧問應對，職任顯要，多以重臣、外戚子弟充任。五品。

[2]始興王濬後將軍司徒左長史：此文有誤。本書卷六二《張敷傳》作"始興王濬後軍長史，司徒左長史"。始興王，王爵名。王國在今廣東韶關市東南蓮花嶺下。濬，人名。即劉濬。字休明。本書卷九九有傳。後軍長史，官名。後將軍府高級幕僚，主持一府之庶務。司徒左長史，官名。與右長史並爲司徒府幕僚長，總管府內諸曹及管理州郡農桑、戶籍和官吏考課等事。六品。

[3]成服：於大殮之後，五服內親屬各以親疏穿上應穿的喪服。一般是大殮三日後成服。《唐語林·補遺四》："三日成服，聖人之制。"

[4]茂度：人名。即張茂度。名裕，因避劉裕諱，以字行。本書卷五三有傳。

[5]未：各本作"末"。中華本據本書《張敷傳》及《南史》改正。

[6]孝武：宋第四位皇帝劉駿。諡號孝武。按《諡法》："慈惠愛親曰孝。""協時肇享曰孝。""威强叡德曰武。""剛强理直曰武。"本書卷六有紀。

[7]侍中：官名。侍中省長官，管理門下衆事，兼統宮廷內侍諸署，侍從皇帝，出行護駕，掌顧問應對，拾遺補闕，諫静糾察，平議尚書奏事，有異議得駁奏。此職加授宰相、尚書等高官，便可出入殿省議政。三品。

敷弟棟，襲父封，位通直郎。[1]棟有勇力，手格猛獸，元凶以爲輔國將軍，孝武至新亭，[2]棟出奔，墜淮死。[3]子式嗣。

[1]通直郎：官名。通直散騎侍郎的簡稱，多爲加官或常授衰

老之官。

　　[2]新亭：地名。又名中興亭。在今江蘇南京市西南。

　　[3]墜淮死：墜秦淮河而死。此淮非淮河。

　　暢字少微，邵兄禕之子也。[1]偉少有操行，爲晋琅邪王國郎中令，[2]從王至洛，[3]還京都，武帝封藥酒一罌付偉，令密加鴆毒，受命於道，自飲而卒。

　　[1]禕：各本作“偉”。本書卷五九《張暢傳》、《南史》卷三二《張暢傳》及《晋書》卷八九《張禕傳》皆作“禕”，據改。

　　[2]琅邪王：王爵名。王國在今山東臨沂市。此琅邪王指晋恭帝司馬德文即皇帝位前的封爵。　郎中令：官名。王國三卿之一，侍從國王，宿衛王宮。

　　[3]從王至洛：琅邪王德文曾以“修敬山陵”爲名隨劉裕北伐，張禕也隨琅邪王到了洛陽。德文此行有監督劉裕之嫌，故劉裕欲加害於他。

　　暢少與從兄敷、演、敬齊名，爲後進之秀。起家爲太守徐佩之主簿，[1]佩之被誅，暢馳出奔赴，制服盡哀，[2]時論美之。弟枚嘗爲猘犬所傷，[3]醫者云食蝦蟇可療。枚難之，暢含笑先嘗，枚因此乃食，由是遂愈。累遷太子中庶子。[4]

　　[1]徐佩之：人名。東海郯人，徐羨之兄子。本書卷四三有附傳。按：徐佩之時任吳郡太守。

　　[2]制服：喪服。

　　[3]枚：人名。即張枚。本書僅此一見，其事不詳。

[4]太子中庶子：官名。東宮屬官，掌侍從、奏事、諫議等職。五品。

　　孝武鎮彭城，暢爲安北長史，[1]沛郡太守。[2]元嘉二十七年，魏主托跋燾南征，[3]太尉江夏王義恭統諸軍出鎮彭城。[4]虜衆近城數十里，[5]彭城衆力雖多，而軍食不足，義恭欲棄彭城南歸，計議彌日不定。時歷城衆少食多，安北中兵參軍沈慶之議欲以車營爲函箱陣，[6]精兵爲外翼，奉二王及妃媛直趨歷城，分城兵配護軍將軍蕭思話留守。[7]太尉長史何勗不同，[8]欲席卷奔鬱洲，[9]自海道還都。二議未決，更集群僚議之。暢曰：“若歷城、鬱洲可至，下官敢不高讚。今城內乏食，人無固心，但以關扃嚴密，不獲走耳。若一搖動，則潰然奔散，雖欲至所在，其可得乎！今食雖寡，然朝夕未至窘乏，豈可捨萬全之術，而即危亡之道。此計必行，下官請以頸血汗君馬跡！”[10]孝武聞暢議，謂義恭曰：“張長史言，不可違也。”義恭乃止。

[1]安北長史：官名。安北將軍府幕僚長，掌府中衆務。

[2]沛郡：治所在今安徽蕭縣。

[3]托跋燾：人名。鮮卑族。即北魏太武帝，於439年滅北涼，統一北方。《魏書》卷四有紀。

[4]太尉：官名。東漢時爲三公之首，魏晉宋時爲名譽宰相，爲重臣加官，無實際職掌。一品。但東晉末年劉裕任太尉則有實權。

[5]數十里：丁福林《校議》引本書卷五九《張暢傳》作“十數里”，《通鑑》卷一二五作“十餘里”。

[6]安北中兵參軍：官名。即安北將軍府中兵參軍事。掌府中兵曹事務，兼備參謀咨詢。　沈慶之：人名。字弘先，吴興武康人。本書卷七七有傳。丁福林《校議》據《宋書》卷五《文帝紀》、《通鑑》卷一二五考證，時沈慶之任鎮軍中兵參軍，而非安北中兵參軍。　函箱陣：軍陣名。軍隊進行中以戰車爲主組成具有保護性作用的方形陣。

[7]護軍將軍：官名。掌督京師以外諸軍，權任頗重。三品。蕭思話：人名。南蘭陵（今江蘇常州市武進區）人。本書卷七八有傳。

[8]太尉長史：官名。太尉府幕僚長，掌府中政務。　何勖：人名。東海郯人，晋鎮南將軍何無忌之子，襲封安成郡公，入宋歷官太尉長史、侍中等職。

[9]鬱洲：洲名。在今江蘇連雲港市東雲臺山一帶。洲本在海中，周圍數百里，現與大陸連接。

[10]馬跡：本書卷五九《張暢傳》作“馬蹄”。

魏主既至，登城南亞父塚，[1]於戲馬臺立氈屋。[2]先是，隊主蒯應見執，[3]其日晡時，遣送應至小市門，致意求甘蔗及酒。孝武遣送酒二器，甘蔗百挺。求駱駝。明日，魏主又自上戲馬臺，復遣使至小市門，求與孝武相見，遣送駱駝，并致雜物，使於南門受之。暢於城上與魏尚書李孝伯語。[4]孝伯問：“君何姓？”答曰：“姓張。”孝伯曰：“張長史乎？”暢曰：“君何得見識？”孝伯曰：“君名聲遠聞，足使我知。”城内有具思者，[5]嘗在魏，義恭使視，知是孝伯，乃開門餉物。魏主又求酒及甘橘，孝武又致螺盃雜物，南土所珍。魏主復令孝伯傳語曰：“魏主有詔借博具。”暢曰：“博具當爲申致，有詔之言，正可施於彼國，何得施之於此?"孝伯曰：
"以鄰國之臣耳。"孝伯又言："太尉、鎮軍，久闕南信，
殊當憂邑。[6]若遣信，當爲護送。"暢曰："此中間道甚
多，亦不須煩魏。"孝伯曰："亦知有水路，似爲白賊所
斷。"[7]暢曰："君著白衣，故號白賊也。"孝伯笑曰：
"今之白賊，亦不異黃巾、赤眉，但不在江南耳。"[8]又
求博具，俄送與。魏主又遣送氈及九種鹽并胡豉，云：
"此諸鹽，各有宜。白鹽是魏主所食，[9]黑者療腹脹氣
滿，刮取六銖，[10]以酒服之。胡鹽療目痛。柔鹽不用
食，療馬脊創。赤鹽、駮鹽、臭鹽、馬齒鹽四種，並不
中食，胡豉亦中噉。"又求黃甘，并云："魏主致意太
尉、安北，何不遣人來問，觀我儀貌，察我爲人。"暢
又宣旨答曰："魏主形狀才力，久爲來往所見。李尚書
親自銜命，不患彼此不盡，[11]故不復遣。"又云："魏主
恨向所送馬殊不稱意，安北若須大馬，當送之，脫須蜀
馬，亦有佳者。"暢曰："安北不乏良駟，送在彼意，此
非所求。"義恭又送炬燭十挺，孝武亦致錦一匹。又曰：
"知更須黃甘，若給彼軍，即不能足；若供魏主，未當
乏絶，故不復致。"孝伯又曰："君南土膏粱，[12]何爲著
屬? 君且如此，將士云何!"暢曰："膏粱之言，誠以爲
愧。但以不武，受命統軍，戎陣之間，不容緩服。"[13]
魏主又遣就二王借箜篌、琵琶等器及棋子。孝伯足詞
辯，亦北土之美，暢隨宜應答，甚爲敏捷，音韻詳雅，
魏人美之。

[1]亞父塚：項羽謀臣范增墓。

[2]戲馬臺：即項羽涼馬臺。在今江蘇徐州市城區南部。

[3]隊主：官名。軍事編制隊的主將，所指揮兵力無定數，自數十人至數百人不等，多以雜號將軍充任。 蒯應：人名。僅見於本書本卷及卷五九《張暢傳》。

[4]尚書：官名。時李孝伯任北部尚書，即尚書省北部曹長官。掌管北邊州郡的考課、選舉、辭訟等事，權任很重。 李孝伯：人名。趙郡人，北魏開國重臣，官至使持節、散騎常侍、平西將軍、秦州刺史。《魏書》卷五三有傳。

[5]具思：人名。僅見於本書本卷及卷五九《張暢傳》，其事不詳。

[6]憂邑：《魏書》卷五三《李孝伯傳》作“憂悒”。

[7]白賊：晉宋人對北魏鮮卑人的蔑稱。李孝伯此處用“白賊”稱謂，暗示宋軍退路已爲魏軍切斷，故引出張暢所説：“君著白衣，故號白賊也”的回答。

[8]今之白賊，亦不異黃巾、赤眉，但不在江南耳：此句與本書卷五九《張暢傳》不同，該傳作“孝伯大笑曰：‘今之白賊，亦不異黃巾、赤眉。’暢曰：‘黃巾、赤眉，似不在江南。’孝伯曰：‘雖不在江南，亦不在青、徐也。’”

[9]白鹽是魏主所食：中華本考證：“《魏書·李孝伯傳》於‘白鹽’下尚有‘食鹽’二字，正合九種鹽之數。此處‘白鹽’下似脱‘食鹽’二字。又下‘柔鹽’，《魏書·李孝伯傳》作‘戎鹽’。”

[10]銖：重量單位。説法不一：有説一銖爲一兩二十四分之一者，有説百黍爲一銖者，也有説一百四十四粟爲一銖者，等等。以當時五銖錢標準重量考證，一銖當爲一兩二十四分之一，合今0.65克。

[11]患：各本並作“忍”。中華本據本書卷五九《張暢傳》及《南史》改正。《魏書·李孝伯傳》亦作“患”。

[12]膏粱：郝懿行《晉宋書故》：“膏粱二字，見《晉語》及

《孟子》書，後人借爲富貴之美稱。"

　　[13]緩服：寬大舒適的官服，與緊身戎裝相對而言。以上張暢與李孝伯對話，本書卷五九《張暢傳》及《南史》、《魏書・李孝伯傳》均有記載。

　　時魏聲云當出襄陽，故以暢爲南譙王義宣司空長史、南郡太守。[1]元凶弑逆，義宣發哀之日，即便舉兵。暢爲元佐，舉哀畢，改服著黃袴褶，出射堂簡人，音儀容止，衆皆矚目，見者皆爲盡命。事平，徵爲吏部尚書，[2]封夷道縣侯。[3]

　　[1]南譙王：王爵名。王國在今安徽巢湖市居巢區東南。　義宣：人名。即劉義宣。本書卷六八有傳。　司空長史：官名。司徒府幕僚長，總管府內諸曹，管理州郡農桑、户籍及官吏考課。六品。

　　[2]吏部尚書：官名。尚書省吏部曹長官，位居列曹尚書之上，掌文官任免考選，兼典法制，其職極重。三品。

　　[3]夷道縣侯：侯爵名。侯國在今湖北枝江市。

　　及義宣有異圖，蔡超等以暢人望，[1]勸義宣留之，乃解南蠻校尉以授暢，加冠軍將軍，領丞相長史。[2]暢遣門生荀僧寶下都，[3]因顏竣陳義宣釁狀。[4]僧寶有私貨，止巴陵不時下，[5]會義宣起兵，津路斷絶，遂不得前。義宣將爲逆，使嬖人翟靈寶告暢，[6]暢陳必無此理，請以死保之。[7]靈寶還白義宣，云暢必不可回，請殺以徇衆，賴丞相司馬竺超民得免。[8]進號撫軍，[9]別立軍部，以收人望。暢雖署文檄，飲酒常醉，不省其事。及義宣敗於梁山，[10]暢爲軍人所掠，衣服都盡。遇右將軍王玄謨乘輿出營，[11]暢已得敗衣，遂排玄謨上輿，玄謨甚不悅，諸將請殺之，隊主張世救之得免，[12]執送都下，付廷尉，見原。

[1]蔡超：人名。濟陽考城（今河南民權縣）人，蔡茂之子，少有才學，初當兗州主簿，與江淳之等被興安侯劉義賓所表薦，由是知名當世。

[2]丞相長史：官名。丞相府幕僚長，署理相府諸曹事，並可出席朝儀，參與重大案件會審，並管理地方農桑戶籍等事務。時丞相權勢極重，僚屬位亦尊崇，有以尚書令、僕，中書令，侍中兼任長史的。

[3]門生：在世族、官僚門下供役使的人，與座主有很強的人身依附關係，其地位高於僕役。　苟僧寶：人名。中華本校勘記云：“《南史》、《元龜》卷七七九同。本書卷五九《張暢傳》作‘苟僧寶’。”

[4]顏竣：人名。字士遜，琅邪臨沂（今山東費縣）人。本書卷七五有傳。

[5]巴陵：郡名。治所在今湖南岳陽市。

[6]嬖人：身份低下而受寵愛的人。　翟靈寶：人名。南譙王劉義宣的親信。

[7]暢陳必無此理，請以死保之：丁福林《校議》引本書《張暢傳》作：“義宣將爲逆，遣嬖人翟靈寶謂暢：‘朝廷簡練舟甲，意在西討，今欲發兵自衛。’暢曰：‘必無此理，請以死保之。’”

[8]丞相司馬：官名。丞相府幕僚，地位在長史下，參贊軍務，管理府內武職。　竺超民：人名。東莞（今山東沂水縣東）人。青州刺史竺夔之子，歷官黃門侍郎、南平內史，隨劉義宣反朝廷，後執義宣，載送於獄。《南史》避唐太宗李世民諱作“竺超人”“竺

超”。

[9]撫軍：官名。撫軍將軍的簡稱。爲將軍名號，權任頗重。
三品。

[10]梁山：山名。在今安徽和縣南長江西岸西梁山。

[11]右將軍：官名。與前、後、左合稱四將軍，地位高於雜號
將軍，常用作加官。三品。　王玄謨：人名。字彥德，太原祁（今
山西祁縣）人。本書卷七六有傳。

[12]張世：各本並作“張榮”，中華本據本書卷五九《張暢
傳》及《南史》改正。錢大昕《考異》：“即張興世也，本單名
世。”《南齊書》卷四一《張融傳》：“欣時父興世，宋世討南譙王
義宣，官軍欲殺融父暢，興世以袍覆暢而坐之，以此得免。”即指
其事。張興世，人名。字文德，竟陵竟陵（今湖北潛江市）人。本
書卷五〇有傳。

　　起爲都官尚書，[1]轉侍中。孝武宴朝賢，暢亦在坐。
何偃因醉曰：[2]“張暢信奇才也，與義宣作賊，而卒無
咎，苟非奇才，安能致此！”暢曰：“太初之時，[3]誰黃
其閣？”帝曰：“何事相苦。”初，尚之爲元凶司空，及
義師至新林，[4]門人皆逃，尚之父子共洗黃閣，故暢以
此譏之。

[1]都官尚書：官名。尚書省都官曹長官，掌刑獄徒隸，劾治
違法案件，遇戰事或佐督軍事。三品。

[2]何偃：人名。字仲弘，廬江灊（今安徽霍山縣）人，司空
何尚之中子。本書卷五九有傳。

[3]太初：元凶劉劭年號（453）。

[4]新林：城名。在今江蘇南京市南西善橋鎮。

　　孝建二年，[1]出爲會稽太守。[2]卒，謚曰宣。[3]暢愛弟子輯，[4]臨終遺命與輯合墳，時議非之。

　　[1]孝建：宋孝武帝劉駿年號（454—456）。

　　[2]會稽：郡名。治所在今浙江紹興市。

　　[3]宣：按《謚法》："聖善周聞曰宣。""施而不成曰宣。"

　　[4]暢愛弟子輯：各本並脱"子"字，中華本據本書卷五九《張暢傳》補。輯，人名。即張輯。僅見於本書本卷及卷五九《張暢傳》，其事不詳。

　　弟悦，亦有美稱，歷侍中、臨海王子頊前將軍長史、南郡太守。[1]晋安王子勛建僞號，[2]召拜爲吏部尚書，與鄧琬共輔僞政。[3]及事敗，悦殺琬歸降，復爲太子中庶子。後拜雍州刺史。泰始六年，明帝於巴郡置三巴校尉，[4]以悦補之，加持節、輔師將軍，[5]領巴郡太守。未拜，卒。

　　[1]臨海王：王爵名。王國在今浙江臨海市東南。　子頊：人名。即劉子頊。本書卷八○有傳。　前將軍長史：官名。前將軍府幕僚長，掌府中衆務。

　　[2]晋安王：王爵名。王國在今福建福州市。　子勛：人名。即劉子勛。本書卷八○有傳。

　　[3]鄧琬：人名。字元琬，豫章南昌人。本書卷八四有傳。

　　[4]巴郡：治所在今重慶市。　三巴校尉：官名。即護三巴校尉。主管巴郡、巴東、巴西、梓潼、建平等五郡，是三巴地區的軍政長官。

　　[5]輔師將軍：官名。將軍名號。三品。

暢子浩，官至義陽王昶征北諮議參軍。[1]浩弟淹，黃門郎，[2]封廣晉縣子，[3]太子左衛率，[4]東陽太守。[5]逼郡吏燒臂照佛，百姓有罪，使禮佛贖刑，動至數千拜。免官禁錮。起爲光祿勳，[6]與晉安王子勛同逆，軍敗見殺焉。

[1]義陽王：王爵名。王國在今河南信陽市。　昶：人名。即劉昶。本書卷七二有傳。　征北諮議參軍：官名。征北將軍府幕僚，職掌不定，位在列曹參軍上。

[2]黃門郎：官名。黃門侍郎或給事黃門侍郎的簡稱。

[3]廣晉縣子：子爵名。封邑在今江西鄱陽縣北境。

[4]太子左衛率：官名。東宮屬官，領精兵萬人，宿衛東宮，亦任征伐。五品。丁福林《校議》據本書卷五九《張暢傳》、《南史》卷三二《張邵傳》考證，時張淹任太子右衛率，而非"左衛率"。

[5]東陽：郡名。治所在今浙江金華市。

[6]光祿勳：官名。漢爲九卿之一，主管宮殿門户宿衛，典領禁軍。秩中二千石。魏晉宋時，職任較輕，主要掌管宮門名籍，兼管部分宮廷供御事務。三品。

臣穆等案《高氏小史》，[1]《趙倫之傳》下有《到彥之傳》，而此書獨闕。約之史法，[2]諸帝稱廟號，而謂魏爲虜。今帝稱帝號，魏稱魏主，與《南史》體同，而傳末又無史臣論，疑非約書。然其辭差與《南史》異，故特存焉。

[1]臣穆：鄭穆對皇帝的自稱。穆，人名。即鄭穆。字閎中。宋侯官（今福建福州市）人。性謹厚好學，進退容止必以禮，皇祐（1049—1054）進士，累官至寶義閣待制、國子祭酒，門人千數，

致仕之日，空學相送。　《高氏小史》：書名。據《玉海》卷四七，該書共一百二十卷，爲唐元和時人高峻所撰，原爲六十卷，後由高峻之子高厪補益爲一百二十卷。此書上起天地未分，下至唐文宗，摘抄歷代諸史而成。

〔2〕約之史法：沈約撰寫本書的原則，即下文所謂“諸帝稱廟號，而謂（北）魏爲虜”的史法。

宋書　卷四七

列傳第七

劉懷肅　孟懷玉 弟龍符　劉敬宣　檀祇

　　劉懷肅，彭城人，[1]高祖從母兄也。[2]家世貧窶，而躬耕好學。

　[1]彭城：郡名。治所在今江蘇徐州市。
　[2]高祖：宋武帝劉裕廟號。

　　初爲劉敬宣寧朔府司馬，[1]東征孫恩，[2]有戰功，又爲龍驤司馬、費令。[3]聞高祖起義，棄縣來奔。京邑平定，[4]振武將軍道規追桓玄，[5]以懷肅爲司馬。玄留何澹之、郭銓等戍桑落洲，[6]進擊破之。潁川太守劉統平，[7]除高平太守。[8]玄既死，從子振大破義軍於楊林，[9]義軍退尋陽。[10]懷肅與江夏相張暢之攻澹之於西塞，[11]破之。僞鎮東將軍馮該戍夏口東岸，[12]孟山圖據魯山城，[13]桓仙客守偃月壘，[14]皆連壁相望。懷肅與道規攻之，躬擐甲冑，陷二城，馮該走石城，[15]生擒仙客。義熙元年正月，[16]振敗走，道規遣懷肅平石城，斬馮該及其子山靖。三月，桓振復襲江陵，[17]荆州刺史司馬休之出奔，[18]懷肅自雲杜馳赴，[19]日夜兼行，七日而至。振勒兵三萬，旗幟蔽野，躍馬橫矛，躬自突陳。流矢傷懷肅額，衆懼欲奔，懷肅瞋目奮戰，士氣益壯。於是士卒爭先，臨陣斬振首。江陵既平，休之反鎮，執懷肅手曰："微子之力，吾無所歸矣。"僞輔國將軍符嗣、馬孫，[20]僞龍驤將軍金符青、樂志等屯結江夏，懷肅又討之，梟樂志等。道規加懷肅督江夏九郡，權鎮夏口。

[1]寧朔府司馬：官名。寧朔將軍府高級幕僚，掌參贊軍務，管理府內武職。

[2]孫恩：人名。字靈秀，琅邪（今山東臨沂市）人，東晉末反晉軍領袖。《晉書》卷一〇〇有傳。

[3]龍驤：官名。龍驤將軍之省稱。三品。　費：縣名。治所在今山東費縣西北。

[4]京邑：即首都建康。在今江蘇南京市。

[5]振武將軍：官名。與奮武、揚武、建武、廣武合稱五武將軍。四品。　道規：人名。即劉道規。宋武帝劉裕少弟。　桓玄：人名。字敬道，譙國龍亢（今安徽懷遠縣）人，桓溫孽子。《晉書》卷九九有傳。

[6]何澹之：人名。爲桓玄游擊將軍，後奔後秦姚興。　郭銓：人名。歷任建武將軍、前將軍、鷹揚將軍、益梁二州刺史、章陵太守。　桑洛洲：洲名。在今江西九江市東北長江中。

[7]潁川：郡名。治所在今河南許昌市東。　劉統：人名。桓玄故將，其事不詳。

[8]高平：郡名。治所在今山東巨野縣南。

[9]楊林：地名。今址不詳。

[10]尋陽：郡名。治所在今江西九江市。

[11]江夏：王國名。治所在今湖北雲夢縣。　張暢之：人名。曾任劉牢之參軍、寧朔將軍。　西塞：地名。今湖北黃石市。

[12]鎮東將軍：官名。與鎮西、鎮南、鎮北將軍合稱四鎮將軍。三品。　馮該：人名。桓玄部將，曾任揚威將軍，封魚復侯。　夏口：在今湖北武漢市黃鵠山。

[13]孟山圖：人名。桓玄部將，楊武將軍。　魯山城：在今湖北武漢市東北。《晉書》卷五五及卷九九均作“魯城”。

[14]桓仙客：人名。《晉書》卷八五《劉毅傳》作“桓山客”。《通鑑》卷一一三作“桓仙客”，桓玄部將，輔國將軍。　偃月壘：地名。又稱却月城。在今湖北武漢市。

[15]石城：地名。今湖北鍾祥市。

[16]義熙：晉安帝司馬德宗年號（405—418）。

[17]江陵：縣名。治所在今湖北荊州市荊州區。

[18]荊州：治所在今湖北荊州市荊州區。　司馬休之：人名。字季預，東晉宗室。爲劉裕戰敗，奔後秦。《晉書》卷三七有附傳。

[19]雲杜：縣名。治所在今湖北京山縣。

[20]輔國將軍：官名。三品。　符嗣：人名。本卷《檀祗傳》作“苻嗣”。

　　除通直郎，[1]仍爲輔國將軍、淮南歷陽二郡太守。[2]二年，又領劉毅撫軍司馬，[3]軍、郡如故。以義功封東興縣侯，[4]食邑千户。其冬，桓石綏、司馬國璠、陳襲於胡桃山聚衆爲寇，[5]懷肅率步騎討破之。江淮間群蠻及桓氏餘黨爲亂，自請出討，既行失旨，毅上表免懷肅官。三年，卒，時年四十一，[6]追贈左將軍。[7]無子，弟懷慎以子蔚祖嗣封，官至江夏内史。[8]

[1]通直郎：官名。通直散騎侍郎之簡稱，參平尚書奏事，兼掌侍從、諷諫。

[2]淮南：僑郡名。治所在今安徽當塗縣。 歷陽：郡名。治所在今安徽和縣。

[3]劉毅：人名。字希樂，彭城沛人。《晋書》卷八五有傳。撫軍：官名。撫軍將軍、撫軍大將軍之省稱。三品或二品。

[4]東興縣侯：侯爵名。侯國在今江西黎川縣。

[5]桓石綏：人名。譙國龍亢人。桓豁子，桓玄左衛將軍。司馬國璠：人名。晋宗室，河間王子，桓玄部將，後投奔後秦。

[6]三年，卒，時年四十一：丁福林《校議》據此上推，劉懷肅生於晋廢帝太和三年（367），然考之其弟本書卷四五《劉懷慎傳》，懷慎則生於晋哀帝興寧二年（364），兄不該生弟後。此處所記有誤。

[7]左將軍：官名。漢朝爲重要武職，位上卿，平時無具體職掌，戰時則典禁軍保衛京師，或率軍出征。魏晋南朝地位降低，略高於雜號將軍。三品。或用作加官。

[8]内史：官名。掌管王國民政。五品。

蔚祖卒，子道存嗣。太祖元嘉末，[1]爲太尉江夏王義恭諮議參軍。[2]世祖伐元凶，[3]義軍至新亭，[4]道存出奔，元凶殺其母以徇。前廢帝景和中，[5]爲義恭太宰從事中郎，[6]義恭敗，以黨與下獄死。

[1]太祖：宋文帝劉義隆廟號。 元嘉：宋文帝劉義隆年號（424—453）。

[2]太尉：官名。東漢時列三公之首，魏晋南朝爲名譽宰相，

多爲大臣加官，無實際職掌。一品。但東晉末年劉裕任太尉時，則有實權。　義恭：人名。即劉義恭。宋武帝劉裕子。本書卷六一有傳。　諮議參軍：官名。職掌不定，位在列曹參軍上。

[3]世祖：宋孝武帝劉駿廟號。　元凶：即劉劭。宋文帝長子，殺父自立爲帝。本書卷九九有傳。

[4]新亭：地名。在今江蘇南京市南。

[5]前廢帝：即劉子業。宋孝武帝長子。本書卷七有紀。　景和：宋前廢帝劉子業年號（465）。

[6]太宰：官名。原爲上公之首，宰相之任。用作贈官，無職掌。一品。　從事中郎：官名。領兵之公府設。六品。

　　懷肅次弟懷敬，澀訥無才能。初，高祖產而皇妣殂，孝皇帝貧薄，[1]無由得乳人，議欲不舉高祖。高祖從母生懷敬，未朞，乃斷懷敬乳，而自養高祖。高祖以舊恩，懷敬累見寵授，至會稽太守，[2]尚書，[3]金紫光禄大夫。[4]

[1]孝皇帝：應爲孝穆皇帝，即劉翹。宋武帝劉裕生父。
[2]會稽：郡名。治所在今浙江紹興市。
[3]尚書：官名。分掌尚書省諸曹。三品。
[4]金紫光禄大夫：官名。給車服吏卒，或爲加官。二品。

　　懷敬子真道，爲錢唐令。[1]元嘉十三年，東土饑，上遣揚州治中從事史沈演之巡行在所，[2]演之上表曰："宰邑敷政，必以簡惠成能，苣職闓治，務以利民著績。故王奐見紀於前，[3]叔卿流稱於後。[4]竊見錢唐令劉真道、餘杭令劉道錫，[5]皆奉公恤民，恪勤匪懈，百姓稱詠，訟訴希簡。又翦蕩凶非，屢能擒獲。災水之初，餘杭高堤崩潰，洪流迅激，勢不可量，道錫躬先吏民，親執板築，塘既還立，縣邑獲全。經歷諸縣，訪覈名實，並爲二邦之首最，治民之良宰。"上嘉之，各賜穀千斛，以真道爲步兵校尉。[6]

[1]錢唐：縣名。治所在今浙江杭州市。

[2]揚州：治所在今江蘇南京市。　治中從事史：官名。爲州佐吏，主選署及文書案卷。　沈演之：人名。字臺真，吳興武康（今浙江德清縣）人。

[3]王奐：人名。即王渙。字稚子，東漢廣漢郡（今四川中江縣）人，曾任兗州刺史、洛陽縣令，爲民所稱。《後漢書》卷七六有傳。

[4]叔卿：人名。其事不詳。

[5]餘杭：縣名。治所在今浙江杭州市餘杭區。　劉道錫：人名。彭城呂（今江蘇銅山縣）人。

[6]步兵校尉：官名。五校尉之一，隸中領軍，領宿衛營兵。南朝爲侍衛武官，不領兵。四品。

　　十四年，出爲梁、南秦二州刺史。[1]十八年，氐賊楊難當侵寇漢中，[2]真道率軍討破之。而難當寇盜猶不已，太祖遣龍驤將軍裴方明率禁兵五千，[3]受真道節度。十九年，方明至武興，[4]率太子積弩將軍劉康祖、後軍參軍梁坦、陳彌、裴肅之、安西參軍段叔文、魯尚期、始興王國常侍劉僧秀、綏遠將軍馬洗、振武將軍王奐之等，[5]進次潭谷，[6]去蘭皋數里。[7]難當遣其建節將軍苻弘祖、唊元等固守蘭皋，[8]鎮北將軍苻德義於外爲游軍，[9]難當子撫軍大將軍和重兵繼其後。[10]方明進擊，大破之於濁水，[11]斬弘祖并三千餘級。遣康祖追之，過蘭皋二千餘里。和又遣德義助戰，康祖又大破之，和退保脩城。[12]難當遣建忠將軍楊林、振威將軍姚憲領二千騎就和，[13]方明又率諸將攻之，和敗走，追至赤亭，[14]難當席卷奔叛。方明遣康祖直趣百頃，[15]僞丞相楊萬壽等一時歸降。難當第三息虎先戍陰平，[16]難當既走，虎逃竄民間，生擒之，送京都，斬于建康市。[17]

[1]梁：州名。治所在今陝西漢中市。　南秦：州名。治所在今陝西漢中市。

[2]楊難當：人名。仇池（今甘肅西和縣西南）人。略陽清水氐族首領，稱秦州刺史、武都王，曾臣附於宋。見本書卷九八《氐胡傳》。

[3]龍驤將軍：官名。三品。　裴方明：人名。河東（今山西夏縣）人。

[4]武興：郡名。治所在今陝西略陽縣。

[5]太子積弩將軍：官名。爲東宮侍從武官，或分左、右。劉康祖：人名。彭城呂人。　參軍：官名。王公、軍府及諸州僚屬。　梁坦：人名。歷任安西司馬、梁南秦二州刺史、幢主、殿中將軍等職。　安西：官名。安西將軍之省稱，與安東、安南、安北合稱四安將軍，或爲出鎮某一地區的軍事長官，或作爲刺史等地方官的加官。三品。　段叔文：人名。其事不詳。　魯尚期：人名。臨沂（今山東費縣）人，曾任司空參軍。本書《符瑞志中》作"魯尚斯"。　始興：王國名。治所在今廣東韶關市蓮花嶺下。　王國常侍：官名。王國屬官。常侍從左右，贊相禮儀，獻替諫諍。劉僧秀：人名。曾任永興縣令。　綏遠將軍：官名。八品。

　　［6］潭谷：地名。今甘肅禮縣東南。

　　［7］去蘭皋數里：中華本校勘記云：“‘蘭皋’各本並作‘皋蘭’，據《氐傳》改正。《南齊書·高帝紀》謂：‘武興西北有蘭皋戍，去仇池二百里。’《元豐九域志》：‘階州將利縣有蘭皋鎮。’下出‘皋蘭’並改正。”蘭皋，戍名。在今甘肅康縣。

　　［8］建節將軍：官名。三品。　　符弘祖：人名。各本作“符弘祖”，中華本據《通鑑》胡三省注改正。

　　［9］鎮北將軍：官名。與鎮東、鎮西、鎮南將軍合稱四鎮，多爲持節都督，出鎮方面。三品或二品。　　符德義：人名。各本作“符德義”，中華本據《通鑑》胡三省注改正。

　　［10］撫軍大將軍：官名。二品。

　　［11］濁水：地名。在今甘肅成縣西南。

　　［12］脩城：地名。在今甘肅成縣西南。

　　［13］建忠將軍：官名。　　振威將軍：官名。五威將軍之一。四品。

　　［14］赤亭：地名。在今甘肅成縣西北。

　　［15］百頃：山名。又名仇池山、瞿堆。在今甘肅西和縣西南。

　　［16］第三：本書《氐胡傳》“第三”作“第二”。　　陰平：地名。在今甘肅文縣西。

　　［17］建康：縣名。在今江蘇南京市。

　　秦州刺史胡崇之西鎮百頃，[1]行至濁水，爲索虜所邀擊，[2]敗没。[3]以真道爲建威將軍、雍州刺史，[4]方明輔國將軍、梁南秦二州刺史。方明辭不拜，詔曰：“往年氐豎楊難當造爲叛亂，俛首者衆。其長史楊萬壽、建節將軍姚憲，[5]情不違順，屢進矢言。及凶醜宵遁，閭境崩擾，建忠將軍呂訓衛倉儲以候王師。[6]寧朔將軍姜檀果烈懇到，[7]志在宣力，濁水之捷，厥庸顯然，近者協贊義奮，乃心無替。略陽苻昭，[8]誠係本朝，亦同斯舉，俘擒僞將，獨克武興，推鋒致效，隕命寇手。並事著屯險，感于予懷，宜蒙旌叙，榮慰存亡。可贈萬壽龍驤將軍，昭武都太守，[9]憲補員外散騎侍郎，[10]訓駙馬都尉、奉朝請，[11]檀征西大將軍司馬、仇池太守，[12]宜並内徙。可符雍、梁二州，厚加贍恤。"吕訓，略陽氐人吕先子也。[13]又詔曰："故晋壽太守姜道盛，[14]前討仇池，志輸誠力，即戎著效，臨財能清。近先登濁水，殞身鋒鏑，誠節俱亮，矜悼于懷。可贈給事中，[15]賜錢十萬。"[16]道盛注《古文尚書》，行於世。

[1]秦州：治所在今甘肅天水市。　胡崇之：人名。《南齊書》作"胡宗之"。曾任輔國將軍司馬，敗没後從北魏逃歸。後拓跋燾率軍南下，隨臧質救彭城，戰死。

[2]索虜：南朝對北魏之蔑稱。因鮮卑人頭上有辮髮，故稱。

[3]敗没：丁福林《校議》據《通鑑》卷一二四、本書卷九八《氐胡傳》考證，胡崇之敗没在元嘉二十年（443）二月，劉真道爲雍州刺史、裴方明爲梁南秦二州刺史在元嘉十九年七月，此處叙事失次。

[4]雍州：治所在今湖北襄陽市襄城區。

[5]長史：官名。爲官府掾屬之長。

[6]吕訓：人名。略陽（今甘肅秦安縣）人，氐族。

[7]寧朔將軍：官名。多爲北方軍政長官。四品。

[8]略陽：地名。各本並作"洛陽"。張森楷《校勘記》曰："洛陽當作略陽。"中華本以爲略陽爲氐人聚居之地，改正。　苻昭：人名。各本並作"符昭"，中華本改爲"苻昭"。

[9]武都：地名。治所在今四川綿竹市。

[10]員外散騎侍郎：官名。屬散騎省，爲閑職。

[11]駙馬都尉：官名。隸集書省，後專作加官封給帝婿。　奉朝請：官名。散騎省屬官，安置閑散，亦作加官。

[12]司馬：官名。軍府高級幕僚，參贊軍務，管理府内武職。　仇池：郡名。治在今甘肅西和縣西南。

[13]略陽：各本並脱“陽”字，張森楷《校勘記》云：“略下當有陽字，吕先當是吕光。”吕光爲十六國後涼主。

[14]晋壽：郡名。治所在今四川廣元市。　姜道盛：人名。曾任建武將軍。

[15]給事中：官名。隸集書省，位在通直散騎侍郎下，給事黄門侍郎上。五品。

[16]十萬：各本並作“千萬”，中華本據《南史》改。

　　真道、方明並坐破仇池，斷割金銀諸雜寶貨，又藏難當善馬，下獄死。劉康祖等繫免各有差。方明，河東人，爲劉道濟振武中兵參軍，[1]立功蜀土，歷潁川、南平昌太守，[2]皆坐贓私免官。

[1]劉道濟：人名。沛郡蕭（今安徽蕭縣）人。　中兵參軍：官名。諸公、軍府僚屬之一，掌中兵曹事務，兼備參謀咨詢。

[2]潁川：郡名。宋置，治所在今河南漯河市東北。　南平昌：僑郡名。今址不詳。

　　孟懷玉，平昌安丘人也。[1]高祖玷，[2]晋河南尹。[3]祖淵，[4]右光禄大夫。[5]父綽，[6]義旗後爲給事中，光禄勳，追贈金紫光禄大夫，世居京口。[7]

[1]平昌：郡名。治所在今山東安丘市。　安丘：縣名。治所

在今山東安丘市。

　　[2]珩：人名。即孟珩。曾爲西晋愍懷太子司馬遹之友。

　　[3]河南：郡名。治所在今河南洛陽市。　尹：官名。相當於太守，爲京畿郡最高長官。

　　[4]淵：人名。即孟淵。本書僅此一見，《晋書》未載。

　　[5]右光禄大夫：官名。屬光禄勳，多爲加官或贈官。三品。

　　[6]綽：人名。即孟綽。曾任大司農。

　　[7]京口：地名。今江蘇鎮江市。

　　高祖東伐孫恩，以懷玉爲建武司馬。豫義旗，從平京城，[1]進定京邑。以功封鄱陽縣侯，[2]食邑千戶。高祖鎮京口，以懷玉爲鎮軍參軍、下邳太守。[3]義熙三年，出爲寧朔將軍、西陽太守、新蔡内史，[4]除中書侍郎，[5]轉輔國將軍，領丹陽府兵，[6]戍石頭。[7]

　　[1]京城：地名。即京口城。

　　[2]鄱陽縣侯：侯爵名。侯國在今江西鄱陽縣。

　　[3]鎮軍：官名。鎮軍將軍之省稱，主要爲中央軍職，亦可出任地方軍事長官，兼理民政。三品。　下邳：郡名。治所在今江蘇睢寧縣西北。

　　[4]西陽：郡名。治所在今湖北黄岡市。　新蔡：僑郡名。治所在今湖北黄梅縣。

　　[5]中書侍郎：官名。爲諸王起家官，如缺監令，可主持中書省事務。五品。

　　[6]丹陽：郡名。治所在今江蘇南京市。

　　[7]石頭：即石頭城。在今江蘇南京市西清涼山。

　　盧循逼京邑，[1]懷玉於石頭岸連戰有功，爲中軍諮議參軍，[2]賊帥徐道覆屢欲以精銳登岸，[3]畏懷玉不敢上。及循南走，懷玉與眾軍追躡，直至嶺表。[4]徐道覆屯結始興，懷玉攻圍之，身當矢石，旬月乃陷，仍南追循，循平，又封陽豐縣男，[5]食邑二百五十戶。復爲太尉諮議參軍，征虜將軍。[6]八年，遷江州刺史，[7]尋督江州豫州之西陽新蔡汝南潁川司州之恒農揚州之松滋六郡諸軍事、南中郎將，[8]刺史如故。時荊州刺史司馬休之居上流，[9]有異志，故授懷玉此任以防之。十一年，加持節。[10]丁父艱，懷玉有孝性，因抱篤疾，上表陳解，不許。又自陳弟仙客出繼，喪主唯己，乃見聽。未去任，其年卒官。時年三十一，[11]追贈平南將軍。[12]子元卒，無子，國除。懷玉別封陽豐男，子慧熙嗣，坐廢祭祀奪爵。慧熙子宗嗣，[13]竟陵太守，[14]中大夫。[15]

[1]盧循：人名。字于先，東晉范陽涿（今河北涿州市）人。孫恩反晉軍首領。《晉書》卷一〇〇有傳。　京邑：地名。在今江蘇南京市。

[2]中軍：官名。中軍將軍之簡稱，位比四鎮。三品。

[3]徐道覆：人名。盧循姊夫，孫恩反晉軍首領。事見《晉書·盧循傳》。

[4]嶺表：即五嶺以外（南）。

[5]陽豐縣男：男爵名。封邑在今江西永豐縣西北。

[6]征虜將軍：官名。武官名號，亦作高級文職之加官。三品。

[7]江州：治所在今江西九江市西南。

[8]督諸軍事：官名。爲地區軍政長官，位在都督或監某州郡軍事之下。　豫州：僑州名。治所在今安徽壽縣。　汝南：僑郡名。治所在今湖北武昌區東。　司州：治所在今河南洛陽市。　恒

農、揚州之：中華本據錢大昕《考異》補。《考異》云：“《庾悦
傳》亦云六郡，今數之，止五郡，且松滋郡屬揚州，不屬司州，蓋
有脱文也。”又云：“傳文當云司州之恒農、揚州之松滋，今本脱去
五字耳。”恒農，郡名。治所在今河南靈寶市東北。揚州，治所在
今江蘇南京市。　松滋：郡名。在今湖北松滋市。　南中郎將：官
名。與東、西、北中郎將合稱四中郎將。多率師征戰，或兼州
刺史。

[9]荆州：治所在今湖北荆州市荆州區。　司馬休之：人名。
字季預，晋宗室，譙敬王司馬恬子。《晋書》卷三七有附傳。

[10]持節：官名。軍事長官出征出鎮，加持節可殺無官位之
人，戰時可誅殺二千石以下官員。

[11]時年三十一：丁福林《校議》據本書卷一《武帝紀上》
及本卷下文懷玉弟孟龍符於義熙五年戰死，時年三十三考證，其弟
不應大於兄，故疑此三十一乃四十一之誤。

[12]平南將軍：官名。與平東、平西、平北將軍合稱四平將
軍。三品。

[13]子：各本並作“己”。孫彪《考論》云：“己字誤，蓋子
字或弟字。”中華本改爲“子”。

[14]竟陵：郡名。治所在今湖北鍾祥市。

[15]中大夫：官名。王國官，掌奉使京師及王國之事。九品。

龍符，懷玉弟也。驍果有膽氣，幹力絶人。少好游
俠，結客於閭里。早爲高祖所知，既克京城，以龍符爲
建武參軍。江乘、羅落、覆舟三戰，[1]並有功，參鎮軍
軍事，[2]封平昌縣五等子，[3]加寧遠將軍、淮陵太守。[4]
與劉藩、向彌征桓歆、桓石康，[5]破斬之。除建威將軍、
東海太守。[6]索虜斛蘭、索度真侵邊，[7]彭、沛騷擾，高
祖遣龍符、建威將軍道憐北討，[8]一戰破之。追斛蘭至

光水溝邊，[9]被創奔走。

[1]江乘：縣名。治所在今江蘇句容市。　羅落：地名。在今江蘇南京市東北長江南岸。　覆舟：山名。在今江蘇南京市城區東北。是劉裕討桓玄時的三次關鍵戰役之地。

[2]參軍事：官名。即參軍。王公府、軍府及諸州僚屬。品級六至九品。

[3]平昌：縣名。治所在今山東諸城市。　五等子：子爵名。子爵之一，不食封。

[4]寧遠將軍：官名。五品。　淮陵：郡名。治所在今安徽明光市。

[5]劉藩：人名。彭城沛（今江蘇沛縣）人，劉毅從弟。曾任兗州刺史。　向彌：人名。即向靖。字奉仁，河內山陽（今河南焦作市）人。　桓歆：人名。字叔道，桓溫子，譙國龍亢人。　桓石康：人名。譙國龍亢人。

[6]東海：郡名。治所在今山東蒼山縣。

[7]斛蘭：人名。本書卷五一《長沙景王道憐傳》作“斛斯蘭”。　索度真：人名。北魏將領。

[8]道憐：人名。即劉道憐。宋武帝劉裕中弟。本書卷五一有傳。

[9]光水溝：地名。今址不詳。

高祖伐廣固，[1]以龍符爲車騎參軍，[2]加龍驤將軍、廣川太守，[3]統步騎爲前鋒。軍達臨朐，[4]與賊爭水，龍符單騎衝突，應手破散，即據水源，賊遂退走。龍符乘勝奔逐，後騎不及，賊數千騎圍繞攻之，龍符奮稍接戰，每一合輒殺數人，衆寡不敵，遂見害，時年三十三。[5]高祖深加痛悼，追贈青州刺史。[6]又表曰：“故龍

驍將軍、廣川太守孟龍符，忠勇果毅，隕身王事，宜蒙
甄表，以顯貞節，聖恩嘉悼，寵贈方州。龍符投袂義
初，前驅效命，推鋒三捷，每爲衆先。及西剿桓歆，[7]
北殄索虜，朝議爵賞，未及施行。會今北伐，復統前
旅，臨朐之戰，氣冠三軍。于時逆徒實繁，控弦掩澤，
龍符匹馬電躍，所向摧靡，奮戈深入，知死弗吝。賊超
奔遁，[8]依險鳥聚，大軍因勢，方軌長驅。考其庸績，
豫參濟不，竊謂宜班爵土，以褒勳烈。”乃追封臨沅縣
男，食邑五百户。無子，弟仙客以子微生嗣封。太祖元
嘉中，有罪奪爵，徙廣州。[9]以微生弟彥祖子佛護襲爵。
齊受禪，國除。

[1]廣固：地名。南燕都城。在今山東青州市。

[2]車騎：官名。車騎將軍或車騎大將軍之省稱，高於諸名號
將軍。　參軍：各本及《南史》並作“將軍”。孫虨《考論》云：
“當是爲車騎參軍。”據改。

[3]廣川：郡名。治所在今河北棗强縣。

[4]臨朐：縣名。治所在今山東臨朐縣。

[5]時年三十三：張森楷《校勘記》云：“龍符是懷玉弟，懷玉
以義熙十一年卒，年三十一。龍符卒於伐南燕，則更在前六年，不
應年三十三，疑當是二十三之訛。”據丁福林《校議》考證，孟龍
符卒年不誤，理見前注。

[6]青州：僑州名。在今江蘇揚州市西北。

[7]西剿桓歆：在西方剿滅桓歆。剿，同“剿”。

[8]超：人名。即慕容超。鮮卑人，昌黎棘城（今遼寧義縣西
北）人，十六國南燕末代君主。

[9]廣州：治所在今廣東廣州市。

孝武大明初，[1]諸流徙者悉聽還本，微生已死，子係祖歸京都，有筋幹異力，能儋負數人。入隸羽林，[2]爲殿中將軍。[3]二年，索虜寇青、冀，[4]世祖遣軍援之，係祖自占求行。戰於杜梁。[5]挺身入陣，所殺狼籍，遂見殺。詔書追贈潁川郡太守。

[1]孝武：即宋孝武帝劉駿。　大明：宋孝武帝劉駿年號（457—464）。

[2]羽林：爲皇帝禁衛軍。

[3]殿中將軍：官名。爲侍衛武職，不典兵。六品。

[4]青：州名。治所在今山東青州市。　冀：州名。治所在今山東濟南市。

[5]杜梁：地名。今址未詳。

劉敬宣字萬壽，彭城人，漢楚元王交後也。[1]祖建，[2]征虜將軍。父牢之，[3]鎮北將軍。敬宣八歲喪母，晝夜號泣，中表異之。輔國將軍桓序鎮蕪湖，[4]牢之參序軍事。四月八日，敬宣見衆人灌佛，[5]乃下頭上金鏡以爲母灌，因悲泣不自勝。序嘆息，謂牢之曰：“卿此兒即爲家之孝子，必爲國之忠臣。”起家爲王恭前軍參軍，[6]又參會稽世子元顯征虜軍事。[7]

[1]交：人名。即劉交。字游，漢高祖劉邦異母弟。彭城（今江蘇徐州市）人。《漢書》卷三六有傳。

[2]祖建：人名。即劉建，有武幹，世以壯勇稱。事見《晉書》卷七九、八四、九六。

[3]牢之：人名。即劉牢之。字道堅，彭城人。《晋書》卷八四有傳。

[4]桓序：人名。東晋譙國龍亢人。官至宣城内史。　蕪湖：地名。即今安徽蕪湖市。

[5]灌佛：佛教的一種儀式。用香湯灌洗佛像，又稱浴佛。

[6]起家：自家中徵召授官，亦指初仕。　王恭：人名。字孝伯，太原晋陽（今山西太原市）人。《晋書》卷八四有傳。　前軍：官名。前軍將軍之省稱，與後軍、左軍、右軍合稱四軍將軍，掌宮禁宿衛。四品。

[7]會稽：王國名。此代指晋會稽文孝王司馬道子，晋簡文帝子。《晋書》卷六四有傳。　元顯：人名。即司馬元顯。《晋書》卷六四有附傳。

　　隆安二年，[1]王恭起兵於京口，以誅司馬尚之兄弟爲名。[2]牢之時爲恭前軍司馬、輔國將軍、晋陵太守，[3]置佐領兵。而恭以豪戚自居，甚相陵忽，牢之心不能平。及恭此舉，使牢之爲前鋒。太傅會稽王道子與牢之書，備言禍福，使以兵反恭。牢之呼敬宣謂曰：“王恭昔蒙先帝殊恩，今居伯舅之重，義心未彰，唯兵是縱。吾不能審恭事捷之日，必能奉戴天子，緝穆宰相與不。今欲奉國威靈，以明逆順，汝以爲何如？”敬宣曰：“朝廷雖無成、康之隆，[4]未有桓、靈之亂，[5]而恭怙亂阻兵，志陵京邑。大人與恭親無骨肉，分非君臣，雖共事少時，意好不協。今日討之，於情何有？”牢之至竹里，[6]斬恭大將顏延，[7]遣敬宣率高雅之等還京襲恭，恭方出城耀軍，馳騎横擊之，一時散潰。元顯進號後將軍，以敬宣爲諮議參軍，加寧朔將軍。

[1]隆安：晉安帝司馬德宗年號（397—401）。

[2]司馬尚之：人名。字伯道，晉宗室。兄弟恢之、允之、休之並居要職。《晉書》卷三七有附傳。

[3]晉陵：郡名。治所在今江蘇常州市。

[4]成、康之隆：指西周成王、康王時期，周室初建，事業興隆，號稱盛世。

[5]桓、靈之亂：指東漢桓帝、靈帝時期，社會政治黑暗，黃巾起義爆發。

[6]竹里：地名。在今江蘇句容市。

[7]顏延：人名。王恭帳下督。

三年，孫恩爲亂，東土騷擾，牢之自表東討，軍次虎眺。[1]賊皆死戰，敬宣請以騎傍南山趣其後，吳賊畏馬，又懼首尾受敵，遂大敗。進平會稽。尋加臨淮太守，[2]遷後軍從事中郎。五年，孫恩又入浹口，[3]高祖戍句章，[4]賊頻攻不能拔，敬宣請往爲援，賊恩於是退遠入海。

[1]虎眺：地名。今址未詳。

[2]臨淮：郡名。治所在今江蘇泗洪縣。

[3]浹口：地名。今浙江寧波市鎮海區東南甬江河口。

[4]句章：縣名。治所在今浙江寧波市南。

是時四方雲擾，朝廷微弱，敬宣每慮艱難未已。高祖既累破妖賊，功名日盛，故敬宣深相憑結，情好甚隆。元顯進號驃騎，敬宣仍隨府轉，[1]軍、郡如故。元顯驕淫縱肆，群下化之，敬宣每豫燕會，未嘗飲酒，調戲之來，無所酬答，元顯甚不説。尋進號輔國將軍，餘如故。

[1]隨府轉：即劉敬宣隨元顯進爲驃騎將軍而由後軍諮議參軍轉爲驃騎諮議參軍。

元興元年，[1]牢之南討桓玄，元顯爲征討大都督，[2]日夜昏酣，牢之驟詣門，不得相見，帝出餞行，方遇公坐而已。桓玄既至溧洲，[3]遣信説牢之，牢之以道子昏闇，元顯淫凶，慮平玄之日，亂政方始，假手於玄，誅除執政，然後乘玄之隙，可以得志於天下，將許玄降。敬宣諫曰：“方今國家亂擾，四海鼎沸，天下之重，在大人與玄。玄藉先父之基，據荆南之勢，雖無姬文之德，[4]實爲參分之形。[5]一朝縱之，使陵朝廷，威望既成，則難圖也。董卓之變，[6]將生於今。”牢之怒曰：“吾豈不知今日取玄如反覆手，但平玄之後，令我那驃騎何？”遣敬宣爲任，[7]玄板爲其府諮議參軍。[8]

[1]元興：晉安帝司馬德宗年號（402—404）。

[2]征討大都督：官名。掌外出征伐統軍之任。

[3]溧洲：洲名。又作“洌洲”。在今江蘇南京市西南江寧區長江中。

[4]姬文：即周文王姬昌。

[5]參分之形：周爲商朝時的小邦，文王姬昌時，天下三分周已有其二。

[6]董卓之變：靈帝死後，董卓擁兵入洛陽，專擅朝權。强令

遷都長安，使洛陽一帶遭受嚴重破壞。董卓，人名。字仲潁，東漢
隴西臨洮（今甘肅岷縣）人。

　　[7]遺：各本並作"遺"，中華本據《南史》改。

　　[8]板：官制用語。又作"板授"。指地方軍政長官自行選用
官員，未經吏部正式任命，而由州、府的户曹行板文委派。

　　玄既得志，害元顯，廢道子，以牢之爲征東將軍、
會稽太守。[1]牢之與敬宣謀共襲玄，期以明旦。值爾日
大霧，府門晚開，日旰，敬宣不至，牢之謂所謀已泄，
率部曲向白洲，[2]欲奔廣陵。[3]而敬宣還京口迎家，牢之
尋求不得。謂已爲玄所擒，乃自縊死。敬宣奔喪，哭
畢，即渡江就司馬休之、高雅之等，[4]俱奔洛陽，往來
長安，各以子弟爲質，求救於姚興。[5]興與之符信，令
關東募兵，得數千人，復還至彭城間，收聚義故。玄遣
孫無終討冀州刺史劉軌，[6]軌要敬宣、雅之等共據山陽
破之，[7]不尅。又進昌平澗，[8]戰不利，衆各離散，乃俱
奔鮮卑慕容德。[9]

　　[1]征東將軍：官名。四征將軍之一。三品。
　　[2]白洲：洲名。今址未詳。
　　[3]廣陵：縣名。治所在今江蘇揚州市西北蜀崗上。
　　[4]高雅之：人名。劉牢之婿，曾任寧朔將軍、廣陵相。
　　[5]姚興：人名。南安赤亭（今甘肅隴西縣）人，羌族。十六
國後秦君主。
　　[6]孫無終：人名。東晉晉陵（今江蘇鎮江市）人，曾任輔國
將軍、冀州刺史，爲桓玄害死。　劉軌：人名。東平（今山東東平
縣）人，北府兵將領。

[7]山陽：郡名。治所在今江蘇淮安市。

[8]昌平澗：地名。今址不詳。

[9]慕容德：人名。字玄明，昌黎棘城人，十六國南燕君主。

敬宣素曉天文，知必有興復晉室者。尋夢丸土服之，既覺，喜曰："丸者桓也，桓既吞矣，吾復本土乎。"乃結青州大姓諸崔、封，[1]并要鮮卑大帥兔遠，謀滅德，推休之爲主，剋日垂發。時劉軌爲德司空，[2]大被委任，雅之又欲要軌，敬宣曰："此公年老，吾觀其有安齊志，必不動，不可告也。"雅之以爲不然，遂告軌，軌果不從。謀頗泄，相與殺軌而去。至淮、泗間，會高祖平京口，手書召敬宣，左右疑其詐，敬宣曰："吾固知其然矣。下邳不誘我也。"[3]既便馳還。既至京師，以敬宣爲輔國將軍、晉陵太守，襲封武岡縣男。[4]是歲，安帝元興三年也。

[1]崔、封：各本並作"省封"，中華本據《元龜》卷四〇八改。按：青州大姓有崔氏、封氏，無省氏。

[2]司空：官名。爲名譽宰相，多爲大臣加官，無實際職掌。一品。

[3]下邳：郡名。在今江蘇睢寧縣。劉裕爲徐州刺史，故稱。

[4]武岡縣男：男爵名。封邑在今湖南武岡市。

桓歆率氐賊楊秋寇歷陽，[1]敬宣與建威將軍諸葛長民大破之，[2]歆單騎走渡淮，斬楊秋於練固而還。[3]遷建威將軍、江州刺史。敬宣固辭，言於高祖曰："讎恥既雪，四海清蕩，所願反身草澤，以終餘年。恩遇不遺,[4]遂復傶俛，即目所乔,[5]已爲優渥。且盤龍、無忌猶未遇寵,[6]賢二弟位任尚卑，一朝先之，必貽朝野之責。”不許。敬宣既至江州，課集軍糧，搜召舟乘，軍戎要用，常有儲擬。故西征諸軍雖失利退據,[7]因之每即振復。其年，桓玄兄子亮自號江州刺史，寇豫章,[8]亮又遣苻宏寇廬陵,[9]敬宣並討破之。

[1]楊秋：人名。氐族人。曾任晋武都太守，司馬元顯討桓玄時降桓玄。

[2]諸葛長民：人名。東晋琅邪陽都（今山東沂南縣）人。《晋書》卷八五有傳。

[3]練固：地名。在今安徽和縣。

[4]遺：各本並作“遣”，中華本據《元龜》卷四○八改。

[5]即目所乔：三朝本、毛本作“即目”，殿本、局本作“即日”。張元濟《校勘記》云：“即目見《唐書》，不誤。”

[6]盤龍：人名。劉毅小字。劉毅字希樂。彭城沛人。《晋書》卷八五有傳。　無忌：人名。即何無忌。東海郯（今山東郯城縣）人。《晋書》卷八五有傳。

[7]西：各本“西”字並空缺，中華本據《元龜》卷六九六補。

[8]豫章：郡名。治所在今江西南昌市。

[9]苻宏：人名。東晋時略陽臨渭（今甘肅南秦縣）人，氐族。十六國前秦君主苻堅太子，苻堅死後奔晋，爲輔國將軍。桓玄授梁州刺史。　廬陵：郡名。治所在今江西吉水縣東北。

初，劉毅之少也，爲敬宣寧朔參軍。時人或以雄傑許之，敬宣曰：“夫非常之才,[1]當別有調度，豈得便謂此君爲人豪邪？其性外寬而内忌，自伐而尚人，若一旦遭逢，亦當以陵上取禍耳。"毅聞之，深以爲恨。及在江陵，知敬宣還，乃使人言於高祖曰："劉敬宣父子，忠國既昧，今又不豫義始。猛將勞臣，方須叙報，如敬宣之比，宜令在後。若使君不忘平生，欲相申起者，論資語事，正可爲員外常侍耳。[2]聞已授其郡，實爲過優，尋知復爲江州，尤所駭惋。"敬宣愈不自安。安帝反正，自表解職。於是散徹，賜給宅宇，月給錢三十萬。高祖數引與游宴，恩款周洽，所賜錢帛車馬及器服玩好，莫與比焉。

[1]夫：各本並作"人"，中華本據《通鑑》晋安帝義熙元年（405）改。

[2]員外：指定員或正員以外之官。如員外散騎侍郎，員外散騎常侍。　常侍：爲散騎常侍、散騎中常侍、通直散騎常侍、員外散騎常侍之省稱。

尋除冠軍將軍、宣城内史、襄城太守。[1]宣城多山縣，郡舊立屯以供府郡費用，前人多發調工巧，造作器物，敬宣到郡，悉罷私屯，唯伐竹木，治府舍而已。亡叛多首出，遂得三千餘户。

[1]冠軍將軍：官名。爲將軍名號。三品。　宣城：王國名。治所在今安徽宣城市宣州區。　襄城：僑郡名。治所在今安徽繁昌縣東。

高祖方大相寵任，欲先令立功。義熙三年，表遣敬宣率衆五千伐蜀。國子博士周祗書諫高祖曰："自義旗之建，所征無不必克，此可謂天人交助，信順之徵也。今大難已夷，君臣俱泰。頃五穀轉豐，民無饑苦，劫盜之患，亦爲弭息，此誠漸足無事，宜大寧治本。蜀賊宜平，六合宜一，非爲不爾也。古人有言，天時不如地利，地利不如人和。今往伐蜀，萬有餘里，泝流天險，動經時歲。若此軍直指成都，徑禽譙氏者，[1]復是將帥奮威，一快之舉耳。然益土荒殘，[2]野無青草，成都之內，殆無孑遺。計得彼利，與今行軍之費，不足相補也。而今往艱險，雨雪方降，驅三州三吳之人，投之三巴、三蜀之土，[3]其中疾病死亡，豈可稱計。此一疑也。賊必不守窮城，將決力戰。今我往勞困，彼來甚逸。若忽使師行不利，人情波駭，大勢挫衄。此二疑也。且千里饋糧，士有饑色。况今泝險萬里，所在無儲。若連兵不解，[4]運漕不繼，雖韓、白之將，[5]何以成功。此三疑也。今云可征者皆云：[6]"彼親離衆叛。"愚謂不然。彼以一匹夫，而能致今日之事，若衆力離散，亦何以至此。官所遣兵皆烏合受募之人，亦必無千人一心，有前無退矣。爲治者固先定其內而理其外，先安其近而懷其遠。自頃狂狡不息，誅戮相繼，未可謂人和也。天險如彼，未可謂地利也。毛脩之家讎不雪，[7]不應以得死爲恨，劉敬宣蒙生存之恩，亦宜性命仰報，今將軍欲驅二死之甘心，而忘國家之重計，愚情竊所未安。闕門之外，非所宜豫，苟其有心，不覺披盡。"不從。

[1]譙氏：指譙縱。巴西南充（今四川南充市）人。本爲晉安

西府參軍，義熙初，自號梁、秦二州刺史，繼而稱成都王，稱藩於後秦姚興。《晋書》卷一○○有傳。

[2]益土：即益州。今四川、重慶地。治所在今四川成都。

[3]三吳：概指吳、吳興、丹陽三郡。　三巴：即巴西、巴、巴東三郡，相當於今四川嘉陵江和綦江流域以東大部分土地。　三蜀：指蜀、廣漢、犍爲三郡，相當於今四川中部、貴州北部赤水河流域及雲南金沙江下游以東、會澤縣以北地區。

[4]若連兵不解：各本並脱“連”字，中華本據《元龜》補。

[5]韓、白之將：韓指西漢大將韓信，白指戰國秦大將白起。

[6]皆：各本並脱“皆”字，中華本據《建康實録》補。

[7]毛脩之：人名。字敬文，滎陽陽武（今河南原陽縣）人，祖、伯父並爲益州刺史。伯父毛璩死於譙縱之亂，父毛瑾爲譙縱所殺。

假敬宣節，監征蜀諸軍事，郡如故。既入峽，分遣振武將軍、巴東太守溫祚以二千人揚聲外水，[1]自率益州刺史鮑陋、輔國將軍文處茂、龍驤將軍時延祖由墊江而進。[2]敬宣率先士卒，轉戰而前，達遂寧郡之黃虎，[3]去成都五百里。僞輔國將軍譙道福等悉衆距險，[4]相持六十餘日，大小十餘戰，賊固守不敢出。敬宣不得進，食糧盡，軍中多疾疫，死者太半，引軍還。譙縱送毛璩一門諸喪，[5]及妻女、文處茂母何，并諸士人喪柩，浮之中流，敬宣皆拯接致歸。爲有司所奏，免官，削封三分之一。

[1]巴東：郡名。治所在今重慶奉節縣。　溫祚：人名。其事不詳，死於譙縱軍。　外水：水名。今四川成都市府河及其下游

岷江。

[2]鮑陋：人名。曾任海鹽縣令，死於白帝城。 文處茂：人名。曾任涪陵及巴西、梓潼二郡太守，西夷校尉，伐譙縱有功。時延祖：人名。原爲巴東太守柳約之司馬，官至始康太守。 塾江：水名。今四川合江縣以下嘉陵江下游。

[3]遂寧郡：治所在今四川射洪縣南。 黃虎：城名。在今四川綿陽市東南涪江畔。

[4]譙道福：人名。譙縱大將。

[5]毛璩：人名。榮陽陽武人，曾任益州刺史。

五年，高祖伐鮮卑，除中軍諮議參軍，加冠軍將軍。從至臨朐，慕容超出軍距戰，敬宣與兗州刺史劉藩等奮擊，[1]大破之。龍驤將軍孟龍符戰没。敬宣并領其衆，圍廣固，屢獻規略。

[1]兗州：治所在今山東鄆城縣西。

盧循逼京師，敬宣分領鮮卑虎班突騎，置陣甚整，循等望而畏之。遷使持節、督馬頭淮西諸軍郡事、鎮蠻護軍，淮南安豐二郡太守、梁國内史，[1]將軍如故。循既走，仍從高祖南討，轉左衛將軍，[2]加散騎常侍。

[1]使持節：官名。重要軍事長官出征或出鎮時，加使持節，可誅殺二千石以下官員。 馬頭：郡名。治所在今安徽懷遠縣淮河南岸馬頭城。 鎮蠻護軍：官名。職掌如將軍，而地位略低。統兵，管理少數民族事務。六品。 淮南：郡名。治所在今安徽壽縣。 安豐：郡名。治所在今安徽霍邱縣西南。 梁國：國名。治

所在今河南商丘市。

[2]左衛將軍：官名。禁衛將軍主要統帥之一，權任很重。
四品。

敬宣寬厚善待士，多伎藝，弓馬音律，無事不善。
時尚書僕射謝混自負才地，[1]少所交納，與敬宣相遇，
便盡禮著歡。或問混曰：“卿未嘗輕交於人，而傾蓋於
萬壽，[2]何也？”混曰：“人之相知，豈可以一塗限，孔
文舉禮太史子義，[3]夫豈有非之者邪！”

[1]尚書僕射：官名。爲尚書省次官。三品。　謝混：人名。
字叔源，陳郡陽夏（今河南太康縣）人，謝安孫。

[2]傾蓋：謂停車交蓋，兩蓋稍稍傾斜。用以形容朋友相遇，
親切交談的情形。

[3]孔文舉：人名。即孔融。東漢魯國（今山東曲阜市）人，
官至北海相。　太史子義：人名。名慈，東萊（今山東龍口市）
人。孔融數遣人訊問其母，並至餉遺。事見《後漢書》卷七〇注引
《吳志》。

初，敬宣回師於蜀，劉毅欲以重法繩之，高祖既相
任待，又何無忌明言於毅，謂不宜以私憾傷至公，若必
文致爲戮，己當入朝以廷議決之。毅雖止，猶謂高祖
曰：“夫生平之舊，豈可孤信。光武悔之於龐萌，[1]曹公
失之於孟卓，[2]公宜深慮之。”毅出爲荆州，謂敬宣曰：
“吾忝西任，欲屈卿爲長史、南蠻，[3]豈有見輔意乎？”
敬宣懼禍及，以告高祖。高祖笑曰：“但令老兄平安，
必無過慮。”出爲使持節、督北青州軍郡事、征虜將軍、

北青州刺史，領清河太守，[4]尋領冀州刺史。

[1]光武：即東漢光武帝劉秀。《後漢書》卷一有紀。　龐萌：人名。兩漢之際山陽（今山東金鄉縣）人。更始帝劉玄敗，光武帝以爲侍中，甚見信愛。常稱曰："可以托六尺之孤，寄百里之命者，龐萌是也。"拜爲平狄將軍，與蓋延共擊董憲。龐萌以爲蓋延譖己，自疑，遂反。光武帝自將討萌，與諸將書曰："吾常以龐萌社稷之臣，將軍得無笑其言乎？老賊當族。"《後漢書》卷一二有附傳。

[2]曹公：即魏武帝曹操。　孟卓：張邈字。東平壽張（今山東東平縣）人，與曹操共起兵討董卓，曹操以爲親友。征陶謙時，敕家曰："我若不還，往依孟卓。"後張邈畏曹操終爲袁紹攻擊自己，心不自安。聽陳宮等計，叛依呂布。《三國志》卷七有傳。

[3]南蠻：官名。南蠻校尉之省稱，治江陵，掌荊州及江州少數民族事務。四品。

[4]北青州：亦稱青州，治所在今山東青州市。　領：官制用語。初指兼領，暫代，後多爲暫攝。　清河：郡名。治所在今山東臨清市。

時高祖西討劉毅，豫州刺史諸葛長民監太尉軍事，[1]貽敬宣書曰："盤龍狼戾專恣，自取夷滅，異端將盡，世路方夷，富貴之事，相與共之。"敬宣報曰："下官自義熙以來，首尾十載，遂忝三州七郡。今此杖節，常懼福過禍生，實思避盈居損，富貴之旨，非所敢當。"遣使呈長民書，高祖謂王誕曰："阿壽故爲不負我也。"[2]十一年正月，進號右將軍。[3]

[1]豫州：僑治州名。治所不常，義熙中徙壽春，在今安徽壽

縣。　監軍事：官名。亦稱監軍，置於軍中，監督出征將帥。

　　[2]阿壽：對劉敬宣之昵稱。敬宣字萬壽。

　　[3]右將軍：官名。武官名號，地位略高於雜號將軍，不領禁兵，不與朝政。三品。丁福林《校議》引《南史》卷一七《劉敬宣傳》作“右軍將軍”，引《建康實錄》卷一〇又作“左將軍”，未知孰是。

　　司馬道賜者，晋宗室之賤屬也，爲敬宣參軍。至高祖西征司馬休之，道賜乃陰結同府辟閭道秀及左右小將王猛子等謀反。道賜自號齊王，以道秀爲青州刺史，規據廣固，舉兵應休之。敬宣召道秀有所論，因屏人，左右悉出户，猛子逡巡在後，取敬宣備身刀殺敬宣，時年四十五。文武佐吏即討道賜、猛子等，皆斬之。先是敬宣未死，嘗夜與僚佐宴集，空中有放一隻芒屬於坐中，[1]墜敬宣食槃上，長三尺五寸，已經人著，耳鼻間並欲壞。頃之而敗。喪至，高祖臨哭甚哀。子祖嗣。[2]宋受禪，國除。

　　[1]放：中華本校勘記云：“《南史》，《御覽》六八九、八八五引作‘投’。”

　　[2]祖：《南史》作“光祖”，中華本疑本書脱“光”字。

　　檀祇字恭叔，高平金鄉人。[1]左將軍韶第二弟也。[2]少爲孫無終輔國參軍，隨無終東征孫恩，屢有戰功。復爲王誕龍驤參軍。[3]從高祖克京城，參建武軍事。至羅落。檀憑之戰没之後，[4]仍以憑之所領兵配祇。京邑既平，參鎮軍事，[5]加振武將軍，隸振武大將軍道規追討桓玄，[6]每戰克捷。江陵平定，道規遣祗征潯、沔亡命桓道兒、張靖、苻嗣等，[7]皆悉平之。除龍驤將軍、秦郡太守、北陳留内史，[8]又爲寧朔將軍、竟陵太守，不拜。破桓亮於長沙，[9]苻宏於湘東。[10]武陵内史庾悦疾病，[11]道規以祗代悦，加寧朔將軍，封西昌縣侯，[12]食邑千户。五年，入爲中書侍郎。

[1]金鄉：縣名。治所在今山東嘉祥縣南。

[2]韶：各本並作"歆"，中華本據本書卷四五《檀韶傳》改。

[3]王誕：人名。字茂世，琅邪臨沂（今山東臨沂市）人。

[4]檀憑之：人名。字慶子，高平人。《晉書》卷八五有傳。

[5]鎮軍：官名。鎮軍將軍之省稱。疑"鎮軍"後脱一"軍"字。

[6]隷振武大將軍道規：中華本校勘記云："按《臨川烈武王道規傳》，道規但爲振武將軍，此云振武大將軍，疑有誤。"振武大將軍，官名。高於振武將軍。三品。道規，人名。即劉道規。字道則，宋武帝劉裕少弟。本書卷五一有傳。

[7]潯：水名。即潯水。在今湖北西北部。　沔：水名。即漢水。　桓道兒：人名。譙國龍亢人，桓歆之子。　苻嗣：人名。本卷《劉懷肅傳》作"符嗣"，桓玄輔國將軍。

[8]秦郡：治所在今江蘇南京市六合區。　北陳留：僑郡名。治所在今安徽亳州市。

[9]桓亮：人名。譙國龍亢人，桓玄兄子。

[10]湘東：郡名。治所在今湖南衡陽市。

[11]武陵：國名。在今湖南常德市。　庾悦：人名。字仲豫，潁川鄢陵（今河南鄢陵縣）人。

[12]西昌縣侯：侯爵名。侯國在今江西泰和縣。

　　盧循逼京邑，加輔國將軍，領兵屯西明門外。[1]循退走，祇率所領，步道援江陵，未發，遇疾停。八年，遷右衛將軍，[2]出爲輔國將軍、宣城内史，即本號督江北淮南軍郡事、青州刺史、廣陵相。進號征虜將軍，加節。

　　[1]西明門：門名。東晉都城建康西面城門。
　　[2]右衛將軍：官名。禁衛軍主要統帥之一，權任很重。四品。

　　十年，亡命司馬國璠兄弟自北徐州界聚衆數百，[1]潛得過淮，因天夜陰闇，率百許人緣廣陵城得入，叫喚直上聽事。祇驚起，出門將處分，賊射之，傷股，乃入。祇語左右：“賊乘闇得入，欲掩我不備。但打五鼓，懼曉，必走矣。”賊聞鼓鳴，謂爲曉，於是奔散，追討殺百餘人。祇降號建武將軍。十一年，進號右將軍。[2]十二年，高祖北伐，而亡命司馬□寇涂中，[3]秦郡太守劉基求救，[4]分軍掩討，即破斬之。

　　[1]司馬國璠：人名。河内温（今河南温縣）人，河間王子，後奔後秦姚興。　北徐州：治所在今江蘇徐州市。
　　[2]右：此字下各本並衍“衛”字。孫彪《考論》：“右衛非號，衛字衍也。下文右將軍祇可證。”孫説是，今訂正。
　　[3]司馬□寇涂中：“司馬□”百衲本《宋書》“司馬”與“寇涂中”之間空一格，不知何字。涂中，指今安徽、江蘇境内滁水流域。
　　[4]劉基：人名。曾任劉道規參軍。

十四年，宋國初建，天子詔曰：[1]“宋國始立，内外草創，禁旅王要，總司須才。右將軍祗可爲宋領軍將軍，加散騎常侍。”祗性矜豪，樂在外放恣，不願内遷，甚不得志。發疾不自治，其年卒廣陵，時年五十一。贈散騎常侍、撫軍將軍，謚曰威侯。[2]

[1]天子：指晉恭帝司馬德文。《晉書》卷一○有紀。
[2]謚曰威侯：按《謚法》：“猛以剛果曰威。”

子獻嗣，元熙中卒，[1]無子，祗次子郎紹封。郎卒，子宣明嗣。宣明卒，子逸嗣。齊受禪，國除。

[1]元熙：晉恭帝司馬德文年號（419—420）。

史臣曰：“劉敬宣與高祖恩結龍潛，[1]義分早合，雖興復之始，事隔逢迎，而深期久要，未之或爽。隆赫之任，義止於人存，飾終之數，無聞於身後，恩禮之有厚薄者，將有以乎。

[1]龍潛：指未當皇帝之時。

宋書　卷四八

列傳第八

朱齡石 弟超石　毛脩之　傅弘之

　　朱齡石字伯兒，沛郡沛人也。[1]家世將帥。祖騰，建威將軍、吳國內史。[2]伯父憲及斌，並爲西中郎袁真將佐，[3]憲爲梁國內史，[4]斌爲汝南內史。[5]大司馬桓溫伐真於壽陽，[6]真以憲兄弟與溫潛通，並殺之。齡石父綽逃走歸溫，攻戰常居先，不避矢石。壽陽平，真已死，綽輒發棺戮尸，溫怒，將斬之，溫弟沖苦請得免。綽爲人忠烈，受沖更生之恩，事沖如父。參沖車騎軍事、西陽廣平太守。[7]及沖薨，綽歐血死。沖諸子遇齡石如兄弟。

　　[1]沛郡：治所在今江蘇沛縣。　沛：縣名。治所在今江蘇沛縣。
　　[2]建威將軍：官名。爲領兵之官，五威將軍之一。四品。吳國：國名。治所在今江蘇蘇州市。　內史：官名。掌王國民政。

五品。

[3]西中郎將：官名。率師征伐，或鎮守某地，多兼豫州刺史，鎮歷陽，或持節都督司、豫、冀、并諸州軍事。　袁真：人名。曾任廬江、尋陽太守，龍驤將軍，隨桓温北伐，爲豫州刺史，鎮汝南。温敗，推罪責於袁真。真怒，以壽陽叛。

[4]梁國：封國名。治所在今河南商丘市南。

[5]汝南：封國名。治所在今河南汝南縣。

[6]大司馬：官名。爲大臣加官，八公之一，居三公之上，三師之下，開府置僚屬。一品。　桓温：人名。字元子，譙國龍亢（今安徽懷遠縣）人，東晋權臣。《晋書》卷九八有傳。　壽陽：縣名。治所在今安徽壽縣。

[7]參軍事：官名。即參軍。軍、公府僚屬，掌參謀軍務，或治理府事。　車騎：車騎將軍或車騎大將軍之簡稱。　西陽：郡名。治所在今湖北黄岡市。　廣平：郡名。治所在今湖北襄陽市襄城區。

齡石少好武事，頗輕佻，不治崖檢，[1]舅淮南蔣氏，[2]人才儜劣，齡石使舅臥於聽事一頭，剪紙方一寸，帖著舅枕，自以刀子懸擲之，相去八九尺，百擲百中。舅雖危懼戰慄，爲畏齡石，終不敢動。舅頭有大瘤，齡石伺舅眠，密往割之，舅即死。

[1]崖檢：言行檢束。

[2]淮南：郡名。治所在今安徽壽縣。　蔣氏：史失其名。

初爲殿中將軍，[1]常追隨桓脩兄弟，[2]爲脩撫軍參軍，[3]在京口。[4]高祖克京城，以爲建武參軍。[5]從至江乘，[6]將戰，齡石言於高祖曰：[7]“世受桓氏厚恩，不容以兵刃相向，乞在軍後。”高祖義而許之。事定，以爲鎮軍參軍，[8] 遷武康令，[9] 加寧遠將軍。[10]

[1] 殿中將軍：官名。掌朝會宴饗及乘輿出入，直侍左右。六品。

[2] 桓脩：人名。字承祖，譙國龍亢人，桓沖子。

[3] 撫軍：官名。撫軍將軍之簡稱。三品。

[4] 京口：地名。又稱京城。即今江蘇鎮江市。

[5] 建武：官名。建武將軍之省稱。

[6] 江乘：縣名。治所在今江蘇句容市。

[7] 高祖：宋武帝劉裕廟號。

[8] 爲：各本並脱“爲”字，中華本據《南史》補。 鎮軍：官名。鎮軍將軍或鎮軍大將軍之省稱。

[9] 武康：縣名。治所在今浙江德清縣西。

[10] 寧遠將軍：官名。將軍名號。五品。

喪亂之後，武康人姚係祖招聚亡命，專爲劫盜，所居險阻，郡縣畏憚不能討。齡石至縣，僞與係祖親厚，召爲參軍。係祖恃其兄弟徒黨强盛，謂齡石必不敢圖己，乃出應召。齡石潛結腹心，知其居處塗徑，[1] 乃要係祖宴會，叱左右斬之。乃率吏人馳至其家，掩其不備，莫有得舉手者，悉斬係祖兄弟，殺數十人，自是一郡得清。

[1] 處：各本並作“北”，中華本據《元龜》卷七〇五改。

高祖又召爲參軍，補徐州主簿，[1] 遷尚書都官郎，[2]

尋復爲參軍。從征鮮卑，坐事免官。廣固平，[3]復爲參軍。盧循至石頭，[4]領中軍。[5]循選敢死之士數千人上南岸，高祖遣齡石領鮮卑步稍，過淮擊之。率屬將士，皆殊死戰，殺數百人，賊乃退。齡石既有武幹，又練吏職，高祖甚親委之。盧循平，以爲寧遠將軍、寧蠻護軍、西陽太守。[6]義熙八年，[7]高祖西伐劉毅，[8]齡石從至江陵。

[1]徐州：治所在今江蘇徐州市。

[2]尚書都官郎：官名。爲尚書省都官曹長官通稱，亦稱都官郎中。職掌刑獄，亦佐督軍事。六品。

[3]廣固：城名。十六國南燕都城。在今山東青州市。

[4]石頭：城名。在今江蘇南京市西清涼山。

[5]中軍：官名。中軍將軍的簡稱，可出任持節都督，鎮守一方。三品。

[6]寧蠻護軍：官名。統兵武職，職如將軍，地位稍遜。

[7]義熙：晋安帝司馬德宗年號（405—418）。

[8]劉毅：人名。字希樂，彭城沛（今江蘇沛縣）人。《晋書》卷八五有傳。

九年，遣諸軍伐蜀，令齡石爲元帥，以爲建威將軍、益州刺史，[1]率寧朔將軍臧熹、河間太守蒯恩、下邳太守劉鍾、龍驤將軍朱林等，[2]凡二萬人，發自江陵。尋加節益州諸軍事。[3]初，高祖與齡石密謀進取，曰："劉敬宣往年出黃虎，[4]無功而退。賊謂我今應從外水往，[5]而料我當出其不意，猶從内水來也。[6]如此，必以重兵守涪城，[7]以備内道。若向黃虎，正陷其計。今以大衆自外水取成都，疑兵出内水，此制敵之奇也。”而慮此聲先馳，賊審虛實，別有函書，全封付齡石，[8]署函邊曰：“至白帝乃開。”[9]諸軍雖進，未知處分所由。至白帝，發書，曰：“衆軍悉從外水取成都，臧熹、朱林於中水取廣漢，[10]使羸弱乘高艦十餘，由内水向黃虎。”衆軍乃倍道兼行，譙縱果備内水，[11]使其大將譙道福以重兵戍涪城，遣其前將軍秦州刺史侯輝、尚書僕射蜀郡太守譙詵等率衆萬餘屯彭模，[12]夾水爲城。

[1]益州：治所在今四川成都市。

[2]寧朔將軍：官名。爲北方地區軍政長官。四品。　臧熹：人名。字義和，東莞莒（今山東莒縣）人。《晋書》卷八四作“臧喜”，《南史》卷一六《朱齡石傳》、《通鑑》卷一一三作“臧熹”。當以“熹”爲是。　河間：郡名。治所在今河北獻縣東南。中華本引本書卷四九《蒯恩傳》、《元龜》卷一九九作“蘭陵”，似是。丁福林《校議》引本書卷一《武帝紀上》、《袁豹傳》、《通鑑》卷一一六亦有“河間太守蒯恩伐蜀”的記載，故丁氏認爲“河間、蘭陵，孰是孰非，似難以論定”。　蒯恩：人名。字道恩，蘭陵承（今山東棗莊市）人。本書卷四九有傳。　下邳：郡名。治所在今江蘇睢寧縣古邳鎮。　劉鍾：人名。字世之，彭城（今江蘇徐州市）人。　龍驤將軍：官名。三品。　朱林：本書卷四六《王懿傳》作“朱牧”，《南史·朱齡石傳》卷二五《王懿傳》分別作“朱枚”“朱牧”，不知孰是。

[3]加節益州諸軍事：加節，在本官之外，再賜予節杖，以提高其權威稱使持節，可誅殺二千石以下官吏。此處是説，在朱齡石任益州刺史之外再加使持節頭銜。

[4]黃虎：城名。在今四川綿陽市東南涪江畔。

[5]外水：水名。今四川成都市府河及其下游岷江。

[6]内水：水名。今四川涪江及其下游嘉陵江。

[7]涪城：地名。在今四川三台縣。

[8]付：各本並脱“付”字，中華本據《南史》、《通典·兵典》、《通鑑》晋安帝義熙八年、《御覽》卷二八七引補。

[9]白帝：城名。在今重慶奉節縣東白帝山上。

[10]廣漢：縣名。治所在今四川射洪縣。

[11]譙縱：人名。巴西南充（今四川南充市）人。本爲晋安西府參軍。義熙初，自號梁秦二州刺史，旋稱成都王，稱藩於後秦姚興。《晋書》卷一〇〇有傳。

[12]前將軍：官名。在漢朝爲重號將軍之一，平時無具體職掌，戰時則典禁兵保衛京師或領兵出征。魏晋南朝地位略低，僅高於一般雜號將軍。三品。　秦州：治所在今甘肅天水市。　侯輝：人名。《南史》作“侯暉”。　蜀郡：治所在今四川成都市。　彭模：地名。又名彭仁聚，在今四川彭山縣岷江東岸。

十年六月，[1]齡石至彭模，諸將以賊水北城險阻衆多，咸欲先攻其南城，齡石曰：“不然。雖寇在北，今屠南城，不足以破北；若盡鋭以拔北壘，南城不麾而自散也。”七月，齡石率劉鍾、蒯恩等攻城，詰朝戰，至日昃，焚其樓櫓，四面並登，斬侯輝、譙詵，仍回軍以麾，南城即時散潰。凡斬大將十五級，諸營守以次土崩，衆軍乃舍船步進。

[1]十年六月：丁福林《校議》據本書卷二《武帝紀中》、《晋書》卷一〇《安帝紀》、《南史》卷一《宋本紀上》、《建康實録》卷一〇考證，朱齡石伐蜀，皆記在義熙九年，十年有誤。

龍驤將軍臧熹至廣漢，病卒。朱林至廣漢，復破譙
道福，[1]別軍乘船陷牛脾城，[2]斬其大將譙撫。[3]譙縱聞
諸處盡敗，奔于涪城，巴西人王志斬送。[4]僞尚書令馬
躭封府庫以待王師。[5]道福聞彭模不守，率精銳五千兼
行來赴，聞縱已走，道福衆亦散，乃逃于獠中，[6]巴西
民杜瑶縛送之，[7]斬于軍門。桓謙弟恬隨謙入蜀，[8]爲寧
蜀太守，[9]至是亦斬焉。

[1]譙道福：人名。譙縱大將。

[2]牛脾城：城名。在今四川簡陽市。《通鑑》晋安帝義熙九
年胡三省注曰：“‘牛脾’當作‘牛鞞’。”

[3]譙撫：人名。本書卷七四《臧質傳》及《南史》卷一八
《臧熹傳》作“譙撫之”。

[4]巴西：郡名。治所在今四川綿陽市東。

[5]尚書令：官名。爲尚書省長官，綜理全國政務，參議大政。
三品。 馬躭：人名。其事不詳。“躭”，一作“耽”。

[6]獠：對少數民族仡佬族的蔑稱。

[7]杜瑶：中華本校勘記云：“‘杜瑶’《晋書·譙縱傳》作
‘杜瑾’。”

[8]桓謙：人名。字敬祖，譙國龍亢人。

[9]寧蜀：郡名。治所在今四川雙流縣。

高祖之伐蜀也，將謀元帥而難其人，乃舉齡石。衆
咸謂自古平蜀，皆雄傑重將，齡石資名尚輕，慮不克
辦，[1]諫者甚衆，高祖不從。乃分大軍之半，猛將勁卒，
悉以配之。臧熹，敬皇后弟〔也。資位在齡石之右，亦
令受其節度。是行亦不淹時，一戰克捷，衆〕咸服高祖

之知人，[2] 又美齡石之善於其事。

[1] 克辦：各本並作“辦克”，中華本據《元龜》卷二〇四改。

[2] “也資位”至“一戰克捷衆”：各本並脫此二十五字，中華本據《元龜》卷二〇四補。

齡石遣司馬沈叔任戍涪，[1] 蜀人侯產德作亂，攻涪城，叔任擊破之，斬產德。初，齡石平蜀，所戮止縱一祖之後，產德事起，多所連結，乃窮加誅剪，死者甚衆。進號輔國將軍，[2] 尋進監梁州之巴西、梓潼、宕渠、南漢中、秦州之安固、懷寧六郡諸軍事，[3] 以平蜀功，封豐城縣侯，[4] 食邑千户。

[1] 司馬：官名。軍府高級幕僚，掌參贊軍務，管理府內武職，位僅次長史。　沈叔任：人名。吳興武康人。

[2] 輔國將軍：官名。將軍名號。三品。

[3] 監諸軍事：地方軍政長官，位在都督諸軍事下、督諸軍事上，職掌相同。　梁州：治所在今陝西漢中市。　梓潼：郡名。治所在今四川三台縣。　宕渠：郡名。治所在今四川渠縣。　南漢中：郡名。治所在今陝西漢中市。　安固：郡名。治所在今甘肅臨洮縣。　懷寧：郡名。治所在今四川成都市。

[4] 豐城縣侯：侯爵名。侯國在今江西豐城市。

十一年，徵爲太尉諮議參軍，[1] 加冠軍將軍。[2] 十二年北伐，遷左將軍，[3] 本號如故，配以兵力，守衛殿省，劉穆之甚加信仗，內外諸事，皆與謀焉。

[1]太尉諮議參軍：官名。太尉府僚屬，職掌武職，位列曹參軍之上。

[2]冠軍將軍：官名。三品。

[3]左將軍：官名。武官名號，略高於一般雜號將軍，不典禁兵，不與朝政。或用作加官。三品。

高祖還彭城，以齡石爲相國右司馬。[1]十四年，安西將軍桂陽公義真被徵，[2]以齡石持節督關中諸軍事、右將軍、雍州刺史。[3]敕齡石，若關右必不可守，可與義真俱歸。齡石亦舉城奔走。龍驤將軍王敬先戍曹公壘，[4]齡石自潼關率餘衆就敬先，虜斷其水道，衆渴不能戰，城陷，虜執齡石及敬先還長安，見殺，時年四十。

[1]相國右司馬：官名。參贊軍務，地位甚高，秩千石。或分左右。管理府內武職，與長史共參府務。

[2]安西將軍：官名。四安將軍之一，爲出鎮某一地區的軍事長官，或作爲刺史等地方官員的加官，權任很重。三品。　桂陽公：公爵名。公國在今廣東連州市。本書卷六一《廬陵孝獻王義真傳》作"縣公"。　義真：人名。即劉義真。宋武帝劉裕子。本書卷六一有傳。

[3]持節：官名。軍事長官出征或出鎮時，加持節可殺無官位之人，戰時可殺二千石以下官員。　督諸軍事：官名。某地區軍政長官，位在都督或監某地諸軍事之下。　右將軍：官名。武官名號，略高於一般雜號將軍，不典禁兵，不與朝政。三品。　雍州：治所在今湖北襄陽市襄城區。

[4]王敬先：人名。京兆（今陝西西安市）人，曾任中兵參軍。　曹公壘：地名。在今陝西潼關縣東北。

子景符嗣。景符卒，子祖宣嗣，坐輒之封，八年不反，及不分姑國秩，奪爵。更以祖宣弟隆紹封。齊受禪，國除。

齡石弟超石，亦果銳善騎乘。雖出自將家，兄弟並閑尺牘。桓謙爲衛將軍，[1]以補行參軍。[2]又參何無忌輔國右軍軍事。[3]徐道覆破無忌，[4]得超石，以爲參軍。至石頭，超石說其同舟人乘單舸走歸高祖，高祖甚喜之，以爲徐州主簿。[5]超石收迎桓謙身首，躬營殯葬。遷車騎參軍事，尚書都官郎，尋復補中兵參軍、寧朔將軍、沛郡太守。[6]

[1]衛將軍：官名。位在諸名號大將軍之上，多作爲軍府名號以加大臣、重要州郡長官。常以中書監、尚書令等權臣兼任，統兵出征。三品。

[2]補：官制用語。即遞補、委任官職。　行參軍：官名。品秩略低於參軍。

[3]何無忌：人名。東海郯（今山東郯城縣）人。《晉書》卷八五有傳。　輔國：官名。輔國將軍之省稱。三品。　右軍：官名。右軍將軍之省稱。四品。

[4]徐道覆：人名。東晉孫恩軍首領。

[5]主簿：官名。典領文書簿籍，經辦事務。地位較高。

[6]中兵參軍：官名。諸軍、公府僚屬之一，掌本府中兵曹事務，兼備參謀咨詢。

西伐劉毅，使超石率步騎出江陵，未至而毅平。及討司馬休之，[1]遣冠軍將軍檀道濟及超石步軍出大薄，[2]

魯宗之聞超石且至,[3]自率軍逆之,未戰而江陵平。從至襄陽,領新野太守,[4]追宗之至南陽而還。[5]

[1]司馬休之：人名。字季預,晋宗室,譙敬王司馬恬子。曾任平西將軍、荆州刺史。《晋書》卷三七有附傳。

[2]檀道濟：人名。高平金鄉（今山東嘉祥縣）人。本書卷四三有傳。　大薄：地名。今址未詳。

[3]魯宗之：人名。東晋雍州刺史,後奔後秦。

[4]新野：郡名。治所在今河南新野縣。

[5]南陽：郡名。治所在今河南南陽市。

義熙十二年北伐,超石爲前鋒入河,[1]索虜托跋嗣,[2]姚興之壻也,[3]遣弟黃門郎鵶青、冀州刺史安平公乙旃眷、襄州刺史托跋道生、青州刺史阿薄干,[4]步騎十萬,屯河北,常有數千騎,緣河隨大軍進止。時軍人緣河南岸,牽百丈,河流迅急,有漂渡北岸者,輒爲虜所殺略。遣軍裁過岸,虜便退走,軍還,即復東來。高祖乃遣白直隊主丁旿,[5]率七百人,及車百乘,於河北岸上,去水百餘步,爲却月陣,兩頭抱河,車置七仗士,事畢,使竪一白眊。虜見數百人步牽車上,不解其意,並未動。高祖先命超石〔戒嚴二千人。白眊既舉,超石〕馳往赴之,[6]並齎大弩百張,一車益二十人,設彭排於轅上。[7]虜見營陣既立,乃進圍營,超石先以軟弓小箭射虜,虜以衆少兵弱,四面俱至。嗣又遣南平公托跋嵩三萬騎至,遂肉薄攻營。於是百弩俱發,又選善射者叢箭射之,虜衆既多,弩不能制。[8]超石初行,別

齎大鎚并千餘張矟，乃斷矟長三四尺，以鎚鎚之，一矟
輒洞貫三四虜。虜衆不能當，一時奔潰，臨陣斬阿薄干
首，虜退還半城，[9] 超石率胡藩、劉榮祖等追之，[10] 復
爲虜所圍，奮擊盡日，殺虜千計，虜乃退走。高祖又遣
振武將軍徐猗之五千人向越騎城，[11] 虜圍猗之，以長戟
結陣，超石赴之，未至悉奔走。大軍進克蒲坂，[12] 以超
石爲河東太守，[13] 戍守之。賊以超石衆少，復還攻城，
超石戰敗退走，數日乃及大軍。

[1]爲：各本並脱“爲”字，中華本據《元龜》卷三四四補。

[2]索虜：東晋南朝對北方鮮卑拓跋魏的蔑稱。因鮮卑人頭上
有辮髮，故有是稱。　托跋嗣：人名。北魏明元帝。《魏書》卷三
有紀。

[3]姚興：人名。羌族，十六國後秦君主。

[4]“遣弟黃門郎”至“刺史阿薄干”：中華本校勘記云：
“‘鵞青’《魏書》作‘娥青’，又青非明元帝之弟。乙旃眷即《魏
書》之叔孫建。托跋道生即《魏書》之長孫道生。時無襄州，或
是相州之誤，然此時任相州刺史者爲尉古真，尉古真之前爲長孫
嵩，嵩時鎮半城，長孫道生雖豫此役，未嘗爲相州刺史，蓋鄰國傳
聞之詞，不可爲準。”黃門郎，官名。黃門侍郎或給事黃門侍郎之
省稱。鵞青，人名。代（今山西大同市）人。冀州，治所在今河北
冀州市。安平，郡名。治所在今山西沁水縣東北。乙旃眷，人名。
即叔孫建。代人。《魏書》卷二九有傳。襄州，治所在今河南方城
縣南。當時尚未置，亦訛誤。托跋道生，人名。即長孫道生。代
人。《魏書》卷二五有傳。青州，治所在今山東青州市。

[5]隊主：官名。軍事編制隊的主將。　丁旿：人名。又爲劉
裕府内直都護。

[6]“高祖先命超石”至“馳往赴之”：此處各本並脱“戒嚴

二千人。白眊既舉，超石”十一字，中華本據《通典·兵典》、《元龜》卷七二四、《御覽》卷三一八引補。

[7]彭排：盾牌。《釋名·釋兵》：“彭排，彭，旁也。在旁，排敵禦攻也。”

[8]弩不能制：此處各本並脫“弩”字，中華本據《南史》、《通典·兵典》、《御覽》卷三一八引補。

[9]半城：各本作“平城”，局本作“半城”，《魏書》作“畔城”，在今山東聊城市。

[10]胡藩：人名。字道序，豫章南昌（今江西南昌市）人。本書卷五〇有傳。　劉榮祖：人名。彭城人。本書卷四五有附傳。

[11]振武將軍：官名。將軍名號。四品。

[12]蒲坂：地名。今山西永濟市。

[13]河東：郡名。治所在今山西永濟市。

　　高祖自長安東還，[1]超石常令人水道至彭城，除中書侍郎，[2]封興平縣五等侯。[3]關中擾亂，高祖遣超石慰勞河、洛。始至蒲坂，值齡石自長安東走至曹公壘，超石濟河就之，與齡石俱没，爲佛佛所殺，[4]時年三十七。

[1]長安：地名。今陝西西安市。

[2]中書侍郎：官名。掌草擬詔令。五品。

[3]興平：縣名。治所在今江西永豐縣東北。　五等侯：侯爵名。侯爵等級之一，不食封。

[4]佛佛：人名。“佛”與“勃”音相通，“佛佛”即“勃勃”，複姓赫連，匈奴人，十六國夏君主。

　　毛脩之字敬文，滎陽陽武人也。[1]祖虎生，[2]伯父璩，[3]並益州刺史。父瑾，[4]梁、秦二州刺史。

　　[1]滎陽：郡名。治所在今河南滎陽市東北古滎鎮。　陽武：縣名。在今河南原陽縣東南。

　　[2]虎生：人名。即毛虎生。《晋書》因避唐太祖李虎諱改作"毛武生"。

　　[3]璩：人名。即毛璩。《晋書》卷八一有附傳。

　　[4]瑾：人名。即毛瑾。事見《晋書》卷八一《毛穆之傳》、卷一〇〇《譙縱傳》。

　　脩之有大志，頗讀史籍。荆州刺史殷仲堪以爲寧遠參軍。[1]桓玄克荆州，[2]仍爲玄佐，歷後軍、太尉、相國參軍。[3]解音律，能騎射，玄甚遇之。及篡位，以爲屯騎校尉。[4]隨玄西奔，玄敗於崢嶸洲，[5]復還江陵，人情離散，議欲西奔漢川，[6]脩之誘令入蜀，馮遷斬玄於枚回洲，[7]脩之力也。

　　[1]荆州：治所在今湖北荆州市荆州區。　殷仲堪：人名。陳郡（今河南淮陽縣）人。《晋書》卷八四有傳。

　　[2]桓玄：人名。字敬道，譙國龍亢人，曾代晋稱帝。《晋書》卷九九有傳。

　　[3]後軍、太尉、相國參軍：皆官名。即後軍將軍府、太尉府、相國府參軍，掌府中武職，參謀軍務。

　　[4]屯騎校尉：官名。皇帝侍衛武官，隸中領軍，不領營兵。四品。

　　[5]崢嶸洲：洲名。在今湖北黄岡市西北長江中。

　　[6]漢川：即今湖北西北漢水流域。

　　[7]馮遷：人名。漢嘉（今四川名山縣）人，益州督護。　枚回洲：洲名。在今湖北江陵縣西南長江中。

晋安帝反正於江陵，除驍騎將軍。[1]下至京師，高祖以爲鎮軍諮議參軍，加寧朔將軍。旬月，遷右衛將軍。[2]既有斬玄之謀，又伯、父並在蜀土，高祖欲引爲外助，故頻加榮爵。[3]及父瑾爲譙縱所殺，高祖表爲龍驤將軍，配給兵力，遣令奔赴。又遣益州刺史司馬榮期及文處茂、時延祖等西討。[4]脩之至宕渠，榮期爲參軍楊承祖所殺，承祖自稱鎮軍將軍、巴州刺史。[5]脩之退還白帝，承祖自下攻之，不拔。脩之使參軍嚴綱等收合兵衆，漢嘉太守馮遷率兵來會，[6]討承祖斬之。時文處茂猶在巴郡，[7]脩之遣振武將軍張季仁五百兵係處茂等。荆州刺史道規又遣奮武將軍原導之領千人，[8]受脩之之節度。脩之遣原導之與季仁俱進。

[1]驍騎將軍：官名。與領軍、護軍、左右衛、游擊將軍合稱六軍，護衛皇帝、宮廷的主要將領之一。四品。

[2]右衛將軍：官名。護衛皇帝、宮廷的主要將領之一。四品。各本並脫“衛”字，中華本據《南史》補。

[3]榮爵：各本並作“策爵”，中華本據《南史》改。

[4]文處茂：人名。曾任涪陵及巴西、梓潼二郡太守，西夷校尉。　時延祖：人名。原爲巴東太守柳約之司馬，官至始康太守。

[5]鎮軍將軍：官名。主要爲中央軍職，亦可出任地方軍事長官，兼理民政。三品。

[6]漢嘉：郡名。治所在今四川名山縣北。

[7]巴郡：治所在今重慶市。

[8]道規：人名。即劉道規。字道則，宋武帝劉裕少弟。本書卷五一有傳。　奮武將軍：官名。雜號將軍中地位較高者。四品。

　　時益州刺史鮑陋不肯進討，[1]脩之下都上表曰："臣聞在生所以重生，實有生理可保。臣之情地，生途已竭，所以未淪於泉壤，借命於朝露者，以日月貞照，有兼映之輝，庶憑天威，誅夷雠逆。自提戈西赴，備嘗時難，遂使齊斧停柯，[2]狡豎假息。誠由經路有暨，亦緣制不自己。撫影窮號，泣望西路。益州刺史陋始以四月二十九日達巴東，[3]頓白帝，以俟廟略。可乘之機宜踐，投袂之會屢愆。臣雖效死寇庭，而理絕救援，是以束骸載馳，訴冤象魏。[4]昔宋害申丹，楚莊有遺履之憤，[5]況忘家殉國，趂有臣門，節冠風霜，人所矜悼。伍員不虧君義，[6]而申包不忘國艱，[7]俟會佇鋒，因時乃發。今臣庸踊在昔，未蒙宵邁之旗，是以仰辰極以希照，[8]眷西土以灑淚也。公私懷恥，仰望洪恩，豈宜遂享名器，[9]比肩人伍。求情既所不容，即實又非所繼，但以方仗威靈，要須綜攝，乞解金紫寵私之榮，[10]賜以鷹揚折衝之號。[11]臣之於國，理無虛請。自臣涉道，情慮荒越，疹毒交纏，常慮性命隕越，要當躬先士卒，身馳賊庭，手斬凶醜，以攄莫大之釁。然後就死之日，即化如歸，闔門靈爽，豈不謝先帝於玄宮。"[12]

　　[1]鮑陋：人名。曾任海鹽縣令，死於白帝城。

　　[2]齊斧停柯：利斧停止砍樹，喻軍隊指揮不靈。齊斧，利斧。征伐時的黃鉞亦曰"齊斧"。

　　[3]巴東：郡名。在今重慶奉節縣。

　　[4]象魏：宮廷外的闕門。

[5]宋害申丹，楚莊有遺履之憤："申丹"爲"申舟"之誤。事見《左傳》宣公十四年："楚子使申舟聘于齊，曰：'無假道于宋。'……及宋，宋人止之。華元曰：'過我而不假道，鄙我也。鄙我，亡也。殺其使者，必伐我；伐我，亦亡也。亡一也。'乃殺之。楚子聞之，投袂而起。屨及於窒皇，劍及于寢門之外，車及于蒲胥之市。秋，九月，楚子圍宋。"

[6]伍員：人名。字子胥，春秋時吳國大夫。

[7]申包：人名。即申包胥。楚國大夫。《左傳》定公四年載："初，伍員與申包胥友。其亡也，謂申包胥曰：'我必復（覆）楚國。'申包胥曰：'勉之，子能復（覆）之，我必能興之。'及昭王在隨，申包胥如秦乞師……立，依於庭墻而哭，日夜不絶聲，勺飲不入口七日……秦師乃出。"退吳軍，楚復國。

[8]辰極：指日、月和北極星。《文選》嵇康《琴賦》："披重壤以誕載兮，參辰極而高驤。"吕向注："辰極，北斗也。"

[9]名器：指爵號與車服。

[10]金紫：金印紫綬的簡稱。

[11]鷹揚：官名。鷹揚將軍之簡稱，雜號將軍中地位較高者。

折衝：官名。折衝將軍之省稱，武官名號，爲雜號將軍中地位較高者。

[12]玄宫：又稱玄堂，即皇帝陵墓。一説是静默修道之宫。

高祖哀其情事，乃命冠軍將軍劉敬宣率文處茂、時延祖諸軍伐蜀。[1]軍次黄虎，無功而退。譙縱由此送脩之父、伯及中表喪，口累並得俱還。[2]

[1]劉敬宣：人名。字萬壽，彭城人。本書卷四七有傳。

[2]口累：家眷，家口。

　　盧循逼京邑，[1]脩之服未除，起爲輔國將軍，尋加宣城内史，[2]戍姑孰。[3]爲循黨阮賜所攻，擊破之。循走，劉毅還姑孰，脩之領毅後軍司馬，[4]坐長置吏僮，免將軍、内史官。

　　[1]盧循：人名。字于先，范陽涿（今河北涿州市）人，孫恩反晉軍首領。
　　[2]宣城内史：官名。掌王國民政。
　　[3]姑孰：城名。今安徽當塗縣。
　　[4]領：官制用語。兼領、暫代或暫攝某種官職。　後軍：官名。後軍將軍之簡稱，護衛皇帝宮禁的主要禁軍將領之一。四品。

　　毅西鎮江陵，以爲衛軍司馬、輔國將軍、南郡太守。[1]脩之雖爲毅將佐，而深自結高祖。高祖討毅，先遣王鎮惡襲江陵，[2]脩之與諮議參軍任集之等並力戰，高祖宥之。

　　[1]衛軍：官名。衛將軍之省稱。　南郡：治所在今湖北荆州市荆州區。
　　[2]王鎮惡：人名。北海劇（今山東昌樂縣）人，前秦名相王猛孫。本書卷四五有傳。

　　時遣朱齡石伐蜀，脩之固求行，高祖慮脩之至蜀，必多所誅殘，土人既與毛氏有嫌，亦當以死自固，故不許。還都，除黃門侍郎，[1]復爲右衛將軍。

　　[1]黃門侍郎：官名。爲侍中省或門下省次官，侍從皇帝、顧

問應對，出則陪乘。五品。

脩之不信鬼神，所至必焚除房廟。時蔣山廟中有佳牛好馬，[1]脩之並奪取之。高祖討司馬休之，以爲諮議將軍、冠軍將軍、領南郡相。[2]

[1]蔣山：山名。即今江蘇南京市中山門外鍾山。
[2]相：官名。公國以下置，掌管民政。

高祖將伐羌，[1]先遣脩之復芍陂，[2]起田數千頃。及至彭城，又使營立府舍，轉相國右司馬，[3]將軍如故。時洛陽已平，即本號爲河南、河內二郡太守，[4]行司州事，[5]戍洛陽，修治城壘。高祖既至，案行善之，賜衣服玩好，當時計直二千萬。先是，劉敬宣女嫁，高祖賜錢三百萬，雜綵千匹，時人並以爲厚賜。王鎮惡死，脩之代爲安西司馬，將軍如故。值桂陽公義真已發長安，爲佛佛虜所邀，軍敗。脩之與義真相失，走將免矣。始登一岅，岅甚高峻，右衛軍人叛走，已上岅，嘗爲脩之所罰者，以戟擲之，傷額，因墜岅，遂爲佛佛所擒。佛佛死，其子赫連昌爲索虜托跋燾所獲，[6]脩之并没。

[1]羌：指由羌族姚氏建立的後秦政權。
[2]芍陂：在今安徽壽縣南。
[3]轉：官制用語。官吏調任。指調任與原品秩相同的其他官職，或調換任所，無升降。
[4]河南：郡名。治所在今河南洛陽市。　河內：郡名。治所在今河南沁陽市。

［5］行：官制用語。官缺未補，暫由他官兼攝其事。　司州：治所在今河南洛陽市。各本並作“西州”，中華本據《南史》、《通鑑》晋安帝義熙十二年改。

［6］托跋燾：人名。又作“拓跋燾”，即北魏太武帝。《魏書》卷四有紀。

　　初，脩之在洛，敬事嵩高山寇道士，[1]道士爲燾所信敬，營護之，故得不死，遷于平城。[2]脩之嘗爲羊羹，以薦虜尚書，[3]尚書以爲絶味，獻之於燾，燾大喜，以脩之爲太官令。[4]稍被親寵，遂爲尚書、光禄大夫、南郡公，太官令、尚書如故。[5]其後朱脩之没虜，[6]亦爲燾所寵。脩之相得甚歡。脩之問南國當權者爲誰？朱脩之答云：“殷景仁。”[7]脩之笑曰：“吾昔在南，殷尚幼少，我得歸罪之日，便應巾韝到門邪？”[8]經年不忍問家消息，久之乃訊訪，脩之具答，并云：“賢子元矯，甚能自處，爲時人所稱。”脩之悲不得言，直視良久，乃長嘆曰：“嗚呼！”自此一不復及。[9]初，荒人去來，言脩之勸誘燾侵邊，并教燾以中國禮制，太祖甚疑責之。[10]脩之後得還，[11]具相申理，上意乃釋。脩之在虜中，多畜妻妾，男女甚多。元嘉二十三年，[12]死於虜中，時年七十二。元矯歷宛陵、江乘、溧陽令。[13]

　　［1］嵩高山：山名。即嵩山。在今河南登封市境内。　寇道士：即寇謙之。字輔真，上谷昌平（今北京昌平區）人，新天師道的創建者。其事見《魏書·釋老志》。

　　［2］平城：城名。北魏前期都城，在今山西大同市。

　　［3］尚書：官名。分掌尚書省諸曹，爲行政官員。三品。

[4]太官令：官名。主進御膳。《魏書》卷四三《毛脩之傳》作“太官尚書”。

[5]“稍被親寵”至“尚書如故”：丁福林《校議》認爲這段文字文理不順，引《南史》卷一六《毛脩之傳》之文以校正之。《毛脩之傳》云：“被寵，遂爲尚書、光禄大夫，封南郡公，太官令、尚書如故。”故云“是此‘南郡公’前佚‘封’字，‘光禄大夫’後應相應改爲逗號”。

[6]朱脩之：人名。字恭祖，義陽平氏（今河南桐柏縣）人。《魏書》卷四三有附傳。

[7]殷景仁：人名。陳郡長平（今河南西華縣）人。本書卷六三有傳。

[8]巾韝：巾幘和布衣。

[9]及：各本並作“反”，中華本據《南史》、《元龜》卷九〇九改。

[10]太祖：宋文帝劉義隆廟號。

[11]脩之：人名。張熷《舉正》云：“脩之上當有‘朱’字。”中華本校勘記云：“張説是。無‘朱’字，易使人誤解是毛脩之。”

[12]元嘉：宋文帝劉義隆年號（424—453）。

[13]宛陵：縣名。治所在今安徽宣城市。　溧陽：縣名。治所在今江蘇南京市高淳縣東。

傅弘之字仲度，北地泥陽人。[1]傅氏舊屬靈州，[2]漢末郡境爲虜所侵，失土寄寓馮翊，[3]置泥陽、富平二縣，[4]靈州廢不立，故傅氏悉屬泥陽。晋武帝太康三年，[5]復立靈州縣，傅氏還屬靈州。弘之高祖晋司徒祗，[6]後封靈州公，[7]不欲封本縣，故祗一門還復泥陽。曾祖暢，[8]秘書丞，[9]没胡，生子洪，晋穆帝永和中，[10]胡亂得還。洪生韶，[11]梁州刺史，散騎常侍。韶生弘之。

[1]北地：郡名。治所在今陝西銅川市耀州區城東。　泥陽：縣名。治所在今陝西銅川市耀州區東南。

[2]靈州：治所在今寧夏靈武市。

[3]馮翊：郡名。治所在今陝西大荔縣。

[4]富平：縣名。治所在今陝西富平縣西南。

[5]太康：晋武帝司馬炎年號（280—289）。

[6]司徒：官名。爲名譽宰相，掌全國行政事務。一品。　祇：人名。即傅祇。字子莊。《晋書》卷四七有附傳。

[7]靈州：縣名。《晋書》卷四七作“靈川”，誤。治所在今廣西靈川縣。　公：公爵名。即縣公。

[8]暢：人名。即傅暢。字世道。《晋書》卷四七有附傳。

[9]秘書丞：官名。爲秘書局次官，負責典籍圖書的管理和整理校定。六品。

[10]永和：晋穆帝司馬聃年號（345—356）。

[11]韶：據中華本考證《南史》作“歆”，《晋書》卷七四《桓石綏傳》亦言石綏爲傅歆之所殺。“歆”即“歆之”之省略。

少倜儻有大志，爲本州主簿，舉秀才，不行。桓玄將篡，新野人庾仄起兵於南陽，[1]襲雍州刺史馮該，[2]該走。弘之時在江陵，與仄兄子彬謀殺荆州刺史桓石康，[3]以荆州刺史應仄。[4]彬從弟宏知其謀，以告石康，石康收彬殺之，繫弘之於獄。桓玄以弘之非造謀，又白衣無兵衆，[5]原不罪。

[1]庾仄：人名。曾任南陽太守，兵敗奔後秦姚興。

[2]馮該：人名。桓玄部將，曾任揚武將軍，封魚復侯。

[3]庾彬：人名。新野人，庾亮子。《晋書》卷七三有附傳。
桓石康：人名。譙國龍亢人，桓豁子。《晋書》卷七四有附傳。

[4]以荆州刺史應仄：此處似有誤，疑爲"以荆州應仄"，荆
州之後衍"刺史"二字。

[5]白衣：指無官職的士人。

　　義旗建，輔國將軍道規以爲參軍、寧遠將軍、魏興
太守。[1]盧循作亂，桓石綏自上洛甲口自號荆州刺史，[2]
徵陽令王天恩自號梁州刺史，[3]襲西城。[4]時詔爲梁州，
遣弘之討石綏等，並斬之。除太尉行參軍。[5]從征司馬
休之，署後部賊曹，[6]仍爲建威將軍、順陽太守。[7]

[1]魏興：郡名。治所在今陝西安康市漢江北岸。

[2]桓石綏：人名。譙國龍亢人，桓豁子。　　自上洛：各本並
脫"上"字，中華本據《元龜》卷三四四補。並云："按《漢書·
地理志》，上洛縣，甲水出秦嶺山東南，至錫入沔。"上洛，縣名。
治所在今陝西商洛市商州區。

[3]徵陽：縣名。今址不詳。中華本校勘記云："《通鑑》晋安
帝義熙六年胡三省注曰：'徵陽當作微陽。《晋·地理志》微陽縣屬
上庸郡。沈約曰：魏立建始縣，晋武帝改曰微陽。'"在今湖北竹溪
縣東。

[4]西城：縣名。治所在今陝西安康市西北漢江北岸。

[5]行參軍：官名。品階略低於參軍。

[6]署：官制用語。指代理、暫任或試充某官職。　　賊曹：官
署名。主盜賊，置參軍。

[7]順陽：郡名。治所在今河南淅川縣。

　　高祖北伐，弘之與扶風太守沈田子等七軍自武關

入，[1]僞上洛太守脫身奔走，[2]進據藍田，[3]招懷戎、晋。[4]晋人龐斌之、戴養、胡人康橫等各率部歸化。[5]弘之素善騎乘，高祖至長安，弘之於姚泓馳道內，緩服戲馬，或馳或驟，往反二十里中，甚有姿制，羌、胡聚觀者數千人，並驚惋嘆息。初上馬，以馬鞭柄策，挽致兩股內，及下馬，柄孔猶存。

[1]弘之與扶風太守沈田子等七軍自武關入：丁福林《校議》據本書卷一〇〇《自序》考證，沈田子之軍乃偏師，所領纔千餘人，不得謂"七軍"。《南史》卷五七《沈約傳》稱爲"別軍"，即非主力軍。"七軍"乃"別軍"之誤。扶風，郡名。治所在今陝西涇陽縣西北。沈田子，人名。字敬先，吳興武康人。其事見本書《自序》。

[2]上洛：郡名。治所在今陝西商洛市商州區。　脫身：各本並作"□脫"，中華本據《元龜》卷三四四訂正。

[3]藍田：縣名。治所在今陝西藍田縣西灞河西岸。

[4]戎：西方少數民族之概稱。　晋：指晋朝統治下的漢人。

[5]康橫：人名。應爲康居人，其事不詳。

進爲桂陽公義真雍州治中從事史，[1]除西戎司馬、寧朔將軍。[2]略陽太守徐師高反叛，[3]弘之討平之。高祖歸後，佛佛僞太子赫連璝率衆三萬襲長安，[4]弘之又領步騎五千，於池陽大破之，[5]殺傷甚衆。璝又抄掠渭南，弘之又於寡婦人渡破璝，[6]獲賊三百，掠七千餘口。及義真東歸，[7]佛佛傾國追躡，於青泥大戰，[8]弘之身貫甲胄，氣冠三軍。軍敗陷没，佛佛逼令降，弘之不爲屈，時天寒，裸弘之，弘之叫罵見殺。時年四十二。

[1]治中從事史：官名。爲州之佐吏，主選署及文書案卷。

[2]西戎：官名。西戎校尉之省稱，掌雍州少數民族事務。五品。

[3]略陽：郡名。治所在今甘肅秦安縣隴城鎮。

[4]赫連璝：人名。中華本校勘記云：“《魏書》作‘赫連瓆’。《通鑑》從《魏書》。”《晉書》載記亦作“赫連瓆”。 三萬：《晉書》作“二萬”。

[5]池陽：縣名。治所在今陝西涇陽縣西北。

[6]寡婦人渡：渡口名。又稱寡婦渡，在今甘肅慶城縣北。

[7]及：各本並作“又”，中華本據《南史》、《御覽》卷三一二引改。

[8]青泥：關名。在今陝西藍田縣。

史臣曰：三代之隆，畿服有品，東漸西被，無遺遐荒。及漢氏闢土，通譯四方，風教淺深，優劣已遠。晉室播遷，來宅揚、越，關、朔遙阻，隴、汧遐荒，區甸分其内外，山河判其表裏，而羌、戎雜合，久絶聲教，固宜待以荒服，[1]羈縻而已也。若其懷道畏威，奉王受職，則通以書軌，班以王規。若負其岨遠，屈强邊垂，則距險閉關，禦其寇暴。桓温一世英人，志移晉鼎，自非兵屈霸上，[2]戰衂枋頭，[3]則光宅之運，中年允集。高祖無周世累仁之基，欲力征以君四海，實須外積武功，以收天下人望。止欲挂斾龍門，[4]折衝冀、趙，跨功桓氏，取高昔人，地未闢於東晉，威獨振於江南，然後可以變國情，愜民志，撫歸運而膺寶策。豈不知秦川不足供養，[5]百二難以傳後哉！[6]至舉咸陽而棄之，[7]非失算也。此四將藉歸衆難固之情，已至於俱陷，爲不幸矣。

[1]荒服：古五服之一。指離王畿二千五百里的地區，爲五服中最遠之地。

[2]霸上：各本並作“西湖”，蓋“霸”訛爲“西湖”二字，而又脱“上”字，當爲傳刻之誤，中華本據《南史》改。霸上，在今陝西西安市東白鹿原北首。桓溫北伐軍至此，因乏軍食而退。

[3]枋頭：地名。在今河南浚縣西南淇門渡。桓溫北伐，被慕容垂戰敗於此。

[4]龍門：地名。即伊闕。在今河南洛陽市南。黄河上亦有龍門，係同名異地，在陝西。

[5]秦川：地區名。即關中平原。有八百里秦川之稱。

[6]百二：《史記》卷八《高祖本紀》漢六年云“秦，形勝之國，帶河山之險，縣隔千里，持戟百萬，秦得百二焉”。言秦地險固，百萬之兵可敵二百萬。

[7]咸陽：地名。即今陝西咸陽市。

宋書　卷四九

列傳第九

孫處　薥恩　劉鍾　虞丘進

孫處字季高，會稽永興人也。[1]籍注季高，[2]故字行於世。少任氣。高祖東征孫恩，[3]季高義樂隨。高祖平定京邑，[4]以爲振武將軍，[5]封新夷縣五等侯。[6]廣固之役，[7]先登有功。

[1]會稽：郡名。治所在今浙江紹興市。　永興：縣名。治所在今浙江杭州市蕭山區。

[2]籍注：戶籍登記欄目。

[3]高祖：宋武帝劉裕廟號。　孫恩：人名。字靈季，琅邪（今山東臨沂市）人。東晉末反晉軍首領。《晉書》卷一○○有傳。

[4]京邑：地名。指首都建康，今江蘇南京市。

[5]振武將軍：官名。五武將軍之一。四品。

[6]新夷：縣名。治所在今廣東江門市新會區。　五等侯：侯爵名。侯爵等級之一，不食封。

[7]廣固：城名。在今山東青州市西北。爲十六國南燕都城。

義熙五年（409），劉裕攻廣固，滅南燕。

　　盧循之難，[1]於石頭扦栅，[2]戍越城、查浦，[3]破賊於新亭。[4]高祖謂季高曰："此賊行破。應先傾其巢窟，令奔走之日，無所歸投，非卿莫能濟事。"遣季高率衆三千，汎海襲番禺。[5]初，賊不以海道爲防，季高至東衝，[6]去城十餘里，城内猶未知。循守戰士猶有數千人，城池甚固。季高先焚舟艦，悉力登岸，會天大霧，四面陵城，即日克拔。循父嘏、長史孫建之、司馬虞尩夫等，[7]輕舟奔始興。[8]即分遣振武將軍沈田子等討平始興、南康、臨賀、始安嶺表諸郡。[9]循於左里奔走，[10]而衆力猶盛，自嶺道還襲廣州。[11]季高距戰二十餘日，循乃破走，所殺萬餘人，追奔至鬱林，[12]會病，不得窮討，循遂得走向交州。[13]

　　[1]盧循：人名。字于先，范陽涿（今河北涿州市）人，孫恩反晉軍首領。曾領兵至江寧，攻京口。《晉書》卷一〇〇有傳。

　　[2]石頭：城名。在今江蘇南京市西清凉山。

　　[3]越城：城名。在今江蘇南京市南。　查浦：地名。在今江蘇南京市清凉山南。

　　[4]新亭：地名。在今江蘇南京市南。

　　[5]番禺：縣名。治所在今廣東廣州市。

　　[6]東衝：地名。在今廣東廣州市附近。

　　[7]長史：官名。公府、軍府置爲幕僚長。　司馬：官名。公府、軍府高級幕僚，管理府内武職，參贊軍務。

　　[8]始興：郡名。治所在今廣東韶關市東南蓮花嶺下。

　　[9]南康：郡名。治所在今江西贛州市。　臨賀：郡名。治所

在今廣西賀州市。　始安：郡名。治所在今廣西桂林市。

[10]左里：城名。在今江西都昌縣西北左蠡山下。

[11]廣州：治所在今廣東廣州市。

[12]鬱林：郡名。治所在今廣西桂平市西南古城。

[13]交州：治所在今越南北寧省仙遊縣東。

義熙七年四月，[1]季高卒於晉康，[2]時年五十三。追贈龍驤將軍、南海太守，[3]封侯官縣侯，[4]食邑千户。九年，高祖念季高之功，乃表曰：“孫季高嶺南之勳，已蒙褒贈。臣更思惟盧循稔惡一紀，據有全域。[5]若令根本未拔，投奔有所，招合餘燼，猶能爲虞，縣師遠討，方勤廟算。而季高汎海萬里，投命洪流，波激電邁，指日遄至，遂奄定南海，覆其巢窟，使循進退靡依，輕舟遠迸。曾不旬月，妖凶殲殄。蕩滌之功，實庸爲大。[6]往年所贈，猶爲未優。愚謂宜更贈一州，即其本號，庶令忠勳不湮，勞臣增屬。”重贈交州刺史，將軍如故。子宗世卒，子欽公嗣。欽公卒，子彦祖嗣。齊受禪，國除。

[1]義熙：晋安帝司馬德宗年號（405—418）。

[2]晉康：郡名。治所在今廣東德慶縣。

[3]龍驤將軍：官名。地位較高。三品。　南海：郡名。治所在今廣東廣州市。

[4]侯官縣侯：侯爵名。侯國在今福建省福州市。

[5]域：中華本考證三朝本作“成”，《元龜》卷一三七作“城”，北監本、毛本、殿本、局本作“域”。嚴可均《全宋文》云：“疑當作越。”

[6]庸：中華本校勘記云：《元龜》卷一三七作"此"，義更明確。

　　蒯恩字道恩，蘭陵承人也。[1]高祖征孫恩，縣差爲征民，充乙士，[2]使伐馬芻。恩常負大束，兼倍餘人，每捨芻於地，嘆曰："大丈夫彎弓三石，奈何充馬士！"高祖聞之，即給器仗，恩大喜。自征妖賊，常爲先登，多斬首級。既習戰陣，膽力過人，誠心忠謹，未嘗有過失，甚見愛信。於婁縣戰，[3]箭中左目。[4]

　　[1]蘭陵：郡名。治所在今山東棗莊市東南峰城鎮西。　承：縣名。治所在今山東棗莊市東南峰城鎮西。
　　[2]乙士：即馬士，馬夫。
　　[3]婁縣：治所在今江蘇昆山市東。
　　[4]箭中左目：《南史》卷一七《蒯恩傳》作"箭中右目"。

　　從平京城，進定京邑，以寧遠將軍領幢。[1]隨振武將軍道規西討，[2]虜桓仙客，[3]克偃月壘，[4]遂平江陵。[5]義熙二年，賊張堅據應城反，[6]恩擊破之，封都鄉侯。[7]從伐廣固，又有戰功。盧循逼京邑，恩戰于查浦，[8]賊退走。與王仲德等追破循別將范崇民於南陵。[9]循既走還廣州，恩又領千餘人隨劉藩追徐道覆於始興，[10]斬之。遷龍驤將軍，蘭陵太守。

　　[1]寧遠將軍：官名。將軍名號。五品。　幢：軍事編制單位。主要負責宿衞，也外出作戰。其將領爲幢主、幢副。
　　[2]道規：人名。即劉道規。字道則，宋武帝劉裕少弟。本書

卷五一有傳。

　　[3]桓仙客：人名。桓振部將，輔國將軍，餘事不詳。《晉書》卷八五《劉毅傳》作“桓山客”，《通鑑》卷一一三作“桓仙客”。

　　[4]偃月壘：半月形的營壘。《水經·江水注》：“沔左有却月城，亦曰偃月壘，戴監軍築。”

　　[5]江陵：縣名。治所在今湖北荊州市荊州區。

　　[6]應城：縣名。治所在今湖北應城市。

　　[7]都鄉侯：侯爵名。侯國位於都鄉（靠近城郊之鄉）。位次於縣侯，後多無封地。

　　[8]查浦：地名。在今江蘇南京市清涼山南。

　　[9]王仲德：人名。名懿，太原祁（今山西祁縣）人。本書卷四六有傳。　南陵：縣名。治所在今安徽池州市貴池區。

　　[10]劉藩：人名。彭城沛（今江蘇沛縣）人，劉毅從弟，曾任兗州刺史。　徐道覆：人名。東晉末孫恩軍首領，盧循姊夫，曾任始興太守。

　　高祖西征劉毅，[1]恩與王鎮惡輕軍襲江陵，[2]事在《鎮惡傳》。以本官爲太尉長兼行參軍，[3]領衆二千，隨益州刺史朱齡石伐蜀。[4]至彭模，[5]恩所領居前，大戰，自朝至日昃，勇氣益奮，賊破走。進平成都，擢爲行參軍，改封北至縣五等男。[6]高祖伐司馬休之及魯宗之，[7]恩與建威將軍徐逵之前進。[8]逵之敗没，恩陳于隄下，宗之子軌乘勝擊恩，矢下如雨，呼聲震地，恩整厲將士，置陣堅嚴。軌屢衝之不動，知不可攻，乃退。高祖善其能將軍持重。江陵平定，復追魯軌於石城，[9]軌棄城走，恩追至襄陽，宗之奔羌，恩與諸將追討至魯陽關乃還。[10]

［1］劉毅：人名。字希樂，彭城沛人。《晋書》卷八五有傳。

［2］王鎮惡：人名。北海劇（今山東昌樂縣）人，前秦名相王猛孫。本書卷四五有傳。

［3］太尉：官名。東漢時列三公之首，魏晋時爲名譽宰相，多爲大臣加官。一品。無實際職掌，但東晋末年，劉裕任太尉則有實權。　長兼：官制用語。原指長期兼任某職，後發展爲一種任官形式。　行參軍：官名。品階略低於參軍。

［4］益州：治所在今四川成都市。　朱齡石：人名。字伯兒，沛郡沛人。本書卷四八有傳。

［5］彭模：地名。又名彭仁聚。在今四川彭山縣東南岷江東岸。

［6］五等男：男爵名。男爵等級之一，不食封。

［7］司馬休之：人名。字季預，晋宗室，譙敬王司馬恬子。曾任平西將軍、荊州刺史。《晋書》卷三七有附傳。　魯宗之：人名。字彦仁，扶風郿（今陝西眉縣）人。東晋雍州刺史，後奔後秦。

［8］建威將軍：官名。五威將軍之一。四品。　徐逵之：本書各本並作“達之”，中華本據《南史》及本書卷二《武帝紀中》改。

［9］石城：戍名。在今湖北潛江市西。

［10］魯陽關：關隘名。在今河南南召縣東北、魯山縣西南。

　　恩自從征討，每有危急，輒率先諸將，常陷堅破陣，不避艱嶮。凡百餘戰，身被重創。高祖録其前後功勞，封新寧縣男，[1]食邑五百户。高祖世子爲征虜將軍，[2]恩以大府佐領中兵參軍，[3]隨府轉中兵參軍。[4]高祖北伐，留恩侍衛世子，命朝士與之交。恩益自謙損，與人語常呼官位，[5]而自稱爲鄙人。撫待士卒，甚有紀綱，衆咸親附之。遷諮議參軍，[6]轉輔國將軍、淮陵太

守。[7]世子開府，又爲從事中郎，[8]轉司馬，將軍、太守
如故。

　　[1]新寧：縣名。治所在今湖南常寧市西南。　縣男：男爵名。
爲開國縣男之省稱。

　　[2]世子：王、公嫡長子或繼承爵位者，此指劉裕長子劉義符
（少帝）。　征虜將軍：官名。爲武官，亦作爲高級文職官員的加
官。三品。

　　[3]大府：官署名。指太尉府。　領：官制用語。初指兼領、
暫代，又有暫攝之意。　中兵參軍：丁福林《校議》據本書卷一
《武帝紀上》考證，“中兵參軍”乃“中軍參軍”之誤。中軍參軍，
官名。公、軍府僚屬之一。掌本府中兵曹事務，兼備參謀咨詢。

　　[4]轉：官制用語。官吏調任與原品秩相同的其他官職。

　　[5]官位：各本並作“位官”，中華本據《元龜》卷八六四、
《御覽》卷四二三引改。

　　[6]遷：官制用語。指官吏調動職務，有平遷或超遷。　諮議
參軍：官名。諸府僚屬，掌顧問應對。

　　[7]輔國將軍：官名。將軍名號。三品。　淮陵：郡名。治所
在今安徽明光市東北。

　　[8]從事中郎：官名。職掌不定，地位較高。

　　　入關迎桂陽公義真。[1]義真還至青埵，[2]爲佛佛虜所
追，[3]恩斷後，力戰連日。義真前軍奔散，恩軍人亦盡，
爲虜所執，死於虜中。子國才嗣。國才卒，子慧度嗣。
慧度卒，無子，國除。

　　[1]桂陽：公國名。治所在今廣東連州市。　公：公爵名。本
書卷六一作“縣公”。　義真：人名。即劉義真。宋武帝劉裕子，

後爲廬陵孝獻王。本書卷六一有傳。

　　[2]青埿：地名。在今陝西藍田縣。

　　[3]佛佛：人名。即勃勃，赫連氏，匈奴族人，十六國夏君主。《晉書》卷一三〇有載記。

　　劉鍾字世之，彭城彭城人也。[1]少孤，依鄉人中山太守劉回共居。[2]幼有志力，常慷慨於貧賤。隆安四年，[3]高祖伐孫恩，鍾願從餘姚、浹口攻句章、海鹽、婁縣，[4]皆摧堅陷陣，每有戰功。爲劉牢之鎮北參軍督護。[5]高祖每有戎事，鍾不辭艱劇，專心盡力，甚見愛信。

　　[1]彭城彭城：前爲郡名，後爲縣名。治所均在今江蘇徐州市。

　　[2]中山：郡名。治所在今河北定州市。

　　[3]隆安：晉安帝司馬德宗年號（397—401）。

　　[4]餘姚：縣名。治所在今浙江餘姚市。　浹口：地名。在今浙江寧波市東。　句章：縣名。治所在今浙江寧波市南鄞江南岸。海鹽：縣名。治所在今浙江海鹽縣。

　　[5]劉牢之：人名。字道堅，彭城人。《晉書》卷八四有傳。鎮北：官名。鎮北將軍之省稱。三品。　參軍督護：官名。領營兵，有部曲。

　　義旗將建，高祖版鍾爲郡主簿。[1]明日，從入京城。將向京邑，高祖命曰：“預是彭、沛鄉人赴義者，並可依劉主簿。”於是立爲義隊，恒在左右，連戰皆捷。明日，桓謙屯于東陵，[2]卞範之屯覆舟山西。[3]高祖疑賊有伏兵，顧視左右，正見鍾，謂之曰：“此山下當有伏兵，卿可率部下稍往撲之。"鍾應聲馳進，果有伏兵數百，一時奔走。桓玄西奔，[4]其夕，高祖止桓謙故營，遣鍾宿據東府，[5]轉鎮軍參軍督護。[6]桓歆寇歷陽，[7]遣鍾助豫州刺史魏詠之討之，[8]歆即奔迸。除南齊國內史，[9]封安丘縣五等侯。[10]自陳情事，改葬父祖及親屬十喪，高祖厚加資給。轉車騎長史，[11]兼行參軍。司馬叔璠與彭城劉謚、劉懷玉等自蕃城攻鄒山，[12]魯郡太守徐邕失守，[13]鍾率軍討平之。

[1]版：官制用語。指未經吏部正式任命，由地方行政長官或出征將領自行委任的官員，由府的户曹行文。　主簿：官名。諸公皆置，與祭酒、舍人主閣内事。

[2]桓謙：人名。字敬祖，譙國龍亢（今安徽懷遠縣）人，桓沖子。　東陵：地名。在江蘇南京市東北。

[3]卞範之：人名。字敬祖，濟陰冤句（今山東曹縣西北）人，《晋書》卷九九有傳。　覆舟山：地名。在今江蘇南京市城區東北。

[4]桓玄：人名。字敬道，譙國龍亢人。桓温子。《晋書》卷九九有傳。

[5]東府：城名。在今江蘇南京市通濟門附近，臨秦淮河。爲丞相、揚州刺史治所。

[6]鎮軍：官名。鎮軍將軍之省稱。主要爲中央軍職，亦可出任地方軍事長官。三品。

[7]桓歆：人名。字叔道，譙國龍亢人。桓温第三子。　歷陽：縣名。治所在今安徽和縣。

[8]豫州：僑州名。治所在今安徽壽縣。　魏詠之：人名。字長道，任城（今山東微山縣西北）人。《晋書》卷八五有傳。

[9]南齊國：國名。今址不詳。 内史：官名。掌王國民政。

[10]安丘：縣名。治所在今山東安丘市東南。 五等侯：侯爵名。不食封。

[11]車騎：官名。車騎將軍或車騎大將軍之省稱。三品、二品。各本並脫"車"字，中華本據《晉書》卷一〇〇《譙縱傳》補。

[12]司馬叔璠：人名。其事不詳。本書《天文志三》云"司馬國璠等攻没鄒山"，"司馬國璠寇碭山"，周家禄《晉書校勘記》云："國璠誤叔璠。"應改正。 蕃城：縣名。治所在今山東滕州市。 鄒山：縣名。治所在今山東鄒城市東南。

[13]魯郡：治所在今山東曲阜市東。

　　從征廣固。孟龍符陷没，[1]鍾率左右直入，取其尸而反。除振武將軍、中兵參軍，代龍符領廣川太守。[2]盧循逼京邑，徐赤特軍違處分，[3]敗于南岸，鍾率麾下距栅，身被重創，賊不得入。循南走，鍾與輔國將軍王仲德追之。循先留別帥范崇民以精兵高艦據南陵，[4]夾屯兩岸。鍾自行覘賊，天霧，賊鈎得其舸，鍾因率左右攻艦户，[5]賊遽閉户距之，鍾乃徐還。與仲德攻崇民，崇民敗走，鍾追討百里，燒其船乘。又隨劉藩追徐道覆於始興，斬之。補太尉行參軍、寧朔將軍、下邳太守。[6]代孟懷玉領石頭戍事。[7]

[1]孟龍符：人名。平昌安丘人。孟懷玉弟。
[2]廣川：郡名。治所在今河北棗强縣。
[3]徐赤特：人名。劉裕參軍、餘杭縣令。
[4]南陵：地名。在今安徽池州市貴池區西南，長江邊。

[5]攻艦戶：各本並作“艦攻戶”，中華本據《通鑑》晋安帝義熙六年、《元龜》卷三四四改。胡三省注曰：“艦戶，今舟人謂之馬門。”

[6]寧朔將軍：官名。四品。　下邳：郡名。治所在今江蘇睢寧縣西北古邳鎮東。

[7]孟懷玉：人名。平昌安丘人。　石頭戍：戍名。在今江蘇南京市清凉山。

高祖討劉毅，鍾率軍繼王鎮惡。江陵平定，仍隨朱齡石伐蜀，爲前鋒，由外水，[1]至于彭模，去成都二百里。僞冠軍征討督護譙亢等兩岸連營，[2]層樓重柵，衆號三萬。鍾于時脚疾不能行，齡石乃詣鍾謀曰：“今天時盛熱，而賊嚴兵固險，攻之未必可拔，祇增疲困。計其人情恇撓，必不久安，且欲養鋭息兵，以伺其隙。隙而乘之，乃可捷事。然決機兩陳，公本有所委，卿意謂何？”鍾曰：“不然。前揚聲言大衆向内水，[3]譙道福不敢舍涪城。[4]今重軍卒至，出其不意，蜀人已破膽矣。賊今阻兵守險，是其懼不敢戰，非能持久堅守也。因其兇懼，盡鋭攻之，其勢必克。鼓行而進，成都必不能守矣。今若緩兵相守，彼將知人虛實，涪軍忽并來力距我，[5]人情既安，良將又集，此求戰不獲，軍食無資，當爲蜀子虜耳。”齡石從之。明日進攻，陷其二城，斬其大將侯輝、譙詵，[6]遂平成都。

[1]外水：水名。即今四川成都市府河及其下游岷江。

[2]冠軍：官名。冠軍將軍之省稱。三品。　督護：官名。州郡及出鎮方面將軍府皆設，掌兵事。

[3]内水：水名。即今四川涪江及其下游嘉陵江。

[4]譙道福：人名。譙縱部將。　涪城：城名。在今四川三台縣西北。

[5]并來：中華本校勘記云：“《通鑑》晉安帝義熙九年作‘來并’，義更明確。”

[6]侯輝：人名。蜀王譙縱的前將軍、秦州刺史。《南史》作“侯暉”。　譙詵：人名。蜀王譙縱的尚書僕射、蜀郡太守。

以廣固功，封永新縣男，[1]食邑五百户。遷給事中、太尉參軍事、龍驤將軍、高陽内史，[2]領石頭戍事。高祖討司馬休之，前軍將軍道憐留鎮東府，[3]領屯兵。冶亭群盜數百夜襲鍾壘，[4]距擊破之。時大軍外討，京邑擾懼，鍾以不能鎮遏，降號建威將軍。平蜀功，應封四百户男，以先有封爵，減户以賜次子敬順高昌縣男，[5]食邑百户。尋復本號龍驤將軍。十二年，高祖北伐，復留鎮居守，增其兵力，又命府置佐史。荆州刺史道憐獻名馬三匹，[6]并精麗乘具，高祖悉以賜鍾三子。十四年，遷右衛將軍，[7]龍驤將軍如故。元熙元年卒，[8]時年四十三。

[1]永新縣男：男爵名。封邑在今江西永新縣西。

[2]給事中：官名。隸散騎省，或爲加官。五品。　參軍事：官名。即參軍。公、軍府僚屬。　高陽内史：官名。高陽國（今湖南隆回縣東北）行政長官，職同郡守。

[3]前軍將軍：丁福林《校議》據本書卷二《武帝紀中》、卷五一《長沙景王道憐傳》、卷四二《劉穆之傳》考證，劉道憐時任中軍將軍而非前軍將軍。又“領屯兵”也不是劉道憐，而是劉鍾。

《通鑑》卷一一七云“以中軍將軍劉道憐監留府事……又以高陽內史劉鍾領石頭戍事，屯冶亭”可以爲證。　道憐：人名。即劉道憐。宋武帝劉裕中弟，長沙景王。本書卷五一有傳。

[4]冶亭：亭名。一名東冶亭，在今江蘇南京市東北隅。

[5]高昌：縣名。治所在今江西吉安市西南。

[6]荊州：治所在今湖北荊州市荊州區。

[7]右衛將軍：官名。屬領軍將軍，爲禁衛軍主要統帥之一。四品。

[8]元熙：晋恭帝司馬德文年號（419—420）。

　　子敬義嗣。敬義官至馬頭太守，[1]卒。子國重嗣，齊受禪，國除。鍾次子高昌男敬順，卒，子國須嗣。須卒，[2]無子，國除。

[1]馬頭：郡名。治所在今安徽懷遠縣南淮河南岸馬頭城。

[2]須卒：“須”前當脫一“國”字。

　　虞丘進字豫之，東海郯人也。[1]少時隨謝玄討苻堅，[2]有功，封關內侯。[3]隆安中，從高祖征孫恩，戍句章城，被圍數十日，無日不戰，身被數創。至餘姚呵浦，破賊張驃，追至海鹽故治及婁縣。[4]於蒲濤口與孫恩水戰，[5]又被重創。追恩至鬱洲，[6]又至石鹿頭，還海鹽大柱，頻戰有功。元興元年，[7]又從高祖東征臨海，[8]於石步固與盧循相守二十餘日。二年，又從高祖至東陽，[9]破徐道覆。其年，又至臨松穴破賊，追至永嘉千江，[10]又至安固，[11]累戰皆有功。

[1]東海：郡名。治所在今山東郯城縣北。　郯：縣名。治所在今山東郯城縣北。

[2]謝玄：人名。字幼度，陳郡陽夏（今河南太康縣）人。《晉書》卷七九有附傳。　苻堅：人名。字永固，略陽臨渭（今甘肅秦安縣）人，氐族。十六國前秦君主。《晉書》卷一一三、一一四有載記。

[3]關內侯：侯爵名。時多係虛封，無食邑。

[4]海鹽故治：在今浙江平湖市東南乍浦鎮。

[5]蒲濤口：地名。在今江蘇如皋市東南白浦。

[6]鬱洲：地名。在今江蘇連雲港市。

[7]元興：晉安帝司馬德宗年號（402—404）。

[8]臨海：縣名。治所在今浙江臨海市。

[9]東陽：郡名。治所在今浙江金華市。

[10]永嘉：郡名。治所在今浙江温州市。

[11]安固：縣名。治所在今浙江瑞安市。

三年，從平京城，定京邑，除燕國內史。[1]義熙二年，除龍驤將軍，封龍川縣五等侯。[2]從高祖伐廣固，於臨朐破賊。[3]盧循逼京邑，孟昶、諸葛長民等建議奉天子過江，[4]進廷議不可，面折昶等，高祖甚嘉之。獻計伐樹，樹柵石頭。除鄱陽太守，[5]將軍如故。統馬步十八隊，於東道出鄱陽，至五畝嶠，循遣將英斜爲上饒令，[6]千餘人守故城，進攻破之。循又遣童敏之爲鄱陽太守，據郡，進從餘干步道趣鄱陽，[7]敏之退走，追破之，斬首數百。復隨劉藩至始興，討斬徐道覆。

[1]燕國：王國名。治所當在燕縣，東晉安帝時改鍾離縣置，

即今安徽鳳陽縣東北臨淮關。

　　[2]龍川：縣名。治所在今廣東龍川縣西南。

　　[3]臨朐：縣名。治所在今山東臨朐縣。

　　[4]孟昶：人名。平昌安丘人，官至尚書左僕射。　諸葛長民：
人名。琅邪陽都（今山東沂南縣）人。官至豫州刺史。《晋書》卷
八五有傳。

　　[5]鄱陽：郡名。治所在今江西鄱陽縣東北。

　　[6]上饒：縣名。治所在今江西上饒市西北天津橋。

　　[7]餘干：縣名。治所在今江西餘干縣。

　　　八年，除寧蠻護軍、尋陽太守，[1]領文武二千從征
劉毅。[2]事平，補太尉行參軍，尋加振威將軍。九年，
以前後功封望蔡縣男，[3]食邑五百户，加龍驤將軍。討
司馬休之，又有戰功。軍還，除輔國將軍、山陽太
守。[4]宋臺令書除秦郡太守，[5]督陳留郡事，[6]將軍如故。
元熙二年，宋王令書以爲高祖第四子義康右將軍司
馬。[7]永初二年，[8]遷太子右衛率。[9]明年，卒官，時年
六十。追論討司馬休之功，進爵爲子，增邑三百户。

　　[1]寧蠻護軍：官名。掌管江州的少數民族事務。　尋陽：郡
名。治所在今江西九江市西南。

　　[2]二千：各本並作“二年”。中華本校勘記云：上有“八
年”，下有“九年”，此不得云二年。孫彪《考論》云：“二年誤，
疑是二千。”孫説是，今改正。

　　[3]望蔡縣男：男爵名。封邑在今江西上高縣。

　　[4]山陽：郡名。治所在今江蘇淮安市。

　　[5]宋臺令書：宋國政府的書面命令。　秦郡：治所在今江蘇
南京市六合區。

[6]陳留：僑郡名。治所在今安徽壽縣西南。

[7]右將軍：官名。略高於一般雜號將軍，不典禁兵，不與朝政。三品。

[8]永初：宋武帝劉裕年號（420—422）。

[9]太子右衛率：官名。宿衛東宮，亦任征伐，地位頗重。

子耕嗣。耕卒，子襲祖嗣。襲祖卒，世寶嗣。齊受禪，國除。

史臣曰：《詩》云，“無言不酬，無德不報。”[1]此諸將並起自豎夫，出於皁隷芻牧之下，徒以心一乎主，故能奮其鱗翼。至於推鋒轉戰，百死而不顧一生，蓋由其心一也。遂饗封侯之報，詩人之言信矣。

[1]無言不酬，無德不報：見《詩·大雅·抑》。

宋書　卷五〇

列傳第十

胡藩　劉康祖　垣護之　張興世

　　胡藩字道序，豫章南昌人也。[1]祖隨，散騎常侍，[2]父仲任，治書侍御史。[3]

　　[1]豫章：郡名。治所在今江西南昌市。　南昌：縣名。治所在今江西南昌市。

　　[2]散騎常侍：官名。散騎省長官，參掌機密，選望甚重。

　　[3]治書侍御史：官名。亦稱治書御史。爲御史中丞佐貳，御史臺要職，分領諸曹，監察彈劾較高級官貴。六品。

　　藩少孤，居喪以毀稱。太守韓伯見之，[1]謂藩叔尚書少廣曰：[2]“卿此姪當以義烈成名。”州府辟召，[3]不就。須二弟冠婚畢，[4]乃參郗恢征虜軍事。[5]時殷仲堪爲荊州刺史，[6]藩外兄羅企生爲仲堪參軍，[7]藩請假還，過江陵省企生。仲堪要藩相見，[8]接待甚厚。藩因說仲堪曰："桓玄意趣不常,[9] 每怏怏於失職。節下崇待太過,[10] 非將來之計也。" 仲堪色不悦。藩退而謂企生曰: "倒戈授人, 必至之禍。若不早規去就, 後悔無及。" 玄自夏口襲仲堪,[11] 藩參玄後軍軍事。[12] 仲堪敗, 企生果以附從及禍。藩轉參太尉、大將軍、相國軍事。[13]

[1] 太守韓伯見之: 各本並脱"之"字, 中華本據《南史》補。韓伯, 人名。字康伯, 潁川長社(今河南長葛市) 人。《晋書》卷七五有傳。

[2] 尚書: 官名。分掌尚書省諸曹。三品。

[3] 辟召: 皇帝以敕令形式選用官吏以及公府、軍府、州郡聘用屬吏的方式。

[4] 冠婚畢: 成人結婚之後。冠, 古代儀禮之一, 男子二十歲加冠, 表示已爲成人。

[5] 參軍事: 官名。即參軍。爲公府等所設諸曹長官。 郗恢: 人名。字道胤, 高平金鄉(今山東嘉祥縣) 人。 征虜: 官名。即征虜將軍。武官, 或爲高級文職人員之加官。三品。

[6] 殷仲堪: 人名。陳郡(今河南淮陽縣) 人。《晋書》卷八四有傳。 荆州: 治所在今湖北荆州市荆州區。

[7] 羅企生: 人名。字宗伯, 豫章郡人。

[8] 要: 同"邀"。

[9] 桓玄: 人名。字敬道, 譙國龍亢(今安徽懷遠縣) 人。《晋書》卷九九有傳。

[10] 節下: 對將領的尊稱。古代皇帝授將領以節杖, 以重其權, 故尊稱爲節下。

[11] 夏口: 城名。在今湖北武漢市黃鵠山上。

[12] 後軍: 官名。後將軍, 軍府名號, 用作加官。三品。

[13] 太尉: 官名。東漢時列三公之首, 魏晋時爲名譽宰相。一

品。但東晋末年劉裕爲任太尉，則有實權。　大將軍：官名。專擅軍政事務。各本並作“將軍”，脱“大”字，中華本據《南史》補。按：桓玄時自加大將軍。　相國：官名。位尊於宰相，非尋常人臣之職。

　　義旗起，玄戰敗將出奔，藩於南掖門捉玄馬控，曰：“今羽林射手猶有八百，[1]皆是義故西人，[2]一旦捨此，欲歸可復得乎？”玄直以馬鞭指天而已，於是奔散相失。追及玄於蕪湖，玄見藩，喜謂張須無曰：[3]“卿州故爲多士，今乃復見王叔治。”[4]桑落之戰，[5]藩艦被燒，全鎧入水潛行三十許步，方得登岸。義軍既迫，不復得西，乃還家。高祖素聞藩直言於殷氏，[6]又爲玄盡節，召爲員外散騎侍郎，[7]參鎮軍軍事。[8]

　　[1]羽林：皇帝禁衛軍。

　　[2]義故：受有舊恩的故舊人員。　西人：指荆州人。

　　[3]張須無：人名。南陽宛（今河南南陽市）人。官至別駕從事。事見《南史》卷七六《張孝秀傳》。

　　[4]王叔治：人名。名脩，京兆灞城（今陝西西安市東北）人。劉裕入關中滅後秦，留子義真鎮守關中，以王脩爲長史，委以關中之任。事見本書卷六一《廬陵孝獻王義真傳》。

　　[5]桑落：洲名。在今江西九江市東北長江中。義熙六年（410）盧循大敗劉毅於此。

　　[6]高祖：宋武帝劉裕廟號。

　　[7]召：徵召。帝王任用官吏的方式。　員外散騎侍郎：官名。初爲正員之外添差之散騎侍郎，無員數，後成爲正員官。屬散騎省，雖是閑職，仍爲顯官。

　　[8]鎮軍：官名。鎮軍將軍（三品）或鎮軍大將軍（二品）之省稱。

　　從征鮮卑，[1]賊屯聚臨朐，[2]藩言於高祖曰：“賊屯軍城外，留守必寡，今往取其城，而斬其旗幟，此韓信所以克趙也。”[3]高祖乃遣檀韶與藩等潛往，既至，即克其城。賊見城陷，一時奔走，還保廣固累月。[4]將拔之夜，佐史並集，[5]忽有鳥大如鵝，蒼黑色，飛入高祖帳裹，衆皆駭愕，以爲不祥。[6]藩起賀曰：“蒼黑者，胡虜之色，[7]胡虜歸我，大吉之祥也。”明旦攻城，陷之。從討盧循於左里，[8]頻戰有功，封吳平縣五等子，[9]除正員郎。[10]尋轉寧遠將軍，鄱陽太守。[11]

　　[1]鮮卑：北方少數民族，此指南燕政權。

　　[2]臨朐：縣名。治所在今山東臨朐縣。

　　[3]韓信：人名。淮陰（今江蘇淮安市淮陰區）人。《史記》卷九二有傳。　克趙：韓信與張耳領兵數萬擊趙，至井陘口，“出奇兵二千騎，共候趙空壁逐利，則馳入趙壁，皆拔趙旗，立漢赤幟二千”。趙軍見狀大驚，大亂逃遁。擒趙王歇。事見《史記·淮陰侯列傳》。

　　[4]廣固：城名。南燕都城。在今山東青州市西北。

　　[5]佐史：輔佐官員的統稱。亦爲公府僚屬泛稱。

　　[6]衆皆駭愕：各本並脱“衆”字，中華本據《元龜》卷七一六、《御覽》卷九一九引補。

　　[7]胡虜：南朝對北方少數民族之蔑稱。

　　[8]盧循：人名。字于先，范陽涿縣（今河北涿州市）人。晉末孫恩反晉軍領袖。　左里：城名。一名左蠡。在今江西都昌縣

西北。

[9]吳平：縣名。治所在今江西樟樹市西南。　五等子：子爵名。子爵等級之一，不食封。

[10]除：官制用語。即拜授官職。　正員郎：官名。編制以內的散騎侍郎，相對“員外”而言。

[11]轉：官制用語。指官吏調任，無升降。　寧遠將軍：官名。將軍名號。五品。　鄱陽：郡名。治所在今江西鄱陽縣北。

從伐劉毅。[1]毅初當之荆州，表求東道還京辭墓，[2]去都數十里，不過拜闕。高祖出倪塘會之。[3]藩勸於坐殺毅，高祖不從。至是謂藩曰：“昔從卿倪塘之謀，無今舉也。”又從征司馬休之，[4]復爲參軍，加建武將軍，[5]領游軍於江津。[6]徐逵之敗没，[7]高祖怒甚，即日於馬頭岸渡江，[8]而江津岸峭，壁立數丈，休之臨岸置陣，無由可登。高祖呼藩令上，藩有疑色，高祖奮怒，命左右錄來，欲斬之。藩不受命，顧曰：“藩寧前死耳！”以刀頭穿岸，劣容脚指，[9]於是徑上，隨之者稍多，既得登岸，殊死戰，賊不能當，引退。因而乘之，一時奔散。

[1]劉毅：人名。字希樂，彭城沛（今江蘇沛縣）人。《晋書》卷八五有傳。

[2]還京辭墓：回京口掃墓。此處京指京口。

[3]倪塘：地名。在今江蘇南京市江寧區東南。

[4]司馬休之：人名。字季預，河内溫（今河南溫縣）人，晋宗室。因反對劉裕而戰敗，降北魏。《晋書》卷三七有附傳，《魏書》卷三七有傳。

[5]加：官制用語。原職之外，增授其他職銜或虛銜。　建武將軍：官名。五武將軍之一。四品。

[6]江津：戍名。在今湖北荆州市沙市區西南。

[7]徐逵之：人名。東海郯（今山東郯城縣）人。事見本書卷七一有《徐湛之傳》。

[8]馬頭：城名。在今湖北公安縣西北。

[9]劣容腳指：略微能容下腳指。劣，通“略”。

　　高祖伐羌，[1]假藩寧朔將軍，[2]參太尉軍事，統別軍。至河東，[3]暴風漂藩重艦渡北岸，[4]索虜牽得此艦，[5]取其器物。藩氣厲心憤，率左右十二人，乘小船迸往河北。賊騎五六百見藩來，並笑之。藩素善射，登岸射，賊應弦而倒者十許人，賊皆奔退，悉收所失而反。又遣藩及朱超石等追索虜於半城，[6]虜騎數重，藩及超石所領皆割配新軍，不盈五千，率屬力戰，大破之。又與超石等擊姚業於蒲坂，[7]超石失利退還，藩收超石所捨資實，徐行而反，業不敢追。

[1]羌：西方少數民族，此指後秦政權。

[2]假：官制用語。代理、兼攝之意，其位低於正式官員。寧朔將軍：官名。原爲幽州地區軍政長官，兼管烏桓事務，宋時爲虛設。四品。

[3]河東：郡名。治所在今山西永濟市西南蒲州鎮。

[4]藩：據中華本考證，“藩”各本及《元龜》卷七二四同，《元龜》卷三四四作“輻”，疑是。

[5]索虜：南朝對鮮卑族所建北魏政權之蔑稱。因鮮卑族人頭有辮髮，故蔑稱爲索虜、索頭虜。

[6]朱超石：人名。沛郡沛人。本書卷四八有附傳。 半城：
地名。今地不詳。

[7]蒲坂：縣名。治所在今山西永濟市西南蒲州鎮。

高祖還彭城，[1]參相國軍事。時盧循餘黨與蘇淫賊
大相聚結，[2]以爲始興相。[3]論平司馬休之及廣固功，封
陽山縣男，[4]食邑五百户。少帝景平元年，[5]坐守東府，
開掖門，免官，尋復其職。元嘉四年，[6]遷建武將軍、
江夏内史。[7]七年，徵爲游擊將軍。[8]到彦之北伐，[9]南
兗州刺史長沙王義欣進據彭城，[10]藩出戍廣陵，行府州
事。[11]轉太子左衛率。[12]十年，卒，時年六十二，謚曰
壯侯。[13]

[1]彭城：郡名、縣名。今江蘇徐州市。

[2]蘇淫：人名。據中華本考證，《元龜》卷六七一作“蘇
溪”，似是。

[3]始興：郡國名。治所在今廣東韶關市東南蓮花嶺下。

[4]陽山：縣名。治所在今廣東陽山縣南連江之南。 縣男：
男爵名。爲開國縣男之省稱。

[5]景平：宋少帝劉義符年號（423—424）。

[6]元嘉：宋文帝劉義隆年號（424—453）。各本並脱“元嘉”
二字，中華本校勘記云：上有少帝景平元年，下有七年，景平無四
年，當爲文帝元嘉四年，故補。

[7]遷：官制用語。指官吏調動職務，有平遷、超遷之分。
江夏：郡國名。治所在今湖北武漢市武昌區。 内史：官名。掌管
王國民政。五品。

[8]徵：以禮召聘。 游擊將軍：官名。禁軍將領，掌宿衛。

四品。

[9]到彥之：人名。字道豫，彭城武原（今江蘇邳州市）人。《南史》卷二五有傳。

[10]南兗州：治所在今江蘇揚州市西北蜀崗上。　長沙：王國名。治所在今湖南長沙市。　義欣：人名。即劉義欣。宋武帝中弟劉道憐長子。本書卷五一有附傳。

[11]行：官制用語。指官缺未補，暫由他官兼攝其事。

[12]太子左衛率：官名。宿衛東宮，亦任征伐。五品。

[13]壯：謚號。按《謚法》：“兵甲亟作曰壯。”

　　子隆世嗣，官至西陽太守。[1]隆世卒，子乾秀嗣。藩庶子六十人，多不遵法度。藩第十四子遵世，爲臧質寧遠參軍，[2]去職還家，與孔熙先同逆謀，[3]太祖以藩功臣，不欲顯其事，使江州以他事收殺之。[4]二十四年，藩第十六子誕世、第十七子茂世率群從二百餘人攻破郡縣，殺太守桓隆之、令諸葛和之，[5]欲奉庶人義康。[6]值交州刺史檀和之至豫章，[7]討平之。誕世兄車騎參軍新興太守景世、景世弟寶世，[8]詣廷尉歸罪，[9]並徙遠州。乾秀奪國。世祖初，[10]徙者並得還。

[1]西陽：郡名。治所在今湖北黃岡市東。

[2]臧質：人名。字含文，東莞莒（今山東莒縣）人。本書卷七四有傳。

[3]孔熙先：人名。魯國（今山東曲阜市）人。事見本書卷六九《范曄傳》。

[4]江州：治所在今湖北黃梅縣西南。

[5]桓隆之：人名。其事不詳。本書卷六八《彭城王義康傳》

作“桓隆”，卷五與此處同。　諸葛和之：人名。本書《彭城王義康傳》作“諸葛智之”。

[6]義康：人名。即劉義康。小字車子，宋武帝劉裕子。因范曄等謀反事牽累，被免爲庶人。本書卷六八有傳。

[7]交州：治所在今越南北寧省仙遊縣東。　檀和之：人名。高平金鄉人。事見本書卷九七《夷蠻傳》。

[8]車騎：官名。車騎將軍或車騎大將軍之省稱，位在諸名號大將軍之上，驃騎之下，多作爲軍府名號加授大臣。　新興：郡名。治所在今湖北江陵縣東。

[9]廷尉：官名。主管司法詔獄。三品。

[10]世祖：宋孝武帝劉駿廟號。

劉康祖，彭城呂人。[1]世居京口。[2]伯父簡之，有志榦，爲高祖所知。高祖將謀興復，收集才力之士，嘗再造簡之，値有賓客。簡之悟其意，謂弟虔之曰：“劉下邳頻再來，[3]必當有意。既不得共語，汝可試往見之。”既至，高祖已克京城，虔之即便投義。簡之聞之，殺耕牛，會聚徒衆，率以赴高祖。簡之歷官至通直常侍，[4]少府，[5]太尉諮議參軍。[6]簡之弟謙之，好學，撰《晋紀》二十卷，義熙末，[7]爲始興相。東海人徐道期流寓廣州，[8]無士行，爲僑舊所陵侮。因刺史謝欣死，[9]合率群不逞之徒作亂，攻没州城，殺士庶素憾者百餘，傾府庫，招集亡命，出攻始興。謙之破走之，進平廣州，誅其黨與，仍行州事。即以爲振威將軍、廣州刺史。[10]後爲太中大夫。[11]虔之誕節，不營産業，輕財好施。高祖西征司馬休之、魯宗之等，[12]遣參軍檀道濟、朱超石步騎出襄陽，[13]虔之時爲江夏相，率府郡兵力出隄城，[14]

屯三連，立橋聚糧以待。道濟等積日不至，爲宗之子軌所襲，[15]衆寡不敵。參軍孫長庸流涕勸退軍，虔之厲色曰："我仗順伐罪，理無不克。如其不幸，命也。"戰敗見殺，追贈梁、秦二州刺史，[16]封新康縣男，[17]食邑五百户。

[1]吕：縣名。治所在今江蘇銅山縣東南吕梁鎮。

[2]京口：城名。又稱京城，即今江蘇鎮江市，東晋南朝時，徐州、南徐州先後設治所於此。

[3]劉下邳：即宋武帝劉裕。時任下邳太守。

[4]通直常侍：官名。通直散騎常侍之省稱，屬散騎省，參平尚書奏事，並掌諷諫、侍從。

[5]少府：官名。領左右尚書、東冶、南冶、平准等令、丞。三品。

[6]諮議參軍：官名。無定員，不常置，職掌不定。

[7]義熙：晋安帝司馬德宗年號（405—418）。

[8]東海：郡名。治所在今山東郯城縣北。

[9]謝欣：人名。本書卷六五《劉道産傳》作"謝道欣"。

[10]振威將軍：官名。五威將軍之一。四品。 廣州：治所在今廣東廣州市。

[11]太中大夫：官名。掌顧問應對，參謀議政，禄賜與卿相當。七品。

[12]魯宗之：人名。字彦仁，扶風郿（今陝西眉縣）人。事見本書卷七四《魯爽傳》。

[13]檀道濟：人名。高平金鄉（今山東嘉祥縣）人。本書卷四三有傳。 襄陽：地名。在今湖北襄陽市襄城區漢水南。

[14]滇城：地名。即滇口。在今湖北漢川市東北，滇水入漢江之口。

[15]軌：人名。即魯軌。一名象齒，扶風郿人，事見本書《魯爽傳》。

[16]梁：州名。治所在今陝西漢中市東。　秦：州名。又作"南秦州"，治所亦在今陝西漢中市東。

[17]新康縣男：男爵名。封邑在今湖南寧鄉縣西南。

康祖，虔之子也，襲封，爲長沙王義欣鎮軍參軍，轉員外散騎侍郎。便弓馬，膂力絕人，在閭里不治士業，以浮蕩蒱酒爲事。每犯法，爲郡縣所錄，輒越屋踰牆，莫之能禽。夜入人家，爲有司所圍守，康祖突圍而去，並莫敢追。因夜還京口，半夕便至，明旦，守門詣府州要職。俄而建康移書錄之，[1]府州執事者並證康祖其夕在京口，遂見無恙。前後屢被糾劾，太祖以勳臣子，[2]每原貸之。爲員外郎十年，再坐摴蒱戲免。[3]

[1]建康：城名。即今江蘇南京市。此處指中央政府。　移書錄之：下公文拘捕。

[2]太祖：宋文帝劉義隆廟號。

[3]摴蒱：古代賭搏的一種。

轉太子左積弩將軍，[1]隨射聲校尉裴方明西征仇池，[2]與方明同下廷尉，康祖免官。頃之，世祖爲豫州刺史，[3]鎮歷陽，[4]以康祖爲征虜中兵參軍，[5]既被委任，折節自修。轉太子翊軍校尉。[6]久之，遷南平王鑠安蠻府司馬。[7]

[1]太子左積弩將軍：官名。爲東宮侍從武官，員十人。

〔2〕射聲校尉：官名。爲侍衛武官，不領兵，仍隸中領軍（領軍將軍），用以安置勳舊武臣。四品。　裴方明：人名。河東（今山西夏縣）人。事見本書卷四七《劉懷肅傳》。　仇池：郡名。治所在今甘肅西和縣西南。此指元嘉十九年（442）征仇池氏帥楊難當，勝利後，裴方明因貪贓罪下獄死事。

〔3〕豫州：治所在今安徽壽縣。丁福林《校議》據本書卷五《文帝紀》、卷五一《營浦侯遵考傳》考證，時劉駿任南豫州刺史，而非豫州刺史。豫州時治歷陽。

〔4〕歷陽：縣名。治所在今安徽和縣。

〔5〕中兵參軍：官名。諸公、軍府僚屬之一，掌本府中兵曹事務，兼備參謀咨詢。

〔6〕太子翊軍校尉：官名。東宮侍從武官，爲太子三校尉之一，隸太子左右衛率，員七人。

〔7〕南平王：王爵名。王國在今湖北公安縣西北。　鑠：人名。即劉鑠。字休玄，宋文帝第四子。本書卷七二有傳。　安蠻：官名。安蠻校尉之省稱，掌南北交界地區的少數民族事務。　司馬：官名。軍府高級幕僚，掌參贊軍務，管理府內武職，位僅次於長史。

元嘉二十七年春，索虜托拔燾親率大衆攻圍汝南，[1]太祖遣諸軍救援，康祖總統爲前驅。軍次新蔡，[2]與虜戰，俱前百餘里，濟融水。[3]虜衆大至，奮擊破之，斬僞殿中尚書任城公乞地真，[4]去縣弧四十里，[5]燾燒營退走。轉左軍將軍。[6]太祖欲大舉北伐，康祖以歲月已晚，請待明年，上以河北義徒並起，若頓兵一周，沮向義之志，不許。其年秋，蕭斌、王玄謨、沈慶之等入河，[7]康祖率豫州軍出許、洛。[8]玄謨等敗歸，虜引大衆南度。南平王鑠在壽陽，[9]上慮爲所圍，召康祖速反。康祖回軍，未至壽陽數十里，會虜永昌王庫仁真以長安之衆八萬騎，[10]與康祖相及於尉武。[11]康祖凡有八千人，軍副胡盛之欲附山依險，[12]間行取至。康祖怒曰："吾受命本朝，清蕩河洛。寇今自送，不復遠勞王師，犬羊雖多，實易摧滅。吾兵精器練，去壽陽裁數十里，援軍尋至，亦何患乎。"乃結車營而進。虜四面來攻，大戰一日一夜，殺虜填積。虜分衆爲三，且休且戰，以騎負草燒車營。康祖率屬將士，無不一當百，虜死者太半。會矢中頸死，於是大敗，舉營淪覆，爲虜所殺盡，自免者裁數十人。虜傳康祖首示彭城，面如生。

[1]托拔燾：人名。即北魏太武帝。"拔"，下文作"跋"。《魏書》卷四有紀。　汝南：郡名。治所在今河南汝南縣。

[2]新蔡：縣名。治所在今河南新蔡縣。

[3]融水：水名。《魏書》卷四一《李孝伯傳》作"翻水"。孫彪《考論》云："案《水經》，其地唯有翻水，則作'翻'爲是。"

[4]殿中尚書：官名。領宮中兵馬，典宮禁宿衛及倉庫。或曰領殿中、直事、三公、駕部四郎曹。三品。　任城公：公爵名。公國在今山東濟寧市南。

[5]縣瓠：城名。一作"懸瓠"，在今河南汝南縣。

[6]左軍將軍：官名。多以軍功得官，爲侍衛武職。四品。

[7]蕭斌：人名。南蘭陵（今江蘇常州市武進區）人。事見本書卷七八《蕭思話傳》。　王玄謨：人名。字彦德，太原祁（今山西祁縣）人。本書卷七六有傳。　沈慶之：人名。吳興武康（今浙江德清縣）人。本書卷七七有傳。

[8]許：地名。在今河南許昌市。　洛：地名。在今河南洛

陽市。

[9]壽陽：縣名。治所在今安徽壽縣。

[10]永昌王：王爵名。王國在今河南洛寧縣西。　庫仁真：人名。《通鑑》作"永昌王仁"，即拓跋仁。拓跋燾之姪，永昌王健之子。《魏書》卷一七有附傳。　長安：縣名。治所在今陝西西安市。

[11]尉武：地名。今址不詳。《通鑑考異》曰："《北史·拓跋崙傳》：尉武，亭名，劉康祖戰於此。"

[12]軍副：官名。軍的副長官，協助軍主管理軍務。　胡盛之：人名。官至中兵參軍，後被北魏生俘。

　　胡盛之爲虜生禽，托跋燾寵之，常在左右。盛之有勇力，初爲長沙王義欣鎮軍參軍督護，[1]討劫譙郡，[2]縣西劫有馬步七十，逃隱深榛，盛之挺身獨進，手斬五十八級。

[1]參軍督護：官名。三公府、諸王府、持節都督府及將軍開府皆設，不領營兵，在長兼行參軍之下。

[2]譙郡：治所在今安徽蒙城縣。

　　二十八年，詔曰："康祖班師尉武，戎律靡忒。對衆以寡，殲殄太半。猛氣雲騰，志申力屈，没世徇節，良可嘉悼。宜加甄寵，以旌忠烈。可贈益州刺史，[1]謚曰壯男。"[2]傳國至齊受禪，國除。

[1]益州：治所在今四川成都市。

[2]壯：謚號。　男：爵名。

垣護之字彥宗，略陽桓道人也。[1]祖敞，仕苻氏，[2]爲長樂國郎中令。[3]慕容德入青州，[4]以敞爲車騎長史。[5]德兄子超襲僞位，[6]伯父遵、父苗復見委任。遵爲尚書，苗京兆太守。[7]高祖圍廣固，遵、苗踰城歸降，並以爲太尉行參軍。[8]太祖元嘉中，遵爲員外散騎常侍，[9]苗屯騎校尉。[10]

[1]略陽：郡名。治所在今甘肅秦安縣東南。　桓道：縣名。治所在今甘肅隴西縣東南。

[2]苻氏：指十六國前秦政權。

[3]長樂國：王國名。治所在今河北冀州市。　郎中令：官名。爲王國三卿之一，地位頗重。公、侯等國亦或置，品秩隨國主地位高低不等。

[4]慕容德：人名。十六國南燕君主，鮮卑族。《晋書》卷一二七有載記。　青州：治所在今山東青州市。

[5]車騎長史：官名。車騎將軍府幕僚長。千石。

[6]超：人名。即慕容超。十六國南燕君主，鮮卑人。《晋書》卷一二八有載記。

[7]京兆：南燕僑郡名。今址不詳。

[8]太尉行參軍：官名。劉裕太尉府的幕僚，不署曹，員額不定。品秩例低於參軍。

[9]員外散騎常侍：官名。初爲正員之外添差之散騎常侍，無員數，後爲定員官。屬散騎省，雖是閑職，仍爲顯官。

[10]屯騎校尉：官名。隸中領軍（領軍將軍），領宿衞營兵。四品。

護之少倜儻，不拘小節，形狀短陋，而氣幹强果。

從高祖征司馬休之。爲世子中軍府長史，[1]兼行參軍。永初中，[2]補奉朝請。[3]元嘉初，爲殿中將軍。[4]隨到彥之北代，彥之將回師，護之爲書諫曰：“外聞節下欲回師反斾，竊所不同。何者？殘虜畏威，望風奔迸，八載侵地，不戰克復。方當長驅朔漠，窮掃遺醜，況乃自送，無假遠勞。宜使竺靈秀速進滑臺助朱脩之固守，[5]節下大軍進擬河北，則牢、洛遊魂，[6]自然奔退。且昔人有連年攻戰，失衆乏糧者，猶張膽爭前，莫肯輕退。況今青州豐穰，濟漕流通，[7]士馬飽逸，威力無損。若空棄滑臺，坐喪成業，豈是朝廷受任之旨。”彥之不納，散敗而歸。太祖聞而善之，以補江夏王義恭征北行參軍、北高平太守。[8]以載禁物繫尚方，[9]久之蒙宥。又補衡陽王義季征北長流參軍，[10]遷宣威將軍、鍾離太守。[11]

[1]世子中軍府長史：官名。世子屬下中軍府的幕僚長，掌府中庶務。世子，繼承王位、公爵位者爲世子，多由嫡長子充任。此指劉裕長子劉義符（少帝）。

[2]永初：宋武帝劉裕年號（420—422）。

[3]補：官制用語。即遞補、委任官職。　奉朝請：官名。爲散騎（集書）省屬官，安置閑散官員。

[4]殿中將軍：官名。爲侍衛武職，不典兵。六品。

[5]竺靈秀：人名。官至寧遠將軍、兗州刺史，後有罪被殺。滑臺：城名。在今河南滑縣東舊滑縣址。　朱脩之：人名。字恭祖，義陽平氏（今河南桐柏縣）人。本書卷七六有傳。

[6]牢、洛：三朝本作“牢洛”，北監本、毛本、殿本、局本作“牢落”。中華本校勘記云：“三朝本是。牢謂虎牢，洛謂洛陽。

‘牢洛’本書屢見。”虎牢，關名。在今河南滎陽市西北汜水鎮。

    [7]濟：水名。即古濟水。爲四瀆之一。源出河南濟源市西王屋山，穿黃河在山東入海。

    [8]江夏王：王爵名。王國在今湖北武漢市武昌區。　義恭：人名。即劉義恭。宋武帝劉裕子。本書卷六一有傳。　征北：官名。征北將軍之簡稱。三品。若爲持節都督，二品。　北高平：郡名。治所在今山東鄒平縣西南。

    [9]尚方：官署名。掌使役工徒，製作精美御用物品。

    [10]衡陽王：王爵名。王國在今湖南株洲市西南。　義季：人名。即劉義季，宋武帝劉裕子。本書卷六一有傳。　征北：官名。征北大將軍之簡稱。二品。　長流參軍：官名。長流賊曹參軍之簡稱。

    [11]宣威將軍：官名。爲雜號將軍。　鍾離：郡名。治所在今安徽鳳陽縣東北。

    隨王玄謨入河，玄謨攻滑臺，護之百舸爲前鋒，進據石濟。[1]石濟在滑臺西南百二十里。及虜救至，又馳書勸玄謨急攻，曰：“昔武皇攻廣固，死没者亦衆。况事殊曩日，豈得計士衆傷疲，願以屠城爲急。”不從。玄謨敗退，不暇報護之。護之聞知，而虜悉已牽玄謨水軍大艒，連以鐵鏁三重斷河，欲以絶護之還路。[2]河水迅急，護之中流而下，每至鐵鏁，以長柯斧斷之，虜不能禁。唯失一舸，餘舸並全。留戍靡溝城。[3]

    [1]石濟：津名。一名棘津、南津。在今河南滑縣西南古黃河上。

    [2]還路：各本並脱“還”字。中華本據《南史》、《類聚》卷

七一引、《御覽》卷七七〇引、《元龜》卷四一四、《通鑑》宋文帝
元嘉二十七年等補。

[3]靡溝城：城名。在今山東濟南市長清區境。按：當是糜溝
城，"糜""靡"形似而誤。

　　還爲江夏王義恭驃騎户曹參軍，[1]戍淮陰。[2]加建武
將軍，領濟北太守。[3]率二千人復隨張永攻碻磝，[4]先據
委粟津。[5]虜杜道儁與僞尚書伏連來援碻磝，[6]護之拒
之，賊因引軍東去。蕭思話遣護之迎軍至梁山，[7]僞尚
書韓元興率精騎卒至，[8]護之依險拒戰，斬其都軍長
史，[9]甲首數十，賊乃退。思話將引還，誑護之云："沈
慶之救軍垂至，可急於濟口立橋。"[10]護之揣知其意，
即分遣白丁。[11]思話復令度河戍乞活堡以防追軍。[12]三
十年春，太祖崩，還屯歷下。[13]聞世祖入討，率所領馳
赴，上嘉之，以爲督冀州青州之濟南樂安太原三郡諸軍
事、寧遠將軍、冀州刺史。[14]

　　[1]驃騎：官名。驃騎大將軍、驃騎將軍的簡稱。義恭曾降號
驃騎將軍。居諸名號將軍之首，無具體職掌。二品、三品。　　户
曹：官署名。王府、公府、將軍府諸曹之一，掌民户、祠社、農桑
事。設參軍主曹事。
　　[2]淮陰：縣名。治所在今江蘇淮安市西南甘羅城。
　　[3]濟北：郡名。治所在今山東肥城市。
　　[4]張永：人名。字景雲，吳郡吳（今江蘇蘇州市）人。本書
卷五三有附傳。　　碻磝：城名。在今山東茌平縣西南古黃河南岸。
　　[5]委粟津：地名。在今河南范縣東古黃河上。
　　[6]杜道儁：人名。北魏平南將軍、南康公。"杜"各本並作

“壯”，中華本據《元龜》卷三六三改。孫彪《考論》云：“壯當作杜。魏平南將軍南康公杜道雋也。”

[7]蕭思話：人名。南蘭陵（今江蘇常州市武進區）人。本書卷七八有傳。　梁山：山名。在今山東梁山縣南東平湖西。

[8]韓元興：人名。任北魏尚書，本書二見，餘事不詳。《魏書》無傳。

[9]都軍長史：官名。蓋同都軍主，北魏置在邊鎮統兵，屬鎮將。

[10]濟口：地名。又稱清口，濟水出巨野澤口。在今山東梁山縣南。

[11]白丁：未隸兵籍的成年人。

[12]乞活堡：流民“乞活”建立的塢堡。　追：各本並作“衆”，中華本據《元龜》卷三六三改。

[13]歷下：地名。在今山東濟南市歷下區。

[14]督諸軍事：官名。地區軍政長官，位在都督或監諸軍事之下。　冀州：僑州名。治所在今山東濟南市。　青州：按各本並無“青州”二字。錢大昕《考異》云：“是時冀州寄治歷城。而濟南、樂安、太原三郡，乃在青州管内，常以冀州刺史兼督之。另《張永》《申恬傳》並云：‘督冀州青州之濟南樂安太原三郡諸軍事、冀州刺史。’可證也。此冀州下，當有‘青州’二字。”中華本以錢大昕説爲是，據補。　濟南：郡名。治所在今山東濟南市。　樂安：郡名。治所在今山東廣饒縣北。　太原：郡名。治所在今山東濟南市長清區境。

孝建元年，[1]南郡王義宣反，[2]兗州刺史徐遺寶，[3]護之妻弟也，遠相連結，與護之書，勸使同逆。護之馳使以聞。遺寶時戍湖陸，[4]護之留子恭祖守歷城，[5]自率步騎襲遺寶。道經鄒山，[6]破其別戍。未至湖陸六十里，遺寶焚城西走。

[1]孝建：宋孝武帝劉駿年號（454—456）。

[2]南郡王：王爵名。王國在今湖北荆州市荆州區。　義宣：人名。即劉義宣。宋武帝劉裕子。本書卷六八有傳。

[3]兗州：治所在今山東兗州市。　徐遺寶：人名。字石儁，高平金鄉人。事見本書卷六八《南郡王義宣傳》。

[4]湖陸：縣名。治所在今山東魚臺縣東南。

[5]歷城：縣名。即歷下。治所在今山東濟南市歷下區。

[6]鄒山：山名。即鄒嶧山。在今山東鄒城市東南。

兗土既定，徵爲游擊將軍。隨沈慶之等擊魯爽，[1]加輔國將軍。[2]義宣率大衆至梁山，[3]與王玄謨相持。柳元景率護之及護之弟詢之、柳叔仁、鄭琨等諸軍，[4]出鎮新亭。[5]玄謨見賊强盛，遣司馬管法濟求救甚急。上遣元景等進據南州，[6]護之水軍先發。賊遣將龐法起率衆襲姑孰，[7]適值護之、鄭琨等至，奮擊，大破之，斬獲及投水死略盡。玄謨馳信告元景曰：“西城不守，唯餘東城，衆寡相懸，請退還姑孰，更議進取。”元景不許，將悉衆赴救，護之勸分軍援之。元景然其計，乃以精兵配護之赴梁山。及戰，護之見賊舟艦累沓，[8]謂玄謨曰：“今當以火平之。”即使隊主張談等燒賊艦，[9]風猛水急，賊軍以此奔散。梁山平，護之率軍追討，會朱脩之已平江陵，[10]至尋陽而還。[11]遷督徐兗二州豫州之梁郡諸軍事、寧朔將軍、徐州刺史，[12]封益陽縣侯，[13]食邑千户。

［1］魯爽：人名。小名女生，扶風郿人。本書卷七四有傳。

［2］輔國將軍：官名。將軍名號。三品。

［3］梁山：山名。即今安徽和縣南長江西岸西梁山。

［4］柳元景：人名。字孝仁，河東解（今山西臨猗縣）人。本書卷七七有傳。　柳叔仁：人名。元景弟。事見本書《柳元景傳》。鄭琨：人名。滎陽開封（今河南開封市）人，官至高平太守。

［5］新亭：地名。在今江蘇南京市南。

［6］南州：地名。即姑孰。在今安徽當塗縣。

［7］龐法起：人名。曾任略陽太守，後爲臧質將。

［8］累沓：接連重叠。各本並作“景水”，中華本據《元龜》卷三六三改。

［9］隊主：官名。軍事編制隊的主將，下設隊副，上屬軍主。

［10］江陵：縣名。治所在今湖北荆州市荆州區。

［11］尋陽：郡名。治所在今江西九江市西南。

［12］徐州：治所在今江蘇徐州市。　梁郡：治所在今安徽碭山縣。

［13］益陽：縣名。治所在今湖南益陽市。　縣侯：侯爵名。爲開國縣侯之省稱。

　　弟詢之，驍敢有氣力，元凶夙聞其名，[1]以副輔國將軍張柬。[2]時張超首行大逆，[3]亦領軍隸柬。詢之規殺之，慮柬不同，[4]柬宿有此志，又未測詢之同否，[5]互相觀察。會超來論事，柬色動，詢之覺之，即共定謀，遣信召超。超疑之不至，改宿他所。詢之不知其移，遛斫之，殺其僕於牀，因與柬南奔。柬溺淮死，詢之得至。時世祖已即位，以爲積弩將軍。[6]梁山之役力戰，爲流矢所中，死，追贈冀州刺史。

〔1〕元凶：即劉劭。宋文帝劉義隆長子，殺父登帝位，凶殘無道。本書卷九九有傳。

〔2〕張柬：人名。吳郡吳人。事見本書卷四六《張敷傳》。

〔3〕張超：人名。其親手殺宋文帝。中華本校勘記云："《二凶傳》作'張超之'。南北朝人名後之'之'字，有時可省去。"

〔4〕慮柬不同：各本並脫"柬不同"三字，中華本據《南史》、《元龜》卷三七一補。

〔5〕未：各本並脫"未"字，中華本據《元龜》卷三七一補。

〔6〕積弩將軍：官名。丁福林《校議》引《南史》卷二五《垣護之傳》作"積射將軍"。查本書《百官志》無積弩將軍之職。

　　二年，護之坐論功挾私，免官。復爲游擊將軍。俄遷大司馬，[1]輔國將軍，領南東海太守。[2]未拜，復督青冀二州諸軍事、寧遠將軍、青冀二州刺史，鎮歷城。明年，進號寧朔將軍，進督徐州之東莞、東安二郡軍事。[3]世祖以歷下要害，欲移青州并鎮歷城，議者多異。護之曰："青州北有河、濟，又多陂澤，非虜所向。每來寇掠，必由歷城，二州并鎮，此經遠之略也。北又近河，歸順者易，近息民患，遠申王威，安邊之上計也。"由是遂定。

〔1〕大司馬：官名。多爲大臣加官，八公之一，居三公之上，三師之下，開府置僚屬。多用作贈官。一品。錢大昕《考異》云："大司馬下，當有脫文，是時江夏王義恭以大司馬領南徐州刺史，除護之爲大司馬僚佐兼郡守，非遷大司馬也。"

〔2〕領：官制用語。多爲暫攝之意，常有以卑官領高職，以白衣領某職者。　南東海：郡名。治所在今江蘇鎮江市。

[3]東莞：郡名。治所在今山東莒縣。　東安：郡名。治所在今山東沂源縣東南。中華本校勘記云：“各本‘東安’二字並空白，據錢氏《考異》説補。《廿二史考異》云：‘時垣護之以青、冀二州刺史鎮歷城。故事，青州刺史常兼督徐州之東安、東莞二郡，則此闕文，當爲“東安”二字。’孫彪《宋書考論》亦云：‘闕處是“東安”二字，《杜驥》《顔師伯傳》可證。’”

大明三年，[1]徵爲右衛將軍。[2]還，於道聞司空竟陵王誕於廣陵反叛，[3]護之即率部曲受車騎大將軍沈慶之節度。事平，轉西陽王子尚撫軍司馬、臨淮太守。[4]明年，出爲使持節、督豫司二州諸軍事、輔國將軍、豫州刺史、淮南太守，[5]復隸沈慶之伐西陽蠻。[6]護之所莅多聚斂，賄貨充積。七年，坐下獄，免官。明年，復起爲太中大夫，[7]未拜，其年卒，時年七十，謚曰壯侯。前廢帝永光元年，[8]追贈冠軍將軍、豫州刺史。[9]

[1]大明：宋孝武帝劉駿年號（457—464）。

[2]右衛將軍：官名。爲禁衛軍主要統帥之一。四品。

[3]司空：官名。爲名譽宰相，多爲大臣加官。無實際職掌。一品。　竟陵王：王爵名。王國在今湖北鍾祥市。　誕：人名。即劉誕。字休文，宋文帝劉義隆第六子。本書卷七九有傳。

[4]西陽王：王爵名。王國在今湖北黄岡市東。　子尚：人名。即劉子尚。字孝師，宋孝武帝劉駿次子。後改封豫章王。本書卷八〇有傳。　撫軍：官名。撫軍將軍之簡稱，位比四鎮將軍。三品。　臨淮：郡名。治所在今江蘇泗洪縣。

[5]使持節：官名。重要軍事長官出征或出鎮時，加使持節，可誅殺二千石以下官員。　司：州名。治所在今河南信陽市。　淮

南：僑郡名。治所在今安徽當塗縣。

　[6]西陽蠻：族名。古代居住在今河南光山縣一帶的少數民族。

　[7]太中大夫：官名。無職掌。禄賜與卿相當。七品。

　[8]永光：宋前廢帝劉子業年號（465）。

　[9]冠軍將軍：官名。將軍名號。三品。

　　子承祖嗣。承祖卒，子顯宗嗣。齊受禪，國除。護之次子恭祖，勇果有父風。太宗泰始初，[1]以軍功爲梁、南秦二州刺史。

　[1]太宗：宋明帝劉彧廟號。　泰始：宋明帝劉彧年號（465—471）。

　　遵子閬，元嘉中，爲員外散騎侍郎。母墓爲東阿寺道人曇洛等所發，閬與弟殿中將軍閦共殺曇洛等五人。詣官歸罪，見原。閬，大明三年，自義興太守爲寧朔將軍、兖州刺史，[1]爲竟陵王誕所殺。追贈征虜將軍、刺史如故。

　[1]義興：郡名。治所在今江蘇宜興市。

　　閦，順帝昇明末，[1]右衛將軍。

　[1]昇明：宋順帝劉準年號（477—479）。

　　張興世字文德，竟陵竟陵人也。本單名世，太宗益爲興世。少時家貧，南郡宗珍之爲竟陵郡，[1]興世依之爲客。竟陵舊置軍府，以補參軍督護，不就。白衣隨王玄謨伐蠻，[2]每戰，輒有禽獲，玄謨舊部曲諸將不及也，甚奇之。還都，白太祖，稱其膽力。[3]

［1］南郡：治所在今湖北荆州市荆州區。

［2］白衣：指無官職的士人。

［3］還都，自太祖，稱其膽力：中華本校勘記云："'還都'上，各本並有'興世'二字，據《册府元龜》七二四刪。張森楷《校勘記》云：'興世二字衍文。此言王玄謨稱興世膽力於文帝之前也。'"

後隨世祖鎮尋陽，以補南中郎參軍督護。[1]入討元凶，隸柳元景爲前鋒，事定，轉員外將軍，[2]領從隊。南郡王義宣反，又隨玄謨出梁山，有戰功。除建平王宏中軍行參軍，[3]領長刀。又隸西平王子尚爲直衛。[4]坐從子尚入臺，[5]棄仗游走，下獄免官。復以白衣充直衛。

［1］南中郎：官名。南中郎將之簡稱，多帥師征戰，職權頗重，多用宗室。四品。

［2］員外將軍：官名。爲殿中員外將軍之省稱，即正員之外添授的殿中將軍，職掌與殿中將軍同。

［3］建平：王國名。王國在今重慶巫山縣。　宏：人名。即劉宏。字休度，宋文帝劉義隆第七子。本書卷七二有傳。

［4］西平王：王爵名。本書卷八〇《豫章王子尚傳》云子尚初封西陽王，後改封豫章王。本卷《垣護之傳》亦作"西陽王"，此處蓋有誤。　直衛：官名。負責出入侍衛。

［5］臺：朝廷禁省及中樞政權機構的代稱。

　　大明末，除員外散騎侍郎，仍除宣威將軍、隨郡太守。[1]未行，太宗即位，四方反叛。進興世號龍驤將軍，[2]領水軍，距南賊於赭圻。[3]築二城於湖口，[4]儷龍驤將軍陳慶領舸於前爲游軍。興世率龍驤將軍佼長生、董凱之攻克二城，[5]因擊慶，慶戰大敗，投水死者數千人。時臺軍據赭圻，南賊屯鵲尾，[6]相持久不決。興世建議曰："賊據上流，兵强地勝。我今雖相持有餘，而制敵不足。今若以兵數千，潛出其上，因險自固，隨宜斷截，使其首尾周遑，進退疑沮，中流一梗，糧運自艱。制賊之奇，莫過於此。"沈攸之、吳喜並贊其計。[7]時豫州刺史殷琰據壽陽同逆，[8]爲劉勔所攻，[9]南賊遣龐孟虯率軍助琰，[10]劉勔遣信求援甚急。建安王休仁欲遣興世救之，[11]問沈攸之，攸之曰："孟虯蟻寇，必無能爲。遣別將馬步數千，足以相制。若有意外，且以江西餌之。上流若捷，[12]不憂不殄。興世之行，是安危大機，必不可輟。"乃遣段佛榮等援勔。[13]

[1]隨郡：治所在今湖北隨州市。

[2]龍驤將軍：官名。地位較高。三品。

[3]赭圻：城名。在今安徽繁昌縣西北長江南岸。

[4]湖口：地名。即今江西鄱陽湖入長江之口。中華本校勘記云："按下文云興世攻克二城，則此二城乃非興世所築。孫彪《宋書考論》云：'築上當云賊。《鄧琬傳》曰，孫沖之等於湖白口築二城。'"

[5]興世率龍驤將軍佼長生、董凱之攻克二城：前云興世號龍驤將軍，此云率龍驤將軍佼長生、董凱之，疑有誤。本書卷八三、

八四所載，佼長生未曾任過龍驤將軍，而董凱之也是在此戰之後纔稱龍驤將軍。佼長生，人名。廣平（今河南鄧州市東南）人。本書卷八三有附傳。董凱之，人名。後爲龍驤將軍，虎賁中郎將。

[6]鵲尾：地名。指今安徽繁昌縣東北三山。

[7]沈攸之：人名。字仲達，吳興武康人。本書卷七四有傳。
吳喜：人名。吳興臨安（今浙江臨安市）人。本書卷八三有傳。

[8]殷琰：人名。陳郡長平（今河南西華縣）人。本書卷八七有傳。中華本校勘記云：“‘殷琰’下各本並衍‘之’字，今删去。”

[9]劉勔：人名。字伯猷，彭城人。本書卷八六有傳。

[10]龐孟虯：人名。曾任虎賁主，隨顔師伯大破魏軍，升屯騎校尉，遷義陽内史，晋安王子勛反明帝，起而響應，戰敗被殺。

[11]建安王：王爵名。王國在今福建建甌市南松溪南岸。　休仁：人名。即劉休仁。宋文帝劉義隆第十二子。本書卷七二有傳。

[12]捷：各本並作“據”，中華本據《元龜》卷四〇三改。

[13]段佛榮：人名。京兆（今陝西西安市）人。本書卷八四有附傳。

興世欲率所領直取大雷，[1]而軍旅未集，不足分張。會薛索兒平定，[2]太宗使張永以步騎五千留戍盱眙，[3]餘衆二萬人悉遣南討。山陽又尋平，徵阮佃夫所領諸軍，[4]悉還南伐，衆軍大集。乃分戰士七千配興世，興世乃令輕舸泝流而上，旋復回還，一二日中，輒復如此，使賊不爲之備。劉胡聞興世欲上，[5]笑之曰：“我尚不敢越彼下取揚州，[6]張興世何物人，欲輕據我上！”興世謂攸之等曰：“上流唯有錢谿可據，[7]地既險要，江又甚狹，去大衆不遠，應赴無難。江有洄洑，船下必來泊，岸有橫浦，[8]可以藏船舸，二三爲宜。"乃夜渡湖口，至鵲頭，[9]因復回下疑之。其夜四更，值風，仍舉颿直前。賊亦遣胡靈秀諸軍，[10]於東岸相翼而上。興世夕住景江浦宿，賊亦不進。夜潛遣黃道標領七十舸，徑據錢谿，營立城柴。明旦，興世與軍齊集。停一宿，劉胡自領水步二十六軍平旦來攻。將士欲迎擊之，興世禁曰：[11]"賊來尚遠，而氣盛矢驟，驟既力盡，盛亦易衰，此曹劌之所以破齊也。"[12]令將士不得妄動，治城如故。俄而賊來轉近，舫入洄洑，興世乃命壽寂之、任農夫率壯士數百擊之，[13]衆軍相繼進，胡於是敗走。斬級數百，投水者甚衆，胡收軍而下。

[1]大雷：戍名。在今安徽望江縣。

[2]薛索兒：人名。河東汾陰（今山西萬榮縣）人。事見本書卷八八《薛安都傳》。

[3]盱眙：縣名。治所在今江蘇盱眙縣東北都梁山東北麓。

[4]山陽：縣名。治所在今江蘇淮安市。　阮佃夫：人名。會稽諸暨（今浙江諸暨市）人。本書卷九四有傳。

[5]劉胡：人名。本名坳胡，南陽涅陽（今河南鄧州市東）人。事見本書卷八四《鄧琬傳》。

[6]揚州：治所在今江蘇南京市。

[7]錢谿：水名。又名梅根渚。即今安徽池州市貴池區東北長江支流梅埂河。

[8]橫浦：水名。又稱橫江。源出於今江西大餘縣南大庾嶺，東北流入贛江。

[9]鵲頭：山名。即今安徽銅陵縣北鵲頭山。"鵲頭"各本並作"散頭"，中華本據《元龜》卷二一六改。

[10]胡靈秀：人名。本書共三見，均記此一事，餘事不詳。

[11]興世禁曰：中華本校勘記云：「'禁'字下，《册府元龜》二一六、《通鑑》宋明帝泰始二年有'之'字，是。」

[12]曹劌：人名。一作"曹沫"。春秋時期魯國（國都在今山東曲阜市）人。魯莊公十年（前684），隨莊公與齊軍戰於長勺，待齊軍三鼓，始鳴鼓進攻，遂勝齊。事見《左傳》莊公十年。

[13]壽寂之：人名。不知何地人氏。本書卷九四有附傳。　任農夫：人名。臨淮（今江蘇泗洪縣）人。本書卷八三有附傳。

時興世城壘未固，司徒建安王休仁慮賊并力更攻錢谿，[1]欲分其形勢，命沈攸之、吳喜、佼長生、劉靈遺等以皮艦二十，[2]攻賊濃湖，[3]苦戰連日，斬獲千數。是日，劉胡果率衆軍，欲更攻興世。未至錢谿數十里，袁顗以濃湖之急遽追之，[4]錢溪城柴由此得立。賊連戰轉敗，興世又遏其糧道，尋陽遣運至南陵，[5]不敢下，賊衆漸饑。劉胡乃遣顗安北府司馬、僞右軍沈仲玉領千人步取南陵，[6]迎接糧運。仲玉至南陵，領米三十萬斛，錢布數十舫，竪榜爲城，規欲突過。行至貴口，[7]不敢進，遣間信報胡，令遣重軍援接。興世、壽寂之、任農夫、李安民等三千人至貴口擊之，與仲玉相值。交戰盡日，仲玉走還顗營，悉虜其資實，賊衆大敗，胡棄軍遁走，顗仍亦奔散。興世率軍追討，與吳喜共平江陵。遷左軍將軍，[8]尋爲督豫司二州、南豫州之梁郡諸軍事，[9]封作唐縣侯，[10]食邑千户。

[1]司徒：官名。爲名譽宰相。即使不設司徒一職，其府仍存在，處理全國日常行政事務，考核地方官吏，督課州郡農桑，領全

國名數戶口簿籍等。一品。

　　［2］劉靈遺：人名。襄陽（今湖北襄陽市襄城區）人。事見本書卷八四《鄧琬傳》。

　　［3］濃湖：地名。在今安徽繁昌縣西。

　　［4］袁顗：人名。字景章，陳郡陽夏（今河南太康縣）人。本書卷八四有傳。

　　［5］南陵：地名。在今安徽池州市貴池區西南。

　　［6］安北：官名。安北將軍之簡稱。三品。　沈仲玉：人名。吳興武康人。事見本書卷一〇〇《自序》。

　　［7］貴口：城名。在今安徽池州市貴池區西北池口鎮。

　　［8］左軍將軍：官名。多以軍功得官，無員限，爲侍衛武職。四品。

　　［9］南豫州：治所在今安徽和縣。　梁郡：治所在今安徽壽縣。　之梁：二字各本並作“六”一字。孫彪《考論》云：“六字當作之梁二字。據《殷琰》及《山陽王休祐傳》，豫州刺史必帶督南豫州之梁郡。梁郡即壽春，爲豫州治，而又屬南豫不屬豫州故也。”按孫説是，據改。

　　［10］作唐縣侯：侯爵名。侯國在今湖南安鄉縣北。

　　徵爲游擊將軍。海道北伐，假輔國將軍，加節置佐，無功而還。四年，遷太子右衛率，又以本官領驍騎將軍，[1]與左衛將軍沈攸之參員置。[2]五年，轉左衛將軍。六年，中領軍劉勔當鎮廣陵，[3]興世權兼領軍。泰豫元年，[4]爲持節、督雍梁南北秦郢州之竟陵隨二郡諸軍事、冠軍將軍、雍州刺史，[5]尋加寧蠻校尉。[6]桂陽王休範反，[7]興世遣軍赴朝廷，未發而事平，進號征虜將軍。廢帝元徽三年，[8]徵爲通直散騎常侍、左衛將軍。[9]

五年，以疾病徙光禄大夫，[10]常侍如故。順帝昇明二
年，卒，時年五十九。追贈本官。

[1]驍騎將軍：官名。擔任宿衛之任，爲護衛皇帝宮廷的主要
將領之一。四品。

[2]左衛將軍：官名。爲禁衛軍主要統帥之一，權任很重。多
由皇帝親信者擔任。四品。　參員置：屬員交差設置。

[3]中領軍：官名。掌京師駐軍及禁軍。三品。

[4]泰豫：宋明帝劉彧年號（472）。

[5]持節：官名。使臣外出時持有皇帝授予的節杖，以示威權。
軍事長官出征或出鎮時，加持節即可殺無官位之人，在軍事行動中
可誅殺二千石以下官員。　雍州：治所在今湖北襄陽市襄城區。
北秦：州名。治所在今甘肅隴南市武都區東南。　郢州：治所在今
湖北武漢市武昌區。

[6]寧蠻校尉：官名。掌管雍州的少數民族事務，領兵，設府
於襄陽。多由其他將軍或刺史兼任。

[7]桂陽王：王爵名。王國在今湖南郴州市。　休範：人名。
即劉休範。宋文帝劉義隆第十八子。本書卷七九有傳。

[8]元徽：宋後廢帝劉昱年號（473—477）。

[9]通直散騎常侍：官名。職同散騎常侍，參平尚書奏事，掌
諷諫、侍從。屬集書省，多以衰老之士擔任。

[10]光禄大夫：官名。屬光禄勳。常授予致仕官員，無具體職
掌。三品。

興世居臨沔水，[1]沔水自襄陽以下，至于九
江，[2]二千里中，先無洲嶼。興世初生，當其門前水
中，一旦忽生洲，年年漸大。及至興世爲方伯，而
洲上遂十餘頃。父仲子，由興世致位給事中，[3]興世

欲將往襄陽，愛戀鄉里，不肯去。嘗謂興世：“我雖田舍老公，樂聞鼓角，可送一部，行田時吹之。”興世素恭謹畏法憲，譬之曰：“此是天子鼓角，非田舍老公所吹。”興世欲拜墓，仲子謂曰：“汝衛從太多，先人必當驚怖。”興世減撤而後行。

[1]沔水：水名。即今漢江及湖北武漢市以下之長江。

[2]九江：衆水名。指江西贛江及其八大支流。

[3]給事中：官名。隸集書省，位在通直散騎侍郎下，員外散騎侍郎上。五品。各本並脫“中”字，中華本據《南史》、《御覽》卷五一一補。

興世子欣業，[1]當嗣封，會齊受禪，國除。

[1]興世子欣業：張熷《礜正》云：“欣業當從《南史》作欣泰。”張森楷《校勘記》云：“欣業當作欣華，欣華見《南齊書·張欣泰傳》。”中華本校勘記云：“張興世諸子，欣業見此，欣華、欣泰、欣時見《南齊書》及《南史》。疑有欣業其人，不必改欣華、欣泰。”

史臣曰：兵固詭道，勝在用奇。當二帝爭雄，天人之分未決，南北連兵，相阨而不得進者，半歲矣。蓋乃趙壁拔幟之機，[1]官渡燌師之日，[2]至於鵲浦投戈，實興世用奇之力也。建斾垂組，豈徒然哉！

[1]趙壁拔幟：典出《史記》卷九二《淮陰侯列傳》。韓信爲背水陣，趙軍空壁擊信軍，韓信出奇兵二千馳入趙壁，皆拔趙旗，

立漢赤幟二千。趙軍攻韓信不勝，欲還趙壁，見壁上皆漢赤幟，大
驚而潰敗。

〔2〕官渡：地名。在今河南中牟縣北。漢魏之際曹操在此以弱
勝强，擊敗袁紹。　熸師：即殲師。《左傳》襄公二十六年，"王
夷師熸"。杜預注："吳、楚之間，謂火滅爲熸。"孔穎達疏云："言
軍師之敗，若火滅然。"各本並作"潛師"。張元濟《校勘記》云：
"潛師當作熸師，見《三國志》。"中華本據此改正。

宋書　卷五一

列傳第十一

宗室

長沙景王道憐　臨川烈武王道規　營浦侯遵考

　　長沙景王道憐,[1]高祖中弟也。[2]初爲國子學生。謝
琰爲徐州,[3]命爲從事史。[4]高祖克京城,[5]進平京邑,
道憐常留家侍慰太后。桓玄走,[6]大將軍武陵王遵承
制,[7]除員外散騎侍郎。[8]尋遷建威將軍、南彭城内
史。[9]時北青州刺史劉該反,[10]引索虜爲援,[11]清河、陽
平二郡太守孫全聚衆應之。[12]義熙元年,[13]索虜托跋開
遣僞豫州刺史索度真、大將軍斛斯蘭寇徐州,[14]攻相
縣,[15]執鉅鹿太守賀申,[16]進圍寧朔將軍羊穆之於彭
城,[17]穆之告急,道憐率衆救之。軍次陵栅,[18]斬全。
進至彭城,真、蘭退走。道憐率寧遠將軍孟龍符、龍驤

將軍孔隆及穆之等追，[19]真、蘭走奔相城，又追躡至光水溝，[20]斬劉該，虜衆見殺及赴水死略盡。

[1]長沙景王：王爵名。王國在今湖南長沙市。景，謚號。按《謚法》："布義行剛曰景。"　道憐：中華本校勘記云："按嚴可均輯《全宋文》收録《宋故散騎常侍護軍將軍臨澧侯劉使君墓誌》云：'曾祖宋孝皇帝。祖諱道鄰字道鄰，侍中、太傅、長沙景王。'是道憐本作道鄰。顔師古《匡謬正俗》亦云：'宋高祖弟道鄰。史牒誤爲憐字，讀者就而呼之，莫有知其本實。余家嘗得《宋高祖集》十卷，是宋元嘉時秘閣官書，所載道鄰字，始知道憐者是錯。'"

[2]高祖：宋武帝劉裕廟號。

[3]謝琰：人名。字瑗度，東晉陳郡陽夏（今河南太康縣）人。《晉書》卷七九有附傳。

[4]命：任命，委命。　從事史：官名。一作"從事"，州部屬吏。爲州部長官自辟。

[5]京城：城名。又稱京口城，即今江蘇鎮江市。

[6]桓玄：人名。字敬道，譙國龍亢（今安徽懷遠縣）人。《晉書》卷九九有傳。

[7]大將軍：官名。專擅軍政事務。八公之一。　武陵王：王爵名。王國在今湖南常德市。　遵：人名。即司馬遵。字茂遠，東晉元帝司馬睿之孫。《晉書》卷六四有附傳。　承制：秉承皇帝旨意。有時並非出自帝命，而成爲一種假借的名義或政治待遇。

[8]除：官制用語。即拜官授職。　員外散騎侍郎：官名。初爲正員外添差之散騎侍郎，無員數，後成爲正員官。屬散騎省，雖爲閑職，仍爲顯官。

[9]遷：官制用語。指官吏調動職務。有平遷、超遷之分。建威將軍：官名。五威將軍之一。四品。　南彭城：王國名。治所

在今江蘇鎮江市。　内史：官名。掌管王國民政。

[10]北青州：即青州。治所在今山東青州市。

[11]索虜：南朝人對北方鮮卑拓跋魏政權之蔑稱。因鮮卑人頭上有辮髮，故有此蔑稱。

[12]清河：郡名。治所在今山東淄博市西南。　陽平：郡名。治所今址未詳，可能與清河同治。　孫全：人名。本書僅此一見，其事不詳。

[13]義熙：晋安帝司馬德宗年號（405—418）。

[14]托跋開：人名。即魏道武帝拓跋珪。　豫州：治所在今河南汝南縣。　索度真：人名。其事不詳。　斛斯蘭：人名。本書卷四七《孟龍符傳》作“斛蘭”，其事不詳。　徐州：治所在今江蘇徐州市。

[15]相縣：治所在今安徽濉溪縣西北。

[16]鉅鹿：郡名。治所在今河北寧晋縣西南。　賀申：人名。本書僅此一見，其事不詳。

[17]寧朔將軍：官名。多駐北方。四品。　羊穆之：人名。原爲兗州刺史辛昺長史，辛昺反，穆之斬之，後爲青州刺史，有聲績。　彭城：城名。即今江蘇徐州市。

[18]陵栅：地名。今址未詳。

[19]寧遠將軍：官名。將軍名號。五品。　孟龍符：人名。平昌安丘（今山東安丘市）人。本書卷四七有傳。“寧遠將軍孟龍符”七字，各本並作“寧孟”二字。洪頤煊《諸史考異》云：“寧孟文有脱誤。當云率寧遠將軍孟龍符，因涉下文而訛。”孫彪《考論》云：“孟當爲孟龍符，時龍符方由寧遠將軍遷建威將軍，寧當爲寧遠將軍，史文脱耳。”中華本予以訂正。　龍驤將軍：官名。三品。　孔隆：人名。本書僅此一見，其事不詳。

[20]光水溝：地名。今址不詳。

高祖鎮京口，進道憐號龍驤將軍，又領堂邑太守，[1]戍石頭。[2]明年，加使持節、監征蜀諸軍事，[3]率冠軍將軍劉敬宣等伐譙縱，[4]而文處茂、溫祚據險不得進，[5]故不果行。以義勳封新興縣五等侯。[6]四年，代諸葛長民爲并州刺史、義昌太守，[7]將軍、內史如故，猶戍石頭。

[1]領：官制用語。多爲暫攝之意，常有以卑官領高職，以白衣領某職者。　堂邑：郡名。治所在今江蘇南京市六合區北。

[2]石頭：城名。在今江蘇南京市西清涼山。

[3]加：官制用語。原職之外，增授其他職銜或虛銜。　使持節：官名。重要軍事長官出征或出鎮時，加使持節，可誅殺二千石以下官員。　監諸軍事：簡稱監軍，爲該地區軍事長官，位在都督諸軍事之下，督諸軍事之上。　蜀：區域名。今四川及重慶地區。

[4]冠軍將軍：官名。將軍名號。三品。　劉敬宣：人名。字萬壽，彭城人。本書卷四七有傳。　譙縱：人名。巴西南充（今四川南充市）人。稱成都王。《晋書》卷一〇〇有傳。

[5]文處茂：人名。官歷輔國將軍、涪陵太守，餘事不詳。溫祚：人名。曾任振武將軍、巴東太守，餘事不詳。

[6]新興：縣名。治所在今廣東新興縣。　五等侯：侯爵名。侯爵等級之一，不食封。

[7]諸葛長民：人名。琅邪陽都（今山東沂南縣）人。《晋書》卷八五有傳。　并州、義昌：僑置州郡名。治所均在石頭城。

時鮮卑侵逼，[1]自彭城以南，民皆保聚，山陽、淮陰諸戍，[2]並不復立。道憐請據彭城，以漸修創。朝議以彭城縣遠，使鎮山陽。進號征虜將軍、督淮北軍郡事、北東海太守，[3]并州刺史、義昌太守如故。以破索度真功，封新渝縣男，[4]食邑五百户。從高祖征廣固，[5]常爲軍鋒。及城陷，慕容超將親兵突圍走，[6]道憐所部獲之。加使持節，進號左將軍。[7]七年，解并州，加北徐州刺史，[8]移鎮彭城。

[1]鮮卑：民族名。中國古代北方少數民族。此指鮮卑一支慕容氏所建的南燕政權。

[2]山陽：戍名。在今江蘇淮安市。　淮陰：戍名。在今江蘇淮陰市清浦區西古泗水西岸。

[3]征虜將軍：官名。武官，亦作爲高級文職官員的加官。三品。　督淮北軍郡事：官名。地方軍政長官，負責一地軍事民政。　北東海：郡名。治所在今山東郯城縣北。

[4]新渝：縣名。治所在今江西新餘市南。北監本、毛本、殿本、局本、《南史》作“新渝”，三朝本作“新淦”，下文道憐子義宗亦爵新渝縣侯，則作新渝爲是。中華本校勘記云：“《州郡志》江州豫章郡有新淦縣，安成郡有新喻縣，新渝即新喻。《元和郡縣志》：‘新喻縣，吳孫晧分宜春縣置新渝縣，以渝水爲名。今曰新喻，因聲變也。’本書新喻、新渝互見，《彭城王義康傳》作新喻侯義宗。”

[5]廣固：城名。在今山東青州市西北。十六國南燕都城。

[6]慕容超：人名。字祖明，鮮卑族。十六國南燕末主。《晉書》卷一二八有載記。

[7]左將軍：官名。軍府名號，用作加官。三品。

[8]北徐州：治所在今江蘇徐州市。

八年，高祖伐劉毅，[1]徵爲都督兗青二州晉陵、京口、淮南諸郡軍事、兗青州刺史，[2]持節、將軍、太守如故，還鎮京口。九年，甲仗五十人入殿。以廣固功，改封竟陵縣公，[3] 食邑千户。減先封户邑之半，以賜次子義宗。十年，[4] 進號中軍將軍，[5] 加散騎常侍，[6] 給鼓吹一部。明年討司馬休之，[7] 道憐監留府事，甲仗百人入殿。江陵平，[8] 以爲都督荆湘益秦寧梁雍七州諸軍事、驃騎將軍、開府儀同三司、領護南蠻校尉、荆州刺史，[9] 持節、常侍如故。北府文武悉配之。[10] 道憐素無才能，言音甚楚，舉止施爲，多諸鄙拙。高祖雖遣將軍佐輔之，而貪縱過甚，畜聚財貨，常若不足，去鎮之日，府庫爲之空虛。

[1] 劉毅：人名。字希樂，彭城沛（今江蘇沛縣）人。《晋書》卷八五有傳。

[2] 徵爲都督兖青二州晋陵、京口、淮南諸郡軍事，兖青州刺史：徵，朝廷以禮招聘有才能者入朝爲官。都督諸郡軍事，地方軍政長官。兖，僑州名。治所在今江蘇淮安市淮陰區西南甘羅城。青州，僑州名。治所在今江蘇揚州市西北。晋陵，郡名。治所在今江蘇常州市。京口，地名。即今江蘇鎮江市。先後爲徐州、南徐州治所，未聞京口設郡。淮南，僑郡名。治所在今安徽當塗縣。“諸郡軍事”，各本並作“諸軍郡事”。張元濟《校勘記》云：“當作諸郡軍事。各本並訛。”張説是，據改。又“兖青州刺史”，孫虨《考論》云：“此青字涉上文衍，是年青州刺史命檀祗。”丁福林《校議》云：“據本書《州郡志》，是時晋陵、京口、淮南皆屬揚州，今文如此，與本書體例不合，蓋於‘晋陵’前又佚‘揚州之’三字，應益。”

[3] 竟陵：縣名。治所在今湖北潛江市西北。　縣公：公爵名。常爲開國縣公之省稱。

[4]十年：各本並作“十一年”。孫虨《考論》云：“下文‘明年討司馬休之’，十一年當爲十年。”中華本校勘記云：“討司馬休之在義熙十一年，則前一年當作十年，孫說是，今改正。”

[5]中軍將軍：官名。爲重號將軍，位比四鎮將軍。三品。

[6]散騎常侍：官名。侍從左右，主掌圖書文翰、文章、撰述、諫諍拾遺，收納轉呈文書奏事爲主。三品。

[7]司馬休之：人名。字季預，河内溫（今河南溫縣）人。晉宗室。因反劉裕失敗，投北魏。《晉書》卷三七有附傳，《魏書》卷三七有傳。

[8]江陵：縣名。治所在今湖北荆州市荆州區。

[9]荆：州名。治所在今湖北荆州市荆州區。　湘：州名。治所在今湖南長沙市。　益：州名。治所在今四川成都市。　秦：州名。治所在今甘肅天水市。　寧：州名。治所在今雲南晉寧縣東北晉城鎮。　梁：州名。治所在今陝西漢中市。　雍：僑州名。治所在今湖北襄陽市襄城區。　諸軍事：“事”，各本並脱，中華本據《元龜》卷四五五、《通鑑》晉安帝義熙十一年補。　驃騎將軍：官名。位居諸名號將軍之首。作爲軍府名號，加授大臣、重要州郡長官，無具體職掌。二品。　開府儀同三司：官名。爲大臣加號，意謂與三司即太尉、司徒、司空禮制待遇相同，許開設府署，自辟僚屬。　領：各本並作“鎮”，今改正。　護南蠻校尉：官名。又稱南蠻校尉，掌荆州及江州少數民族事務，統兵。

[10]北府：南朝駐京口、廣陵的軍府。

高祖平定三秦，[1]方思外略，徵道憐還爲侍中、都督徐兗青三州揚州之晉陵諸軍事、守尚書令、徐兗二州刺史，[2]持節、將軍如故。元熙元年，[3]解尚書令，[4]進位司空，[5]出鎮京口。高祖受命，進位太尉，[6]封長沙王，[7]食邑五千户，持節、侍中、都督、刺史如故。永初二年朝正，[8]入住殿省。先是，廬陵王義真爲揚州刺史，[9]太后謂上曰："道憐汝布衣兄弟，故宜爲揚州。"上曰："寄奴於道憐豈有所惜。[10]揚州根本所寄，事務至多，非道憐所了。"太后曰："道憐年出五十，豈當不如汝十歲兒邪？"上曰："車士雖爲刺史，事無大小，悉由寄奴。道憐年長，不親其事，於聽望不足。"太后乃無言。車士，義真小字也。

[1]三秦：秦末項羽三分關中，以章邯爲雍王，司馬欣爲塞王，董翳爲翟王，合稱三秦。今指關中及甘肅東部地區。

[2]侍中：官名。爲門下之侍中省長官，兼統宮廷内侍諸署。侍奉皇帝生活起居，出行護駕，顧問應對，拾遺補闕。三品。　揚州：治所在今江蘇南京市。　守：官制用語。官吏試職稱守。低職署理高職，高職署理低職均稱守。爲暫攝、代理之義。　尚書令：官名。尚書省長官，綜理全國政務，出居外朝，爲高級政務長官，參議大政。三品。

[3]元熙：晋恭帝司馬德文年號（419—420）。

[4]解：官制用語。即解任。官員因故交卸公務，離任或卸職。

[5]司空：官名。三公之一，爲名譽宰相，多爲大臣加官。一品。

[6]太尉：官名。東漢時位列三公之首，魏晋時爲名譽宰相，多爲大臣加官，無實際職掌。一品。但東晋劉裕爲太尉則有實權。

[7]長沙王：王爵名。王國在今湖南長沙市。

[8]永初：宋武帝劉裕年號（420—422）。　朝正：指元正那天的朝會。朝，即朝會，群臣朝見皇上禮節之一，朝賀而會。正，即元正，正月初一。

[9]廬陵王：王爵名。王國在今江西吉水縣東北。　義真：人名。即劉義真。宋武帝劉裕子。本書卷六一有傳。

[10]寄奴：宋武帝劉裕小名。

　　三年春，高祖不豫，加班劍三十人。[1]時道憐入朝，留司馬陸仲元居守，[2]刁逵子彌爲亡命，[3]率數十人入京城，仲元擊斬之。先是，府史陳狚告彌有異謀，[4]至是賜錢二十萬，除縣令。五月，宮車宴駕，道憐疾患不堪臨喪。六月，薨，年五十五。追贈太傅，[5]持節、侍中、都督、刺史如故。祭禮依晉太宰安平王故事，[6]鸞輅九旒，[7]黄屋左纛，[8]輼輬，[9]挽歌二部，[10]前後部羽葆、鼓吹，[11]虎賁班劍百人。[12]

　　[1]班劍：本指飾有花紋之劍，晉朝以木代之，謂班劍。爲虎賁所執，故爲隨從侍衛之代稱。亦作爲喪禮時的儀仗。

　　[2]司馬：官名。軍府、公府高級幕僚，參贊軍務，位次長史。　陸仲元：人名。吳郡吳（今江蘇蘇州市）人。事見本書卷五三《張茂度傳》。

　　[3]刁逵：人名。字伯道，渤海饒安（今河北鹽山縣）人。《晋書》卷六九有附傳。

　　[4]府史：官府佐吏統稱，主文書。　陳狚：人名。本書僅此一見，其事不詳。

　　[5]太傅：官名。用作贈官，名義尊榮，無職掌，多用以安置元老勳舊大臣。一品。

　　[6]太宰：官名。爲太師改稱。用作贈官，名義尊榮，無職掌，多用以安置元老勳舊大臣。一品。　安平王：王爵名。王國在今河北安平縣。此指安平獻王司馬孚。《晋書》卷三七有傳。

　　[7]鸞輅：皇帝王侯所乘的車。　九旒：古代旌旗上的九條絲織垂飾。是皇帝專用的旌旗。賜鸞輅、九旒是表示尊崇的最高

待遇。

[8]黄屋：古代皇帝專用的黄繒車蓋。 左纛：古代皇帝乘輿上用氂毛或雉尾製成，設在車衡左邊或左騑上的飾物。

[9]輼輬：車名。古代卧車，也用作喪車。據《史記》卷八七《李斯列傳》記載，秦始皇死後即載於輼輬車中。

[10]挽歌二部：喪事中挽車執紼者相互和唱的哀歌，賜挽歌二部也是一種尊重的標志。

[11]前後部羽葆：古時用羽毛聚於柄頭（幢首），其形下垂如蓋稱羽葆。前後部羽葆，就是由羽葆組成的喪葬儀仗隊。也是高級禮儀待遇。 鼓吹：古樂隊。

[12]虎賁班劍百人：即由勇士攜帶班劍組成的衛隊。也是一種特殊待遇。虎賁，也作"虎奔"，勇士的稱謂，如虎之奔獸。

太祖元嘉九年，[1]詔曰："古者明王經國，司勳有典，平章以馭德刑，[2]班瑞以疇功烈，[3]銘徽庸於鼎彝，配祫祀於清廟。[4]是以從饗先王，義存商誥，[5]祭於大烝，禮著周典。[6]自漢迄晋，世崇其文，王猷既昭，幽顯咸秩。先皇經緯天地，撥亂受終，駿命爰集，光宅區宇，雖聖明淵運，三靈允協，[7]抑亦股肱翼亮之勤，祈父宣力之效。[8]故使持節、侍中、都督南徐兖二州揚州之晋陵京口諸軍事、太傅、南徐兖二州刺史長沙景王，[9]故侍中、大司馬臨川烈武王，[10]故司徒南康文宣公穆之，[11]侍中、衛將軍、開府儀同三司、録尚書事、揚州刺史華容縣開國公弘，[12]使持節、散騎常侍、都督江州豫州西陽新蔡晋熙四郡軍事、征南大將軍、開府儀同三司、江州刺史永脩縣開國公道濟，[13]故左將軍、青州刺史、龍陽縣開國侯鎮惡，[14]或履道廣流，秉德沖邈，或雅量高劭，風鑒明遠，或識唯知正，才略開邁，咸文德以熙帝載，武功以隆景業，固以侔蹤姬旦，[15]方軌伊、邵者矣。[16]朕以寡德，纂戎鴻緒，每惟道勳，思遵令典，而大常未銘，[17]從祀尚闕，鑒寐欽屬，永言深懷。便宜敬是前式，憲茲嘉禮，勒功天府，配祭廟庭，俾示徽章，垂美長世，茂績遠猷，永傳不朽。”

[1]元嘉：宋文帝劉義隆年號（424—453）。　太祖：宋文帝劉義隆廟號。

[2]平章：平和章明。《尚書·堯典》：“九族既睦，平章百姓。”《傳》：“百姓，百官。言化九族而平和章明。”

[3]班瑞：頒賜瑞玉。《尚書·舜典》：“班瑞于群后。”

[4]袷祀：又稱袷祭。天子諸侯三年喪滿，首先在十月舉行袷祭，以後每三年一祭。　清廟：宗廟的通稱。清，肅穆清靜。《詩·周頌》有《清廟》篇，《詩序》謂爲祀文王之歌，鄭玄注以清廟爲祀文王之宮。

[5]商誥：《尚書》中的《商書》，此指《尚書·盤庚》，其上篇曰：“茲予大享于先王，爾祖其從與享之。”

[6]周典：周代典章文獻，此指《禮記》。其《月令》曰：“是月（立冬之月）也，大飲蒸。”

[7]三靈：天、地、人。《文選》班固《典引》：“答三靈之蕃祉。”注：“三靈，天、地、人也。”又稱日、月、星。《漢書》卷八七上《揚雄傳上》：“方將上獵三靈之流，下決醴泉之滋。”注：“三靈，日、月、星，垂象之徵也。”

[8]祈父：周代官名。即司馬。《詩·小雅·祈父》：“祈父，予王之爪牙。”《傳》：“祈父，司馬也。職掌封圻之兵甲。”

[9]南徐兖：上文作“徐兖”。南徐州治所在今江蘇揚州市西北。

[10]大司馬：官名。多爲大臣加官，八公之一。多用作贈官。一品。　臨川王：王爵名。王國在今江西撫州市臨川區。　烈武王：即劉道規。本書卷五一有傳。

[11]司徒：官名。爲名譽宰相，三公之一。參録朝政，僅掌事務。一品。　南康王：王爵名。王國在今江西贛州市東北。　穆之：人名。即劉穆之。字道和，謚"文宣"。本書卷四二有傳。

[12]衛將軍：官名。位在諸名號大將軍之上。多作爲軍府名號，以加大臣、重要州郡長官，無具體職掌。二品。

[13]都督江州豫州西陽新蔡晉熙四郡軍事：中華本校勘記云，"三郡而云四郡，當有誤"。丁福林《校議》引本書卷四三《檀道濟傳》云"事平，（道濟）遷都督江州荆州之江夏豫州之西陽新蔡晉熙四郡諸軍事"。是知本文在江州之後佚"荆州之江夏"五字。江州，治所在今江西九江市西南。　永脩：縣名。治所在今江西永脩縣艾城西南。　開國公：公爵名。分爲郡、縣兩等。縣公在郡公下。　道濟：人名。即檀道濟。高平金鄉（今山東嘉祥縣）人。本書卷四三有傳。

[14]故左將軍：各本並脱"左"字，中華本據本書卷四五《王鎮惡傳》補。　龍陽：縣名。治所在今湖南漢壽縣。　開國侯：侯爵名。分郡侯、縣侯兩級，位開國公下。二品。　鎮惡：人名。即王鎮惡，北海劇（今山東昌樂縣）人。本書卷四五有傳。

[15]姬旦：人名。即周公。周武王弟。輔佐成王，鞏固西周政權。見《史記》卷三三《魯周公世家》。

[16]伊：即伊尹。商代名相，輔佐商王成湯。其事見《史記》卷三《殷本紀》。　邵：即邵公姬奭。周成王時爲三公，與周公姬旦共輔周政。見《史記》卷三四《燕召公世家》。

[17]大常：旗名。又作"太常"。上畫日月，爲王者之旗。

道憐六子：義欣、義慶、義融、義宗、義賓、義綦。

義欣嗣，爲員外散騎侍郎，不拜。歷中領軍，[1]征虜將軍、青州刺史、魏郡太守，將軍如故，戍石頭。[2]元嘉元年，進號後將軍，[3]加散騎常侍。三年，以本號爲南兗州刺史。[4]七年，到彥之率大衆入河，[5]義欣進彭城，爲衆軍聲援。彥之退敗，青、齊搔擾，[6]將佐慮寇大至，勸義欣委鎮還都，義欣堅志不動。遷使持節、監豫司雍并四州諸軍事、豫州刺史，[7]將軍如故。給鼓吹一部，鎮壽陽。[8]

[1]中領軍：官名。掌京師駐軍及禁軍。三品。

[2]魏郡：治所在今河北臨漳縣西南。

[3]後將軍：官名。爲軍府名號，用作加官。三品。

[4]南兗州：治所在今江蘇鎮江市。

[5]到彥之：人名。字道豫，彭城武原（今江蘇邳州市）人。《南史》卷二五有傳。

[6]青：州名。指青州。　齊：古齊國。即今山東半島地區。

[7]使持節、監豫司雍并四州諸軍事、豫州刺史：各本並脫“事”字，中華本據《元龜》卷二七八補。豫，州名。治所在今安徽壽縣。司，州名。僑置。治所在今河南汝南縣。

[8]壽陽：縣名。治所在今安徽壽縣。

于時土境荒毀，人民彫散，城郭頹敗，盜賊公行。義欣綱維補緝，隨宜經理，劫盜所經，立討誅之制。境內畏服，道不拾遺，城府庫藏，並皆完實，遂爲盛藩强鎮。時淮西、江北長吏，[1]悉叙勞人武夫，多無政術。義欣陳之曰：“江淮左右，土瘠民疏，頃年以來，薦饑相襲，[2]百城彫弊，於今爲甚。綏牧之宜，必佇良吏。勞人武夫，不經政術，統内官長，多非才授。東南殷實，猶或簡能，況賓接荒垂，而可輯柔頓闕。[3]願勑選部，[4]必使任得其人，庶得不勞而治。"芍陂良田萬餘頃，[5]堤堨久壞，秋夏常苦旱。義欣遣諮議參軍殷肅循行修理。[6]有舊溝引淠水入陂，[7]不治積久，樹木榛塞。肅伐木開榛，水得通注，旱患由是得除。十年，進號鎮軍將軍，[8]進監爲都督。十一年夏，入朝，太祖厚加恩禮。十六年，薨，時年三十六。追贈散騎常侍、征西將軍、開府儀同三司，[9]持節、都督、刺史如故。諡曰成王。[10]

[1] 淮西：州名。即今皖北、豫東淮河北岸一帶。　江北：地名。即今長江以北、淮河以南及大别山以東地區。

[2] 薦饑：莊稼連年不熟。

[3] 輯柔：各本並作"輯絮"，中華本據《元龜》卷二七三改。

[4] 選部：官署名。吏部的别稱。掌選任官吏。

[5] 芍陂：又名龍泉陂，在今安徽壽縣南。

[6] 諮議參軍：官名。王、公、州、軍府多置爲僚屬，掌顧問應對。位在列曹參軍之上。　殷肅：人名。本書僅此一見，其事不詳。

[7] 淠水：水名。當即今安徽淠河。

[8] 鎮軍將軍：官名。爲中央軍職，亦可出任地方軍政長官。三品。

[9] 征西將軍：官名。四征將軍之一。四品。

[10] 諡：人死後，由朝廷依其生前行事給予相應的稱號。成：按《諡法》："安民立政曰成。"

子悼王瑾字彦瑜，官至太子屯騎校尉，[1]三十年，爲元凶所殺。[2]世祖即位，[3]追贈散騎常侍。子粲早夭，粲弟纂字元績嗣，官至步兵校尉。[4]順帝昇明三年薨，[5]會齊受禪，國除。

[1]太子屯騎校尉：官名。東宮侍從武官，掌騎兵。太子三校之一。

[2]元凶：即劉劭。本書卷九九有傳。

[3]世祖：宋孝武帝劉駿廟號。

[4]步兵校尉：官名。爲皇帝的侍衛武官，不領營兵，隸中領軍。四品。

[5]昇明：宋順帝劉準年號（477—479）。

瑾弟祗字彦期，大明中爲中書郎。[1]太宰江夏王義恭領中書監，[2]服親不得相臨，表求解職。世祖詔曰：“昔二王兩謝，[3]俱至崇禮，自今三臺五省，[4]悉同此例。”太宗初，[5]爲南兗州刺史、都官尚書，[6]謀應晉安王子勛爲逆，[7]伏誅。

[1]大明：宋孝武帝劉駿年號（457—464）。　中書郎：官名。爲中書通事郎、中書侍郎的省稱。五品。

[2]江夏王：王爵名。王國在今湖北武漢市武昌區。　義恭：人名。即劉義恭。宋武帝劉裕子。本書卷六一有傳。　中書監：官名。中書省長官之一。然自權歸中書舍人，中書監令多用作大臣加官。三品。

[3]二王兩謝：即王彪之、王劭、謝景仁、謝混。本書卷五二

《謝景仁傳》：景仁“又遷吏部尚書。時從兄混爲左僕射，依制不得相臨，高祖啓依僕射王彪之、尚書王劭前例，不解職”。參見周一良《札記·二王兩謝》。

[4]三臺：即尚書臺、御史臺、謁者臺。　五省：指尚書省、門下省、集書省、中書省、秘書省。

[5]太宗：宋明帝劉彧廟號。

[6]都官尚書：官名。尚書省都官曹長官。三品。

[7]晉安王：王爵名。王國在今福建福州市。　子勛：人名。即劉子勛。字孝德，宋孝武帝劉駿第三子。本書卷八〇有傳。

祇弟楷，秘書郎，[1]爲元凶所殺，追贈通直郎。[2]

[1]秘書郎：官名。掌藝文圖籍，多爲世族起家之官。六品。

[2]通直郎：官名。通直散騎侍郎之簡稱。屬集書省，多爲加官。五品。

楷弟瞻，晉安太守，與子勛同逆，伏誅。

瞻弟韞字彦文，步兵校尉，宣城太守。[1]子勛爲亂，大衆屯據鵲尾，[2]攻逼宣城。于時四方牧守，莫不同逆，唯韞棄郡赴朝廷，太宗嘉其誠，以爲黄門郎，[3]太子中庶子，[4]侍中，加荆、湘州，南兗州刺史，[5]吴興太守。[6]侍中，領左軍將軍。又改領驍騎將軍，[7]撫軍將軍、雍州刺史。[8]侍中，領右衛將軍。[9]改領左衛將軍，散騎常侍、中領軍。[10]昇明元年，[11]謀反伏誅。韞人才凡鄙，以有宣城之勳，特爲太宗所寵。在湘州及雍州，使善畫者圖其出行鹵簿羽儀，[12]常自披玩。嘗以此圖示征西將軍蔡興宗，[13]興宗戲之，陽若不解畫者，指韞形

像問曰："此何人而在轝上？"韞曰："此正是我。"其庸
鄙如此。

　　[1]宣城：郡名。治所在今安徽宣城市宣州區。

　　[2]鵲尾：地名。即今安徽繁昌縣東北三山。

　　[3]黃門郎：官名。黃門侍郎或給事黃門侍郎之省稱。爲侍中
省或門下省次官。

　　[4]太子中庶子：官名。爲太子侍從，與中舍人共掌文翰。
五品。

　　[5]加荆、湘州，南兗州刺史：丁福林《校議》據本書卷八
《明帝紀》、卷七二《文九王傳》考證劉韞未曾任過荆州刺史，
"加"後之"荆"字當刪。

　　[6]吳興：郡名。治所在今浙江湖州市吳興區南下菰城。

　　[7]驍騎將軍：官名。六軍之一，擔當宿衛之任。四品。

　　[8]撫軍將軍：官名。位比四鎮將軍。三品。

　　[9]右衛將軍：官名。六軍之一，擔當宿衛之任。四品。

　　[10]左衛將軍：官名。六軍之一，擔當宿衛之任。四品。

　　[11]元年：各本並作"二年"，中華本據卷一〇《順帝
紀》改。

　　[12]鹵薄：古代帝王外出時在其前後的儀仗隊。

　　[13]蔡興宗：人名。濟陽考城（今河南民權縣）人。本書卷
五七有附傳。

　　韞弟弼，武昌太守，[1]亦與子勛同逆，伏誅。

　　[1]武昌：郡名。治所在今湖北鄂州市鄂城區。

　　弟鑒，員外散騎侍郎，蚤卒。[1]

[1]蚤：同“早”。

鑑弟飇字彥稣，侍中，吳興太守，後廢帝元徽元年卒。[1]

[1]元徽：宋後廢帝劉昱年號（473—477）。

飇弟顗字彥明，侍中、左衛將軍，冠軍將軍、吳興太守，未拜，[1]元徽四年卒，追贈右將軍。[2]

[1]拜：官制用語。指按照一定禮儀和手續授予官職或名義。
[2]右將軍：官名。軍府名號，常用作加官。三品。

顗弟述，東陽太守，[1]黃門郎，與從弟秉同逆，事敗走白山，[2]追禽伏誅。

[1]東陽：郡名。治所在今浙江金華市。
[2]白山：地名。在今江蘇南京市東。

義欣弟義慶，出繼臨川烈武王道規。[1]

[1]臨川烈武王：王爵名。王國在今江西撫州市臨川區西。烈武，諡號。按《諡法》：“有功安民曰烈。”“剛強直理曰武。” 道規：人名。即劉道規。字道則，高祖劉裕少弟。本卷有傳。

義慶弟義融，永初元年，封桂陽縣侯，[1]食邑千戶。

凡王子爲侯者，食邑皆千户。義融歷侍中，左衛將軍，[2]領太子中庶子，五兵尚書，[3]領軍。[4]有質幹，善於用短楯。元嘉十八年，卒，追贈車騎將軍，[5]謚曰恭侯。[6]

[1]桂陽：縣名。治所在今廣東連州市。　縣侯：侯爵名。爲開國縣侯之省稱。在開國男上。三品。

[2]左衛將軍：各本並脱“將”字，中華本補，從之。四品。

[3]五兵尚書：官名。屬尚書省。原領中兵、外兵、騎兵、別兵、都兵五郎曹，宋時祇領中兵、外兵二曹。三品。

[4]領軍：官名。領軍將軍與中領軍之省稱。統領禁軍。三品。

[5]車騎將軍：官名。位次驃騎將軍，在諸名號將軍上。多用作軍府名號，以加授大臣、重要州郡長官，無具體職掌。二品。

[6]恭：謚號。按《謚法》：“敬事供上曰恭。”

　　子孝侯覬嗣，官至太子翊軍校尉，[1]爲元凶所殺。世祖即位，追贈散騎常侍。無子，弟襲以子晃繼封。昇明二年，與員外散騎侍郎安成戢仁祖、荒人王武連、羽林副彭元儁等謀反，[2]國除。

[1]太子翊軍校尉：官名。太子三校之一，隸太子左、右衛率。

[2]安成：郡名。治所在今江西安福縣東南。　戢仁祖：人名。本書僅此一見。　荒人：南朝對北方人之蔑稱。　王武連：人名。本書僅此一見，其事不詳。　羽林副：官名。統帶羽林軍士。　彭元儁：人名。本書僅此一見，其事不詳。

　　襲字茂德，太子舍人，[1]安成太守。晋安王子勛爲逆，襲據郡距之，子勛遣軍攻圍不能下。太宗嘉之，以爲郢州刺史，[2]封建陵縣侯，[3]食邑五百户。建陵縣屬蒼梧郡，[4]以道遠，改封臨澧縣侯。[5]泰始六年，[6]卒於中護軍。[7]追贈護軍將軍，[8]加散騎常侍，謚曰忠侯。[9]襲亦庸鄙，在郢州，暑月露幃上聽事，綱紀正伏閣，[10]怪之，訪問，乃知是襲。[11]子旻嗣，昇明二年，改封東昌縣侯，[12]與兄晃俱伏誅。

[1]太子舍人：官名。掌文章書記，隸太子詹事。七品。

[2]郢州：治所在今湖北武漢市武昌區。

[3]建陵：縣名。治所在今廣西荔浦縣西南修仁鎮西。

[4]蒼梧：郡名。治所在今廣西梧州市。

[5]臨澧：縣名。治所在今湖南桑植縣。

[6]泰始：宋明帝劉彧年號（465—471）。

[7]中護軍：官名。掌督護京師以外地方諸軍。三品。

[8]護軍將軍：官名。掌督護京師以外諸軍，權任頗重。三品。

[9]忠：謚號。按《謚法》：“危身奉上曰忠。”

[10]綱紀：官名。州、郡國、縣府所屬攝諸曹、理衆事、地位最尊者。

[11]乃知是襲：各本並脱“是”字，中華本據《南史》補，從之。

[12]東昌：縣名。治所在今江西吉安市東南永和鎮。

襲弟彪，秘書郎，弟寔，太子舍人，並蚤卒。寔弟爽，海陵太守。[1]

[1]海陵：郡名。治所在今江蘇新沂市南沭河西岸。

義融弟義宗，幼爲高祖所愛，字曰伯奴，賜爵新渝縣男。永初元年，進爵爲侯，歷黃門侍郎，太子左衛率。[1]元嘉八年，坐門生杜德靈放橫打人，[2]還第內藏，義宗隱蔽之，免官。德靈雅有姿色，爲義宗所愛寵，本會稽郡吏。[3]謝方明爲郡，[4]方明子惠連愛幸之，[5]爲之賦詩十餘首，《乘流遵歸渚》篇是也。[6]又爲侍中、太子詹事，[7]加散騎常侍、征虜將軍、南兗州刺史。二十一年，卒，追贈散騎常侍、平北將軍，[8]諡曰惠侯。[9]愛士樂施，兼好文籍，世以此稱之。

[1]太子左衛率：官名。宿衛東宮，亦任征伐。五品。

[2]杜德靈：人名。本書二見，其事不詳。

[3]會稽：郡名。治所在今浙江紹興市。

[4]謝方明：人名。陳郡陽夏人。本書卷五三有傳。

[5]惠連：人名。即謝惠連。事見本書卷五三《謝方明傳》。

[6]《乘流遵歸渚》：詩篇名。已佚。

[7]太子詹事：官名。掌東宮內外庶務，任總宮朝。三品。

[8]平北將軍：官名。四平將軍之一。三品。

[9]惠：諡號。按《諡法》：“柔質慈民曰惠。”

子懷侯玠嗣，琅邪、秦郡太守。[1]爲元凶所殺，追贈散騎常侍。無子，弟秉以子承繼封。

[1]琅邪：郡名。治所在今山東諸城市。　秦郡：治所在今江蘇南京市六合區北。

秉字彥節，初爲著作郎，[1]歷羽林監，[2]越騎校尉，[3]中書、黃門侍郎。[4]太宗泰始初，爲侍中，頻徙左衛將軍，丹陽尹，[5]太子詹事，吏部尚書。[6]時宗室雖多，材能甚寡。秉少自砥束，甚得朝野之譽，故爲太宗所委。五年，出爲前將軍、淮南宣城二郡太守，不拜，還復本任。復爲侍中，守秘書監，[7]領太子詹事。未拜，遷使持節、都督南徐徐兗豫青冀六州諸軍事、後將軍、南徐州刺史，[8]加散騎常侍。後廢帝即位，改都督郢州、豫州之西陽、司州之義陽二郡諸軍事，郢州刺史，[9]持節、常侍如故。未拜，留爲尚書左僕射，[10]參選。元徽元年，領吏部，[11]加兵五百人。尋領衛尉，[12]辭不拜。桂陽王休範爲逆，[13]中領軍劉勔出守石頭，[14]秉權兼領軍將軍，[15]所給加兵，自隨入殿。二年，加散騎常侍、丹陽尹，解吏部。封當陽縣侯，[16]食邑千户。與齊王、袁粲、褚淵分日入直決機事。[17]四年，遷中書令，[18]加撫軍將軍，常侍、尹如故。順帝即位，轉尚書令、中領軍，[19]將軍如故。

[1]著作郎：官名。掌國史及起居注的修撰。清要之職，爲宗室的起家之官。六品。

[2]羽林監：官名。掌宿衛送從。五品。

[3]越騎校尉：官名。爲侍衛武官，不領兵，隸中領軍（領軍將軍），用以安置勳舊武臣。四品。

[4]中書：官名。即中書侍郎。掌擬詔出令，但自事權歸中書舍人，侍郎職閑官清，爲諸王起家官。五品。

[5]丹陽尹：官名。爲京城所在郡府長官，掌京城行政諸務並詔獄。丹陽，郡名。治所在今江蘇南京市。

[6]吏部尚書：官名。尚書省吏部曹長官，掌官吏銓選考課獎懲，位居列曹尚書之上。三品。

[7]秘書監：官名。爲秘書省長官，掌圖書經籍之事。三品。

[8]冀：州名。治所在今山東濟南市。泰始年間又與青州合僑置於今江蘇連雲港市東雲臺山一帶。　後將軍：官名。軍府名號，用作加官。三品。

[9]西陽：郡名。治所在今湖北黃岡市東。　義陽：郡名。治所在今河南信陽市。

[10]尚書左僕射：官名。主持尚書省日常政務。諸曹奏事由左右僕射審議聯署，領殿中、主客二郎曹。三品。

[11]吏部：官署名。一稱選部。爲尚書列曹之首，司官吏任免考選事。

[12]衛尉：官名。專掌宮禁及京城防衛。三品。

[13]桂陽王休範爲逆：丁福林《校議》據本書卷九《後廢帝紀》、卷七九《桂陽王休範傳》考證，桂陽王休範爲逆及劉勔出守石頭、劉秉入衛殿省皆在元徽二年（474），而非元徽元年。休範，人名。即劉休範。宋文帝劉義隆第十八子。本書卷七九有傳。

[14]劉勔：人名。字伯猷，彭城人。本書卷八六有傳。

[15]權：官制用語。指代理、兼攝官職。　領軍將軍：官名。掌禁衛軍及京都諸軍。三品。

[16]當陽：縣名。治所在今湖北當陽市。

[17]齊王：即蕭道成。字紹伯，南蘭陵郡蘭陵（今江蘇常州市武進區）人。《南齊書》卷一有紀。　袁粲：人名。字景倩，陳郡陽夏人。本書卷八九有傳。　褚淵：人名。字彥回，河南陽翟（今河南禹州市）人。《南齊書》卷二三有傳。

[18]中書令：官名。中書省長官。掌納奏、擬詔、出令，然自權歸中書通事舍人，監令品秩升高而無實權，多用作重臣加官。三品。

[19]轉：官制用語。官吏調任，無升降。　中領軍：丁福林

《校議》據本書卷一〇《順帝紀》考證，此"中領軍"乃"中軍將軍"之訛。

　　時齊王輔政，四海屬心。秉知鼎命有在，密懷異圖。袁粲鎮石頭，不識天命，沈攸之舉兵反，[1]齊王入屯朝堂，粲潛與秉及諸大將黃回等謀欲作亂。[2]本期夜會石頭，旦乃舉兵。秉素恇怯騷動，擾不自安，再舖後，便自丹陽郡車載婦女，盡室奔石頭，部曲數百，赫奕滿道。[3]既至見粲，粲驚曰："何遽便來，事今敗矣。"秉曰："今得見公，萬死亦何恨。"從弟中領軍韞，直在省內，與直閣將軍卜伯興謀，[4]其夜共攻齊王。會秉去事覺，齊王夜使驍騎將軍王敬則收韞。[5]韞已戒嚴，敬則率壯士直前，韞左右皆披靡，因殺之，伯興亦伏誅。粲敗，秉踰城出走，於領檐湖見擒，[6]與二子承、俁並死。秉時年四十五。秉妻蕭氏，思話女也。[7]元徽中，朝廷危殆，妻常懼禍敗，每謂秉曰："君富貴已足，故應爲兒子作計。年垂五十，殘生何足吝邪。"秉不能從。

　　[1]沈攸之：人名。字仲達，吳興武康（今浙江德清縣）人。本書卷七四有傳。

　　[2]黃回：人名。竟陵郡（今湖北鍾祥市）人。本書卷八三有傳。

　　[3]赫奕：光顯、盛大。

　　[4]直閣將軍：官名。爲皇帝左右侍衛之官，地位顯要。　卜伯興：人名。吳興餘杭（今浙江杭州市餘杭區）人。本書卷九一有附傳。

　　[5]王敬則：人名。晉陵南沙（今江蘇常熟市）人。《南齊書》

卷二六有傳。

[6]頜檐湖：湖名。在今江蘇南京市西北。中華本校勘記云：
“《南齊書》作‘雒檐湖’。”

[7]蕭思話：人名。南蘭陵人。本書卷七八有傳。

秉弟謨，奉朝請。[1]

[1]奉朝請：官名。爲散騎（集書）省屬官，用於安置閑散
官員。

謨弟遐字彦道，亦奉朝請、員外散騎侍郎。與嫡母
殷養女雲敷私通，殷每禁之。殷暴病卒，未大殮，口鼻
流血，疑遐潛加毒害，爲有司所糾。世祖徙之始安
郡。[1]永光中得還。[2]太宗世，歷黃門侍郎、都官尚書、
吳郡太守。[3]兄秉既死，齊王遣誅之。遐人才甚凡，自
諱名，常對賓客曰：“孝武無道，[4]枉我殺母。”其頑騃
若此。秉當權，遐累求方伯，秉曰：“我在，用汝作州，
於聽望不足。”遐曰：“富貴時則云不可相關，從坐之
日，爲得免不？”至是果死焉。

[1]始安郡：治所在今廣西桂林市。
[2]永光：宋前廢帝劉子業年號（465）。
[3]吳郡：治所在今江蘇蘇州市。
[4]孝武：指宋孝武帝劉駿。

義宗弟義賓，元嘉二年，封新野縣侯。[1]六年，以
新野荒敝，改封興安縣侯。[2]黃門郎，秘書監，左衛將

軍，位至輔國將軍、徐州刺史。[3]二十五年，卒，追贈後將軍，謚曰肅侯。[4]

[1]新野：縣名。治所在今河南新野縣。

[2]興安：縣名。治所在今廣西賀州市東北桂嶺鎮。

[3]輔國將軍：官名。將軍名號。三品。

[4]肅：謚號。按《謚法》："剛德克就曰肅。" "執心決斷曰肅。"

　　子惠侯綜嗣。卒，子憲嗣。昇明三年，齊受禪，國除。綜弟琨，晋平太守。[1]

[1]晋平：郡名。治所在今福建福州市。

　　義賓弟義綦，元嘉六年封營道縣侯。[1]凡鄙無識知，每爲始興王濬兄弟所戲弄。[2]濬嘗謂義綦曰："陸士衡詩云：[3]'營道無烈心。'[4]其何意苦阿父如此？"義綦曰："下官初不識，何忽見苦。"其庸塞可笑類若此。歷右衛將軍、湘州刺史。孝建二年，[5]卒，贈平南將軍，[6]謚曰僖侯。[7]

　　子長猷嗣，官至步兵校尉。昇明三年，卒。齊受禪，國除。

[1]營道：縣名。治所在今湖南寧遠縣東。

[2]始興王：王爵名。王國在廣東韶關市東蓮花嶺下。　濬：人名。即劉濬。字休明。本書卷九九有傳。

[3]陸士衡：人名。名機，晋吳郡人。《晋書》卷五四有傳。

[4]營道無烈心：此句見《赴太子洗馬時作詩》。

[5]孝建：宋孝武帝劉駿年號（454—456）。

[6]平南將軍：官名。四平將軍之一。三品。

[7]僖：謚號。按《謚法》：“小心畏忌曰僖。”

　　臨川烈武王道規，字道則，高祖少弟也。少倜儻有大志，高祖奇之，與謀誅桓玄。時桓弘鎮廣陵，[1]以爲征虜中兵參軍。[2]高祖克京城，道規亦以其日與劉毅、孟昶共斬弘，[3]收衆濟江。進平京邑，玄敗走，晉大將軍武陵王遵承制，以道規爲振武將軍、義昌太守。[4]

　　[1]桓弘：人名。官至青州刺史，餘事不詳。　廣陵：縣名。時爲廣陵郡治所在，在今江蘇揚州市西北蜀岡上。

　　[2]中兵參軍：官名。諸公、軍府僚屬之一。掌本府中兵曹事務，兼備參謀咨詢。

　　[3]孟昶：人名。平昌（今山東臨邑縣）人。初任青州主簿，與劉裕共謀起兵討桓玄，因功任丹陽尹。劉裕北伐南燕，孟昶任留府事，後自殺。

　　[4]振武將軍：官名。五武將軍之一。四品。　義昌：郡名。治所在今江蘇南京市清涼山上。

　　與劉毅、何無忌追玄。[1]玄西走江陵，留郭銓、何澹之等固守盆口，[2]義軍既至，賊列艦距之。澹之空設羽儀旗幟於一舫，而別在它船，無忌欲攻羽儀所在，衆悉不同，曰：“澹之必不在此舫，雖得無益也。”無忌曰：“澹之不在此舫，固不須言也。既不在此，則戰士必弱，我以勁兵攻之，必可禽也。禽之之日，彼必以爲

失其軍主，我徒咸謂已得賊帥，我勇而彼懼，懼而薄
之，破之必矣。"道規喜曰："此名計也。"因往彼攻之，
即禽此舫。因鼓譟倡曰："已斬何澹之！"賊徒及義軍並
以爲然。因縱兵，賊衆奔敗，即克盆口，進平尋陽。[3]
因復馳進，遇玄於崢嶸洲。[4]道規等兵不滿萬人，而玄
戰士數萬，衆並憚之，欲退還尋陽。道規曰："不可，
彼衆我寡，强弱異勢。今若畏懦不進，必爲所乘，雖至
尋陽，豈能自固。玄雖竊名雄豪，內實恇怯，加已經奔
敗，衆無固心。決機兩陳，將雄者克。昔光武昆陽之
戰，[5]曹操官渡之師，[6]皆以少制多，共所聞也。今雖才
謝古人，豈可先爲之弱。"因麾衆而進，毅等從之，大
破玄軍。郭銓與玄單舸走，江陵不復能守，欲入蜀，爲
馮遷所斬。[7]

　　[1]何無忌：人名。東海郯（今山東郯城縣）人。《晉書》卷
八五有傳。

　　[2]郭銓：人名。爲晉梁州刺史，桓玄前將軍。"郭銓"各本
並作"郭鈐"，中華本據本書卷四七《劉懷肅傳》及《晉書》卷九
九《桓玄傳》、《通鑑》改。《晉書》作"郭洽"，亦誤。　何澹之：
人名。籍貫不詳，桓玄龍驤將軍，玄敗奔後秦。　盆口：即溢口。
一名溢浦口。在今江西九江市西北。

　　[3]尋陽：縣名。治所在今江西九江市西南。

　　[4]崢嶸洲：州名。在今湖北黃岡市西北長江中。

　　[5]光武：即東漢光武帝劉秀。南陽蔡陽（今湖北棗陽市西）
人。《後漢書》卷一有紀。　昆陽：地名。在今河南葉縣南。昆陽
之戰，見《後漢書·光武帝紀上》。

　　[6]曹操：人名。即魏武帝。字孟德，沛國譙（今安徽亳州

市）人。《三國志》卷一有紀。 官渡：地名。在今河南中牟縣東北。官渡之戰，見《三國志》卷一《魏書‧武帝紀》。

[7]馮遷：人名。漢嘉（今四川名山縣）人，時任益州督護。

義軍遇風不進，桓謙、桓振復據江陵。[1]毅留巴陵，[2]道規與無忌俱進攻桓謐於馬頭、桓蔚於寵洲，[3]皆破之。無忌欲乘勝直造江陵，道規曰：“兵法屈申有時，不可苟進。諸桓世居西楚，[4]群小皆爲竭力，振勇冠三軍，難與爭勝。且可頓兵養銳，[5]徐以計策縻之，不憂不克也。”無忌不從，果爲振所敗。乃退還尋陽，繕治舟甲，復進軍夏口。[6]僞鎮軍將軍馮該戍夏口東岸，[7]揚武將軍孟山圖據魯山城，[8]輔國將軍桓仙客守偃月壘。[9]於是毅攻魯山城，道規、無忌攻偃月，並克之，生禽仙客、山圖。其夕，該遁走，進平巴陵。謙、振遣使求割荊、江二州，奉歸晉帝，不許。會南陽太守魯宗之起義攻襄陽，[10]僞雍州刺史桓蔚走江陵。宗之進至紀南，[11]振自往距之，使桓謙留守。時毅、道規已次馬頭，馳往襲，謙奔走，即日克江陵城。振大破宗之而歸，聞城已陷，亦走。無忌翼衛天子還京師，道規留夏口。江陵之平也，道規推毅爲元功，無忌爲次功，自居其末。進號輔國將軍、督淮北諸軍事、并州刺史，義昌太守如故。

[1]桓謙：人名。字敬祖。 桓振：人名。字道全。二人均爲譙國龍亢人。《晉書》卷七四有附傳。

[2]巴陵：縣名。治所在今湖南岳陽市。

[3]桓謐：人名。桓玄之左衛將軍。本書與《晉書》均一見，

餘事不詳。　馬頭：城名。在今湖北公安縣西北。　桓蔚：人名。
譙國龍亢人。事見《晉書》卷七四《桓祕傳》。

[4]西楚：區域名。今長江中游荆州地區。

[5]頓兵養鋭：各本原作"頓兵鋭"，文不可通，中華本據
《通鑑》晉安帝元興三年（404）補"養"字。

[6]夏口：城名。在今湖北武漢市黄鵠山上。

[7]馮該：人名。晉雍州刺史。本書卷四七《劉懷肅傳》稱其
僞鎮東將軍，非鎮軍將軍，不知孰是。

[8]揚武將軍：官名。五武將軍之一。四品。　孟山圖：人名。
其事不詳。　魯山城：城名。在今湖北武漢市漢陽區東北隅。《晉
書》卷八五、九九均作"魯城"。中華本據本書《劉懷肅傳》與
《通鑑》晉安帝元興三年訂正。

[9]桓仙客：人名。其事不詳。本書《劉懷肅傳》與《通鑑》
均作"仙客"，《晉書》卷八五《劉毅傳》作"山客"。　偃月壘：
軍壘名。又名胡月城。在今湖北武漢市。

[10]南陽：郡名。治所在今河南南陽市。　魯宗之：人名。字
彦仁，扶風郿（今陝西眉縣）人。事見本書卷七四《魯爽傳》。
襄陽：縣名。治所在今湖北襄陽市襄城區漢水南岸。

[11]紀南：古城名。在今湖北江陵縣西北。

　　時荆州、湘、江、豫猶多桓氏餘燼，往往屯結。復
以本官進督江州之武昌，荆州之江夏、隨郡、義陽、綏
安，豫州之西陽、汝南、潁川、新蔡九郡諸軍事，[1]隨
宜剪撲，皆悉平之。以義勳封華容縣公，[2]食邑三千户。
遷使持節、都督荆寧秦梁雍六州司州之河南諸軍事、領
護南蠻校尉、荆州刺史，[3]將軍如故。辭南蠻以授殷叔
文。[4]叔文被誅，乃復還領。善於爲治，刑政明理，士
民莫不畏而愛之。劉敬宣征蜀不克，道規以督統降爲建

威將軍。[5]

[1]隨郡：治所在今湖北隨州市。　綏安：郡名。治所在今湖北仙桃市西南。　西陽：郡名。治所在今湖北黃岡市東。　汝南：郡名。治所在今湖北武漢市武昌區東。　潁川：僑郡名。治所在今安徽巢湖市東南。　新蔡：郡名。治所在今河南新蔡縣。

[2]華容：縣名。治所在今湖北監利縣北。

[3]都督荊寧秦梁雍六州：中華本校勘記云："荊、寧、秦、梁、雍衹五州，尚缺一州，疑有脱訛。"丁福林《校議》據《晋書》卷三七《宗室傳》、《通鑑》卷一一四補"益州"，合上五州共六州。　河南：僑郡名。治所在今湖北襄陽市襄城區。

[4]殷叔文：人名。陳郡（今河南淮陽縣）人。《晋書》卷九九稱與兄仲文並伏誅。

[5]督統：官名。軍事統帥。出征時設，以統帥各領兵將軍。
建威將軍：官名。爲五威將軍之一。四品。

盧循寇逼京邑，[1]道規遣司馬王鎮之及揚武將軍檀道濟、廣武將軍到彥之等赴援朝廷。[2]至尋陽，爲賊黨苟林所破。[3]循即以林爲南蠻校尉，分兵配之，使乘勝伐江陵，揚聲云徐道覆已克京邑。[4]而桓謙自長安入蜀，[5]譙縱以謙爲荊州刺史，厚加資給，與其大將譙道福俱寇江陵，[6]正與林會。林屯江津，[7]謙軍枝江，[8]二寇交逼，分絕都邑之問。荊楚既桓氏義舊，並懷異心。道規乃會將士，告之曰："桓謙今在近畿，聞者頗有去就之計。[9]吾東來文武，足以濟事。若欲去者，本不相禁。"因夜開城門，達曉不閉，眾咸憚服，莫有去者。

[1]盧循：人名。字于先，范陽涿（今河北涿州市）人。《晋書》卷一〇〇有傳。

[2]王鎮之：人名。字伯重，琅邪臨沂（今山東臨沂市）人。本書卷九二有傳。　廣武將軍：官名。五武將軍之一。四品。

[3]苟林：人名。其事不詳。中華本校勘記云："本書《武帝紀》、《南史》、《元龜》三六三、四六一作'苟林'。《晋書·姚興載記》《通鑑》作'苟林'。"

[4]徐道覆：人名。東晋末反晋軍領導人，盧循姐夫。署始興太守。事見《晋書》卷一〇〇《盧循傳》。

[5]長安：縣名。治所在今陝西西安市西北。

[6]譙道福：人名。其事不詳。

[7]江津：戍名。一名奉城，在今湖北荆州市沙市區東南。

[8]枝江：縣名。治所在今湖北枝江市西南。

[9]聞者：中華本校勘記云："'者'，《御覽》二九七引、《元龜》四二二、四三一作'諸君'，《通典·兵典》作'諸軍'，《建康實録》作'爾等'，《通鑑》作'諸長者'。"

雍州刺史魯宗之率衆數千自襄陽來赴。或謂宗之未可測，道規乃單馬迎之，[1]宗之感悦。衆議欲使檀道濟、到彦之與宗之共擊，道規曰："盧循擁隔中流，扇張同異，桓謙、苟林更相首尾。人懷危懼，莫有固心，成敗之機，在此一舉。非吾自行，其事不决。"乃使宗之居守，委以腹心，率諸軍攻謙。諸將佐皆固諫曰："今遠出討謙，其勝難必。苟林近在江津，伺人動靜。若來攻城，宗之未必能固，脱有差跌，大事去矣。"道規曰："諸君不識兵機耳。苟林愚堅，無它奇計，以吾去未遠，必不敢向城。吾今取謙，往至便克，沈疑之間，已自還反。謙敗則林破膽，豈暇得來。且宗之獨守，何爲不支數日。”解南蠻校尉印以授諮議參軍劉遵，[2]馳往攻謙，水陸齊進，謙大敗，單舸走，欲下就林，追斬之。還至浦口，[3]林又奔散。劉遵率軍追林，至巴陵，斬之。初，謙至枝江，江陵士庶皆與謙書，言城内虛實，咸欲謀爲内應。至是參軍曹仲宗檢得之，[4]道規悉焚不視，衆於是大安。進號征西將軍。先是，桓歆子道兒逃于江西，[5]出擊義陽郡，與盧循相連結，循使蔡猛助之。[6]道規遣參軍劉基破道兒於大薄，[7]臨陳斬猛。

[1]單馬迎之：《南史》卷一三《宋宗室及諸王傳上》作“單車迎之”。

[2]劉遵：人名。本卷下文有傳。

[3]浦口：地名。按《通鑑》義熙六年作“涌口”，胡三省注：“《水經注》‘涌水自夏水南通於江，謂之涌口’。《春秋左氏傳》所謂閻敖游涌而逸者也。在江陵城東。杜預曰‘涌水在南郡華容縣。涌，音勇’。”應以涌爲是。

[4]參軍：官名。王、公、將軍府及州置爲僚屬。品級六至九品不等。　曹仲宗：人名。本書僅此一見，至散騎常侍兼領軍，餘事不詳。

[5]桓歆：人名。字叔道，桓温子。譙國龍亢人。《晋書》卷九八有附傳。

[6]蔡猛：人名。盧循部將，餘事不詳。

[7]劉基：人名。官至秦郡太守，餘事不詳。　大薄：地名。今址不詳。

徐道覆率衆三萬，奄至破冢，[1]魯宗之已還襄陽，追召不及，人情大震。或傳循已平京師，遣道覆上爲刺史。江漢士庶感焚書之恩，無復貳志。道規使劉遵爲游軍，自距道覆於豫章口。[2]前驅失利，道規壯氣愈厲，激揚三軍，遵自外橫擊，大破之。斬首萬餘級，赴水死者殆盡，道覆單舸走還盆口。初使遵爲游軍，衆咸云：“今强敵在前，唯患衆少，不應割削見力，置無用之地。”及破道覆，果得游軍之力，衆乃服焉。

[1]破冢：地名。在今湖北江陵縣東南。

[2]豫章口：地名。在今湖北江陵縣東南，即古夏水通長江之口。

遵字慧明，臨淮海西人，[1]道規從母兄蕭氏舅也。官至右將軍、宣城内史、淮南太守。義熙十年，卒，追贈撫軍將軍。追封監利縣侯，[2]食邑七百户。

[1]臨淮：郡名。治所在今江蘇泗洪縣。　海西：縣名。治所在今江蘇灌南縣東南。

[2]監利縣侯：侯爵名。侯國在今湖北監利縣東北。

道規進號征西大將軍、開府儀同三司，[1]加散騎常侍，固辭。俄而寢疾，改授都督豫江二州揚州之宣城淮南廬江歷陽安豐堂邑六郡諸軍事、豫州刺史，[2]持節、常侍、將軍如故。以疾不拜。八年閏月，薨于京師，時年四十三。追贈侍中、司徒。加班劍二十人。謚曰烈武公。[3]平桓謙功，進封南郡公，邑五千户。高祖受命，贈大司馬，追封臨川王，食邑如先。道規無子，以長沙景王第二子義慶爲嗣。

[1]征西大將軍：官名。將軍名號，多授統兵出鎮在外、都督數州諸軍事者。位居四征將軍之上。二品。

[2]廬江：郡名。治所在今安徽舒城縣。　歷陽：郡名。治所在今安徽和縣。　安豐：郡名。治所在今安徽霍邱縣西南。

[3]烈武：按《謚法》：“有功安民曰烈。”“克定禍亂曰武。”

初，太祖少爲道規所養，高祖命紹焉，咸以禮無二繼，太祖還本，而定義慶爲後。[1]義慶爲荆州，廟主當隨往江陵，太祖詔曰：“褒崇道勳，經國之盛典；尊親追遠，因心之所隆。故侍中、大司馬、臨川烈武王，體道欽明，至德淵邈，叡哲自天，孝友光備。爰始協規，則翼贊景業；陵威致討，則克剪梟鯨。逮妖逆交侵，方難孔棘，勢踰累棋，人無固志。王神謨獨運，靈武宏發，輯寧內外，誅覆群凶，固已化被江漢，[2]勳高微管，[3]遠猷侔於二南，[4]英雄邁於兩獻者矣。[5]朕幼蒙殊愛，德蔭特隆，豐恩慈訓，義深情戚，永惟仁範，感慕纏懷。今當擁移寢祐，初祀西夏，[6]思崇嘉禮，[7]式備徽章，庶以昭宣風度，允副幽顯。其追崇丞相，[8]加殊禮，鸞輅九旒，黃屋左纛，給節鉞、前後部羽葆、鼓吹，虎賁班劍百人，侍中如故。”及長沙太妃檀氏、臨川太妃曹氏後薨，祭皆給鸞輅九旒，黃屋左纛，輼輬車，挽歌一部，前後部羽葆、鼓吹、虎賁班劍百人。

[1]義慶爲後：各本並脫此四字，中華本據《南史》補。

[2]化被江漢：此喻道規討滅桓謙，平定江漢地區之功。史書稱周文王“化行南國”。《詩·小雅·四月》云“滔滔江漢，南國之紀”。

[3]勳高微管：功勳高於管仲。微管是孔子贊頌管子的話，典出《論語·憲問》：“子曰：管仲相桓公，霸諸侯，一匡天下，民到于今受其賜。微管仲，吾其被髮左衽矣。”

[4]二南：《詩·國風》中有《周南》十一篇，《召南》十四篇，合稱二南。此指周公姬旦和召公姬奭二人輔佐周王，分陝而治，化行南國。

[5]兩獻：指西漢河間獻王劉德和東漢沛獻王劉輔。兩獻王均喜好經書，學識淵博，深得西漢武帝、東漢明帝的親敬友愛。

[6]寢祐：宗廟藏神主的石盒。　西夏：指長江中游的荆州地區。

[7]思：思念。　崇：崇敬。

[8]丞相：官名。爲最高國務長官，時多用以封賜權臣。

義慶幼爲高祖所知，常曰：“此我家豐城也。”[1]年十三，襲封南郡公。除給事，[2]不拜。義熙十二年，從伐長安，還拜輔國將軍、北青州刺史。[3]未之任，徙督豫州諸軍事、豫州刺史，[4]復督淮北諸軍事，[5]豫州刺史、將軍並如故。永初元年，襲封臨川王。徵爲侍中。元嘉元年，轉散騎常侍、秘書監。徙度支尚書，[6]遷丹陽尹，加輔國將軍、常侍並如故。

[1]豐城：典出《晉書》卷三六《張華傳》。在吳滅晉興之際，天空斗牛之間常有紫氣。雷煥說“寶劍之精，上徹於天耳”，並說劍在豫章豐城。張華遂以雷煥爲豐城令。煥至豐城，掘獄屋基深四

十丈，得一石匣，内有龍泉太阿兩劍，合稱豐城劍。後世則以豐城劍喻傑出人才或有待發現的人才。

[2]給事：官名。給事中之省稱，隸集書省。侍從皇帝左右，獻納得失，諫諍糾彈，收發文書。五品。

[3]拜：各本並脱“拜”字，中華本據《元龜》卷二七八補。北青州：當即青州。治所在今山東青州市。

[4]督諸軍事：官名。地方軍政長官。位在都督或監某州諸軍事之下。

[5]淮北：地區名。指今淮水以北地區。

[6]度支尚書：官名。尚書省度支曹長官。三品。

時有民黄初妻趙殺子婦，遇赦應徙送避孫讎，義慶曰：“案《周禮》父母之仇，避之海外，雖遇市朝，鬭不反兵。蓋以莫大之冤，理不可奪，含戚枕戈，義許必報。至於親戚爲戮，骨肉相殘，故道乖常憲，記無定准，求之法外，裁以人情。且禮有過失之宥，律無讎祖之文。況趙之縱暴，本由於酒，論心即實，事盡荒耄。豈得以荒耄之王母，[1]等行路之深讎。臣謂此孫忍愧銜悲，不違子義，共天同域，無虧孝道。”

[1]豈得以荒耄之王母：各本並脱“豈得以荒耄”五字，中華本據《南史》、《元龜》卷六一五補。

六年，加尚書左僕射。八年，太白星犯右執法，[1]義慶懼有災禍，乞求外鎮。太祖詔譬之曰：“玄象茫昧，既難可了。且史家諸占，各有異同，兵星王時，[2]有所干犯，乃主當誅。以此言之，益無懼也。鄭僕射亡後，[3]左執法嘗有變，[4]王光禄至今平安。[5]日蝕三朝，天下之至忌，晉孝武初有此異，[6]彼庸主耳，猶竟無他。天道輔仁福善，謂不足橫生憂懼。兄與後軍，[7]各受内外之任，本以維城，表裹經之，盛衰此懷，實有由來之事。設若天必降災，寧可千里逃避邪？既非遠者之事，又不知吉凶定所，若在都則有不測，去此必保利貞者，[8]豈敢苟違天邪。」義慶固求解僕射，乃許之，加中書令，進號前將軍，[9]常侍、尹如故。

[1]太白星：即金星，一名啓明星。　右執法：星名。在太微右垣。

[2]兵星：指太白星。本書《天文志》：「太白犯氐。占曰：'國有憂。'」

[3]鄭僕射：即鄭鮮之。滎陽開封（今河南開封市）人。元嘉三年爲尚書右僕射。本書卷六四有傳。

[4]左執法：星名。太微南蕃中二星，東曰左執法。屬室女座。

[5]王光禄：即王敬弘。琅邪臨沂人，曾任金紫光禄大夫、左光禄大夫。本書卷六六有傳。

[6]晉孝武：即晉孝武帝司馬曜。《晉書》卷九有紀。

[7]後軍：官名。後將軍之簡稱，軍府名號，用作加官。三品。時長沙王義欣任後將軍、南兗州刺史，鎮守京口。

[8]利貞：金景芳、周紹剛《周易全解》：「貞，正。利貞，利於正道。」

[9]前將軍：官名。略高於一般雜號將軍，用作加官。三品。

在京尹九年，出爲使持節、都督荆雍益寧梁南北秦七州諸軍事、平西將軍、荆州刺史。[1]荆州居上流之重，地廣兵强，資實兵甲，居朝廷之半，故高祖使諸子居之。義慶以宗室令美，故特有此授。性謙虚，始至及去鎮，迎送物並不受。

[1]南北秦：南秦州即秦州，治所在今陝西漢中市。北秦州無實土。　事：各本並脱“事”字，中華本據《元龜》卷二七八補。

十二年，普使内外群官舉士，義慶上表曰：“詔書疇咨群司，延及連牧，[1]旌賢仄陋，[2]拔善幽遐。伏惟陛下惠哲光宣，經緯明遠，皇階藻曜，風猷日昇，而猶詢衢室之令典，[3]遵明臺之叡訓，[4]降淵慮於管庫，[5]紆聖思乎版築，[6]故以道邈往載，德高前王。臣敢竭虚闇，祇承明旨。伏見前臨沮令新野庾寔，[7]秉真履約，愛敬淳深。昔在母憂，[8]毀瘠過禮，今罹父疚，泣血有聞。行成閨庭，孝著隣黨，足以敦化率民，齊教軌俗。前徵奉朝請武陵龔祈，[9]恬和平簡，貞潔純素，潛居研志，耽情墳籍，[10]亦足鎮息頹競，獎勗浮動。處士南郡師覺，[11]才學明敏，操介清修，業均井渫，[12]志固冰霜。[13]臣往年辟爲州祭酒，[14]未汙其慮。若朝命遠暨，玉帛遐臻，異人間出，何遠之有？”義慶留心撫物，州統内官長親老，不隨在官舍者，年聽遣五吏餉家。[15]先是，王弘爲江州，[16]亦有此制。在州八年，爲西土所安。撰《徐州先賢傳》十卷，奏上之。又擬班固《典引》爲《典叙》，[17]以述皇代之美。十六年，改授散騎常侍、都督江州豫州之西陽晋熙新蔡三郡諸軍事、衛將軍、江州刺史，[18]持節如故。十七年，即本號都督南兗徐兗青冀幽六州諸軍事、南兗州刺史，[19]尋加開府儀同三司。

[1]連牧：地方官的泛稱。《禮記·王制》：“十國以爲連，連有帥。”連牧與連帥意同。

[2]仄陋：同“側陋”。出身卑微。劉向《説苑·臣屬》：“晏子曰：嬰，仄陋之人也。”

[3]衢室：原指築室於衢，以聽民言，後泛指帝王聽政之所。《管子·桓公問》：“堯有衢室之問者，下聽於人也。”

[4]明臺：傳説爲黄帝聽政之所。《管子·桓公問》：“黄帝立明臺之議者，上觀於賢也。”

[5]管庫：掌庫藏的小官。《禮記·檀弓下》：“所舉於晋國，管庫之士七十有餘家。”

[6]版築：相傳奴隸傅説夯築於傅巖，商王武丁舉以爲相。見《孟子·告子下》。後因以版築指隱遁之士，又比喻地位低微之人。

[7]臨沮：縣名。治所在今湖北當陽市西北。　庾寔：人名。《南史》卷一三《臨川烈武王道規傳》作“庾實”，其事不詳。

[8]母憂：居母之喪。

[9]龔祈：人名。字孟道，武陵漢壽（今湖南常德市）人。本書卷九三有傳。

[10]墳籍：古代典籍。傳説三皇之書稱“三墳”，五帝之書稱“五典”。

[11]南郡：州名。治所在今湖北荆州市荆州區。　師覺：人名。事見本書卷九三《宗炳傳》，作“師覺授”。丁福林《校議》據《南史》卷七三《孝義傳上》考證，師覺授爲南陽涅陽人而非南郡人。

[12]井渫：言水井經浚治，潔浄清澈，而飲者無人。喻潔身自持，不爲人所知。《易·井卦》：“井渫不食，爲我心惻。”

[13]冰霜：冰霜冷潔瑩净，喻操守純潔清白。

[14]辟：又稱辟召、辟除，州郡任用屬吏的一種形式。　祭酒：官名。州府主要僚吏之一，掌兵、賊、倉、史、户、水、鎧諸曹事。

[15]五吏：中華本校勘記云：“《元龜》六七五同。《南史》作‘三吏’。”時制官府小吏可由長官私家驅使。

[16]王弘：人名。字休元，琅邪臨沂人。本書卷四二有傳。

[17]班固：人名。字孟堅，東漢扶風安陵（今陝西咸陽市）人。《後漢書》卷四〇有傳。

[18]豫州：各本並脱“豫州”二字，錢大昕《考異》云：“當云豫州之西陽、晉熙、新蔡，史脱豫州二字。”中華本據補。　晉熙：郡名。治所在今安徽潛山縣。

[19]都督南兖：其下各本並衍“州”字。張森楷《校勘記》云：“州字衍文。”據此删正。　幽：僑州名。今址未詳。

　　爲性簡素，寡嗜欲，愛好文義，才詞雖不多，然足爲宗室之表。受任歷藩，無浮淫之過，唯晚節奉養沙門，[1]頗致費損。少善騎乘，及長以世路艱難，不復跨馬。招聚文學之士，近遠必至。太尉袁淑，[2]文冠當時，義慶在江州，請爲衛軍諮議參軍；其餘吳郡陸展、東海何長瑜、鮑照等，[3]並爲辭章之美，引爲佐史國臣。[4]太祖與義慶書，常加意斟酌。

[1]沙門：佛教名詞。原古印度各教派出家修道者的通稱，後專指依照佛教戒律出家修道的人。

[2]袁淑：人名。字陽源，陳郡陽夏人。本書卷七〇有傳。

[3]陸展：人名。吳郡吳人。事見本書卷九二《陸徽傳》。東海：郡名。治所在今山東蒼山縣南。　何長瑜：人名。事見本書

卷六七《謝靈運傳》。

[4]佐史：輔佐官員統稱。多指公府僚屬。《南史》卷一三《宋宗室及諸王傳上》"佐史"作"佐吏"。

鮑照字明遠，文辭贍逸，嘗爲古樂府，文甚遒麗。元嘉中，河、濟俱清，[1]當時以爲美瑞，照爲《河清頌》，其序甚工。其辭曰：

[1]河：即黃河。 濟：古濟水。四瀆之一。源出於今河南濟源市王屋山，下游多變遷。

臣聞善談天者，必徵象於人；工言古者，先考績於今。鴻、犧以降，[1]邈哉邈乎，鏤山岳，彤篆素，昭德垂勳，可謂多矣。而史編唐堯之功，[2]載"格于上下"，[3]樂登文王之操，[4]稱"於昭于天"。[5]素狐玄玉，聿彰符命，[6]朴牛大蟓，爰定祥曆，魚鳥動色，禾雉興讓，皆物不盈眥，而美溢金石，詩人於是不作，頌聲爲之而寢，庸非惑歟。

[1]鴻：帝鴻氏。古代傳說中的帝王。 犧：伏羲氏。傳說中的部落酋長，即太昊。

[2]唐堯：傳說中的五帝之一。事見《史記》卷一《五帝本紀》。

[3]格于上下：見《尚書·堯典》。

[4]文王：即周文王姬昌。事見《史記》卷四《周本紀》。

[5]於昭于天：見《詩·大雅·文王》。

[6]符命：古代指天賜祥瑞於人君，以爲受命的憑證。

　　自我皇宋之承天命也，仰符應龍之精，[1]俯協河龜之靈，[2]君圖帝寶，粲爛瑰英，固業光曩代，事華前德矣。聖上天飛踐極，[3]迄兹二十四載，道化周流，玄澤汪濊。[4]地平天成，[5]上下含熙；文同軌通，[6]表裏禔福。耀德中區，黎庶知讓；觀英遐表，夷貉懷惠。[7]恤勤秩禮，罷露臺之金；[8]紓國振民，傾鉅橋之粟。[9]約違迫脅，奢去泰甚。燕無留飲，畋不盤樂。[10]物色異人，優游據正。顯不失心，幽無怨氣。精炤日月，事洞天情。故不勞杖斧之臣，號令不嚴而自肅，無辱鳳舉之使，[11]靈怪不召而自彰。萬里神行，飆塵不起。農商野廬，邊城偃柝。冀馬南金，[12]填委內府；馴象西爵，[13]充羅外囿。阿緆綦組之饒，衣覆宗國；漁鹽杞梓之利，傍贍荒遐。士民殷富，五陵既有慚德；[14]宮宇宏麗，三川莫之能比。[15]閭閈有盈，歌吹無絕。朱輪叠轍，華冕重肩。豈徒世無窮人，民獲休息，朝呼韓、罷酤鐵而已哉。[16]是以嘉祥累仍，福應尤盛，青丘之狐，[17]丹穴之鳥，[18]栖阿閣，遊禁園。金芝九莖，木禾六刃，秀銅池，發膏畝。[19]宜以協調律呂，[20]謁薦郊廟，[21]煙霏霧集，不可勝紀。然而聖上猶昧旦夙興，若有望而未至，閎規遠圖，如有追而莫及，神明之覬，推而弗居也。是以琬碑鏐檢，盛典蕪而不治；朝神省方，大化抑而未許。崇文協律之士，蘊儛頌於外，坐朝陪宴之臣，懷揄揚於內，三靈佇眷，九壤注心，[22]既有日矣。

[1]應龍：古代神話中有翼的龍。相傳禹治水時，有應龍以尾畫地，遂成江河，使水入海。《楚辭·天問》：“河海應龍，何畫何歷？”

[2]河龜：即河圖洛書。傳說伏羲氏時，黃河中有龍馬負出圖，洛水中有龜負出書。《易·繫辭上》：“河出圖，洛出書，聖人則之。”

[3]天飛：比喻帝王登基。《易·乾卦》：“九五，飛龍在天，利見大人。”

[4]玄澤：指天子的恩澤。

[5]地平天成：比喻萬事安排妥帖。《尚書·大禹謨》：“地平天成。”《傳》曰：“水土治曰平，五行叙曰成。”

[6]文同軌通：秦王嬴政滅六國，天下一統，實行書同文，車同軌。《史記》卷六《秦始皇本紀》稱：“一法度衡石丈尺。車同軌。書同文字。”

[7]夷貉：古代對少數民族之泛稱。《周禮·夏官·職方氏》有“四夷、八蠻、七閩、九貉、五戎、六狄”之稱。此處夷貉泛指各少數民族。

[8]露臺之金：漢文帝“嘗欲作露臺，召匠計之，直百金。上曰：‘百金中民十家之産，吾奉先帝宮室，常恐羞之，何以臺爲！’”見《史記》卷一〇《孝文本紀》。

[9]鉅橋之粟：《史記》卷三《殷本紀》稱商王紂“厚賦稅以實鹿臺之錢，而盈鉅橋之粟”。《集解》引服虔曰：“鉅橋，倉名。許慎曰鉅鹿水之大橋也，有漕粟也。”

[10]盤樂：又作“盤游”。娛樂游逸。《尚書·五子之歌》：“（太康）乃盤遊無度，畋于有洛之表，十旬弗反。”

[11]鳳舉：喻使臣銜命遠行。

[12]冀馬：産於冀州北部的良馬。　南金：原指南方出產的銅。均喻優秀人才。

[13]馴象：馴養之象。《漢書》卷六《武帝紀》元狩二年（前

121），“南越獻馴象、能言鳥”。　西爵：即西雀。西方的鳥。

　　[14]五陵：喻豪門貴族聚居之地。《文選》載班固《西都賦》：“則南望杜、霸，北眺五陵。”注：“高帝葬長陵，惠帝葬安陵，景帝葬陽陵，武帝葬茂陵，昭帝葬平陵。”漢朝皇帝立陵墓，常把四方豪富貴族和外戚遷至陵墓附近居住。

　　[15]三川：古代指伊、洛、（黃）河爲三川，秦時在今河南洛陽置三川郡，因有伊、洛、河三川，故名。

　　[16]世無窮人：指漢朝建立“至武帝之初七十年間，國家亡事，非遇水旱，則民人給家足”。見《漢書·食貨志上》。　民獲休息：漢高帝劉邦倡導“偃兵息民”，惠、文、景帝繼續實行“輕徭薄賦”“與民休息”政策，漢前期社會經濟得以恢復和發展。呼韓：人名。即匈奴呼韓邪單于。在位時匈奴分裂戰亂，宣帝甘露三年來朝。事見《漢書》卷九四《匈奴傳》。　罷酤鐵：漢昭帝六年，御史大夫桑弘羊與丞相田千秋共奏罷酒酤，元帝時曾罷鹽鐵官，不與民爭利。事見《漢書·食貨志下》。

　　[17]青丘之狐：奇獸。九尾狐。《山海經·海外東經》：“青丘國在其北，其狐四足九尾。”

　　[18]丹穴之鳥：《山海經·南山經》：“丹穴之山……有鳥焉，其狀如雞，五采而文，名曰鳳皇。”

　　[19]金芝九莖，木禾六刃，秀銅池，發膏畝：中華本校勘記云“《鮑照集》作‘金芝九莖，木禾九秀，銅池發，膏畝腴’”，與此稍異。金芝，仙草名。《漢書》卷八《宣帝紀》神爵六年詔：“金芝九莖產于函德殿銅池中。”顏師古注：“銅池，承霤是也，以銅爲之。”所謂承霤，指屋檐下接收雨水的銅槽。木禾，穀類植物，也叫玉山禾。

　　[20]律呂：樂律的統稱。古代樂律，有陽律、陰律各六。

　　[21]謁薦：參謁上供。

　　[22]九壤：九州。《曹子建集》卷九《文帝誄》：“朱旗所勳，九壤披震。”

　　歲宮乾維，[1] 月躔蒼陸，[2] 長河巨濟，異源同
清，澄波萬壑，潔瀾千里。斯誠曠世偉觀，昭啓皇
明者也。語曰："影從表，瑞從德。"此其效焉。宣
尼稱"鳳鳥不至，河不出圖。"[3]《傳》曰："俟河
之清，人壽幾何！"[4] 皆傷不可見也。然則古人所不
見者，今彌見之矣。孟軻曰："千載一聖，是旦暮
也。"[5] 豈不大哉。夫四皇六帝，[6] 樹聲長世，大寶
也。[7] 澤浸群生，國富刑清，鴻德也。制禮裁樂，
惇風遷俗，文教也。誅筳逋羯，[8] 束顙絳闕，[9] 武功
也。鳴鳥躍魚，滌穢河渠，至祥也。大寶鴻德，文
教武功，其崇如此；幽明協贊，[10] 民祇與能，厥應
如彼。唯天爲大，堯實則之，[11] 皇哉唐哉，疇與爲
讓。抑又聞之，勢之所覃者淺，則美之所傳者近；
道之所感者深，則慶之所流者遠。是以豐功麗命，
潤色縢策，[12] 盛德形容，藻被歌頌。[13] 察之上代，
則奚斯、吉甫之徒，[14] 鳴玉鑾於前；視之中古，則
相如、王褒之屬，[15] 施金羈於後。[16] 絶景揚光，清
埃繼路，班固稱漢成之世，[17] 奏御者千有餘篇，文
章之盛，與三代同風。[18] 由是言之，斯迺臣子舊
職，國家通義，不可輟也。臣雖不敏，寧不勉乎。

　　[1] 歲宮：歲星運行的度數（宮次）。　乾維：西北方。《易·
說卦》："乾，西北之卦也。"
　　[2] 月躔：亦作"月遭"，月球運行的度次、軌迹。　蒼陸：
青道之域也。《漢書·天文志六》："月有九行者：黑道二，出黃道

北；赤道二，出黃道南；白道二，出黃道西；青道二，出黃道東。"

[3]宣尼：人名。即孔丘，字仲尼，春秋後期魯國（今山東曲阜市）人。 "鳳鳥不至，河不出圖"：語見《論語·子罕》。

[4]《傳》：即《左傳》。 俟河之清，人壽幾何：見《左傳》襄公八年。

[5]殫：盡也。 孟軻：人名。字子輿，鄒（今山東鄒城市）人。 千載一聖，是旦暮也：中華本校勘記云"今本《孟子》無此語"。

[6]四皇六帝：待考。

[7]大寶：最寶貴的事物。《易·繫辭下》："聖人之大寶曰位。"後通指帝位。

[8]羯：族名。魏晉南北朝時期北方少數民族之一。

[9]絳闕：宮殿的門闕。

[10]幽明：天地。《大戴禮·曾子天圓》："天道曰圓，地道曰方，方曰幽而圓曰明。"又指善惡、賢愚，《尚書·堯典》："三載考績，三考黜陟幽明。"

[11]唯天爲大，堯實則之：見《論語·泰伯》："大哉堯之爲君也！巍巍乎！唯天爲大，唯堯則之。"

[12]縢策：緘封的簡策。

[13]歌頌：詩歌、文章。

[14]奚斯：人名。春秋時魯公子魚的字。 吉甫：人名。即尹吉甫。周宣王的大臣。

[15]相如：人名。即司馬相如。字長卿，西漢蜀郡成都（今四川成都市）人。《史記》卷一一七有傳。 王襃：人名。字子淵，蜀資中（今四川資陽市）人。《漢書》卷五七有傳。

[16]施金羈於後：中華本校勘記云"施"，《鮑照集》作"馳"。金羈，金飾的馬絡頭，借指馬。

[17]漢成：即漢成帝劉鶩。

[18]三代：指夏、商、西周。

世祖以照爲中書舍人。[1] 上好爲文章，自謂物莫能及，照悟其旨，爲文多鄙言累句，當時咸謂照才盡，實不然也。臨海王子頊爲荆州，[2] 照爲前軍參軍，[3] 掌書記之任。子頊敗，爲亂兵所殺。

[1]中書舍人：官名。又名中書通事舍人。中書省屬官。七品。先管收納、轉呈文書章奏之事，後漸奪中書侍郎草擬詔令之任，品低而權重。

[2]臨海王：王爵名。王國在今浙江臨海市東南章安鎮。　子頊：人名。即劉子頊。字孝烈，宋孝武帝劉駿第七子。本書卷八〇有傳。

[3]前軍參軍：官名。前將軍府的幕僚，爲諸曹長官。

義慶在廣陵，有疾，而白虹貫城，[1] 野麕入府，心甚惡之，固陳求還。太祖許解州，以本號還朝。二十一年，薨於京邑，時年四十二。追贈侍中、司空，謚曰康王。[2]

[1]白虹貫城：白色長虹穿城而過。古人認爲是不祥之兆。
[2]康：謚號。按《謚法》：“安樂撫民曰康”。

子哀王燁字景舒嗣，官至通直郎，爲元凶所殺。追贈散騎常侍。子綽字子流嗣，官至步兵校尉。昇明三年反，伏誅，國除。綽弟綰，早卒。

燁弟衍，太子舍人。衍弟鏡，宣城太守。鏡弟穎，前將軍。穎弟倩，南新蔡太守。[1]

[1]南新蔡：郡名。治所在今湖北武穴市。

遵考，高祖族弟也。曾祖淳，皇曾祖武原令混之弟，[1]官至正員郎。[2]祖巖，海西令。父涓子，彭城內史。[3]

[1]武原：縣名。治所在今江蘇邳州市西北泇口鎮。
[2]正員郎：官名。編制以內的散騎侍郎。
[3]彭城內史：官名。彭城王國的行政長官，職如太守。

遵考始爲將軍振武參軍，[1]預討盧循，封鄉侯。[2]自建威將軍、彭城內史隨高祖北伐。時高祖諸子並弱，宗室唯有遵考。長安平定，以督并州司州之北河東北平陽北雍州之新平安定五郡諸軍事、輔國將軍、并州刺史，[3]領河東太守，[4]鎮蒲坂。[5]關中失守，南還，除游擊將軍，[6]遷冠軍將軍。晋帝遜位居秣陵宮，[7]遵考領兵防衛。高祖初即大位，下推恩之詔，曰："遵考服屬之親，國戚未遠，宗室無多，宜蒙寵爵。可封營浦縣侯，[8]食邑五百户。"以本號爲彭城、沛二郡太守。[9]

[1]將軍鎮武：官名。應爲鎮武將軍。
[2]鄉侯：侯爵名。食邑爲鄉者。四品。
[3]以督并州司州之北河東北平陽北雍州之新平安定五郡諸軍事：錢大昕《考異》云："云五郡而數之止四郡，以《盧陵王義真傳》前後文參證之，則所脱者即河北郡也。"北河東，北平陽，皆東晋僑郡名。今址未詳。北雍州，治所在今陝西淳化縣東嵯峨山

北。新平，郡名。治所在今陝西彬縣。安定，郡名。治所在今甘肅
涇川縣北涇河北岸。

　　[4]河東：郡名。治所在今山西永濟市西南蒲州鎮。

　　[5]蒲坂：縣名。在今山西永濟市西南蒲州鎮。

　　[6]游擊將軍：官名。掌宿衛之任。四品。

　　[7]秣陵：縣名。治所在今江蘇南京市中華門外故報恩寺附近。

　　[8]營浦：縣名。治所在今湖南道縣東。

　　[9]沛：郡名。治所在今江蘇沛縣。

　　景平元年，[1]遷右衛將軍。元嘉二年，出爲征虜將
軍、淮南太守。明年，轉使持節，領護軍，入直殿省。
出爲使持節、督雍梁南北秦四州荊州之南陽竟陵順陽襄
陽新野隨六郡諸軍事、征虜將軍、寧蠻校尉、雍州刺
史，[2]襄陽新野二郡太守。遵考爲政嚴暴，聚斂無節。
五年，爲有司所糾，上不問，敕還都。七年，除太子右
衛率，[3]加給事中。[4]明年，督南徐兗州之江北淮南諸軍
事、征虜將軍、南兗州刺史，領廣陵太守。又徵爲侍
中，領後軍將軍，[5]徙太常。[6]九年，遷右衛將軍，加散
騎常侍。十二年，坐屬疾不待對，[7]免常侍，以侯領右
衛。明年，復本官。十五年，又領徐州大中正、太子中
庶子，[8]本官如故。其年，監徐兗二州豫州之梁郡諸軍
事、前將軍、徐兗二州刺史。[9]未之鎮，留爲侍中，領
左衛將軍。明年，出爲使持節、監豫司雍并四州南豫州
之梁郡弋陽馬頭荊州之義陽四郡諸軍事、前將軍、豫州
刺史，[10]領南梁郡太守。二十一年，坐統内旱，百姓
饑，詔加賑給，而遵考不奉符旨，免官。起爲散騎常

侍、五兵尚書，遷吳興太守，秩中二千石。[11]二十五年，徵爲領軍。二十七年，索虜南至瓜步，[12]率軍出江上，假節蓋。[13]

[1]景平：宋少帝劉義符年號（423—424）。

[2]“出爲使持節”至“六郡諸軍事”：中華本校勘記云：“各本並脱‘南陽’之‘陽’字，據孫虨《宋書考論》説補。又各本並脱‘諸軍事’之‘事’字，今訂補。”順陽，郡名。治所在今河南淅川縣南。　寧蠻校尉：官名。掌管雍州少數民族事務，領兵。四品。

[3]太子右衛率：官名。宿衛東宮，亦任征伐。五品。

[4]給事中：官名。隸集書省。五品。

[5]後軍將軍：官名。掌宮禁宿衛。四品。

[6]太常：官名。主管祭祀、陵寢、文教、博士及其弟子等。三品。

[7]坐厲疾不待對：犯嚴猛迅急不待對答的罪過。《禮記·月令》：“征鳥厲疾。”孔穎達疏：“厲，嚴猛；疾，捷速也。”

[8]州大中正：曹魏行九品中正制，州設大中正，郡設中正，以品評州郡士人的流品，掌管地方選擇官吏事宜。

[9]梁郡：治所在今安徽碭山縣。

[10]南豫州：治所在今安徽和縣。　梁郡：此爲南梁郡，治所在今安徽壽縣。　弋陽：郡名。治所在今河南潢川縣西。

[11]中二千名：官吏秩禄等級。中即滿，實得年俸二千一百六十石。

[12]瓜步：山名。即今江蘇南京市六合區東南瓜埠山。

[13]蓋：各本並作“置”，中華本據《元龜》卷二七八改。

三十年，復出爲使持節、監豫州刺史。元凶弒立，進號安西將軍，[1]遣外監徐安期、仰捷祖防守之。[2]遵考斬安期等，起義兵應南譙王義宣，[3]義宣加遵考鎮西將軍。[4]夏侯獻率衆至瓜步承候世祖，[5]又坐免官。孝建元年，魯爽、臧質反，[6]起爲征虜將軍，率衆屯臨沂縣，[7]仍除吳興太守。明年，徵爲湘州刺史，未行，遷尚書左僕射。[8]三年，轉丹陽尹，加散騎常侍。復爲尚書右僕射，[9]領太子右衛率。明年，[10]又除領軍將軍，加散騎常侍。五年，復遷尚書右僕射、金紫光禄大夫，[11]常侍如故。明年，轉左僕射，常侍如故。又領徐州刺史、大中正、崇憲太僕。[12]前廢帝即位，遷特進、右光禄大夫，[13]常侍、太僕如故。景和元年，[14]出督南豫州諸軍事、安西將軍、南豫州刺史。太宗即位，以爲侍中、特進、右光禄大夫，領崇憲太僕。給親侍三十人。崇憲太后崩，太僕解，餘如故。泰始五年，賜几杖，[15]太官四時賜珍味，[16]疾病太醫給藥，[17]固辭几杖。後廢帝即位，進左光禄大夫，[18]餘如故。元徽元年卒，時年八十二。追贈左光禄大夫、開府儀同三司，侍中如故。謚曰元公。[19]遵考無才能，直以宗室不遠，故歷朝顯遇。年老有疾失明。

[1]安西將軍：官名。四安將軍之一。爲出鎮某一地區之軍事長官，或作爲刺史等地方官員兼理軍務的加官。三品。

[2]徐安期：人名。本書僅此一見，其事不詳。　仰捷祖：人名。本書僅此一見，其事不詳。

[3]南譙王：王爵名。王國在今安徽巢湖市居巢區東南。　義宣：人名。即劉義宣。宋武帝劉裕子。本書卷六八有傳。

［4］鎮西將軍：官名。四鎮將軍之一。多授持節都督，出鎮方面。三品。加持節都督，二品。

［5］夏侯獻：人名。本書僅此一見，其事不詳。

［6］魯爽：人名。小名女生，扶風郿（今陝西眉縣）人。本書卷七四有傳。 臧質：人名。字含文，東莞莒（今山東莒縣）人。本書卷七四有傳。

［7］臨沂縣：治所在今山東費縣東。

［8］左僕射：丁福林《校議》據本書卷六《孝武帝紀》、《南史》之《孝武帝紀》、《通鑑》卷一二八考證："左僕射"乃"右僕射"之誤。

［9］尚書右僕射：官名。主持尚書省日常政務。居左僕射下。三品。

［10］明年：丁福林《校議》考證即大明元年（457）。下文之"五年"即大明五年。

［11］金紫光禄大夫：官名。賜給與特進同。或爲加官。二品。

［12］崇憲太僕：官名。掌太后御用車馬等。崇憲，宫名。代指宋文帝淑媛路惠男，丹陽建康（今江蘇南京市）人，孝武帝生母。太宗即位，居崇憲宫，號崇憲太后。

［13］特進：多爲加官名號。用以安置閑退大臣。二品。 右光禄大夫：官名。屬光禄勳。二品。

［14］景和：宋前廢帝劉子業年號（465）。

［15］几杖：几案與手杖。供老年人靠身和走路扶持之用。古以賜几杖爲敬老之禮。

［16］太官：官署名。掌宫廷膳食。

［17］太醫：官署名。掌宫廷醫藥。

［18］左光禄大夫：官名。屬光禄勳。二品。

［19］元：謚號。按《謚法》："行義説民曰元。"

子澄之，順帝昇明末貴達。

澄之弟琨之，爲竟陵王誕司空主簿，[1]誕作亂，以爲中兵參軍，不就，繫繫數十日，[2]終不受，乃殺之。追贈黃門郎。詔吏部尚書謝莊爲之誄。[3]

[1]竟陵王：王爵名。王國在今湖北鍾祥市。　誕：人名。即劉誕。字修文，宋文帝第六子。本書卷七九有傳。　主簿：官名。州、郡、公、軍府皆置，與祭酒、舍人主府事，典領文書簿籍，經辦事務。

[2]數十日：《通鑑》卷一二九作"十餘日"。

[3]謝莊：人名。字希逸，陳郡陽夏人。本書卷八五有傳。誄：古代用以表彰死者德行並致哀悼的文體，後世稱爲祭文。

遵考從弟思考，亦被遇，歷朝官，極清顯，爲豫章、會稽太守，[1]益、徐州刺史，凡經十郡三州。泰始元年，卒於散騎常侍、金紫光禄大夫，[2]時年七十五。追贈特進、常侍、光禄如故。

[1]豫章：郡名。治所在今江西南昌市。

[2]泰始元年卒：孫彪《考論》云："思考泰始二年三月命徐州，必非元年卒，此有誤。"中華本校勘記云："思考泰始二年三月爲徐州刺史，見本書《明帝紀》。"

史臣曰：餘妖內侮，偏衆西臨，荀、桓交逼，荊、楚之勢危矣。[1]必使上略未盡，一算或遺，則城壞壓境，上流之難方結。敵資三分有二之形，北向而争天下，則我全勝之道，未可或知。烈武王覽群才，揚盛策，一舉磔勍寇,[2]非曰天時，抑亦人謀也。降年不永，遂不得與大業始終，惜矣哉！

[1]苟、桓交逼，荆、楚之勢危矣：按"苟"乃"循"之誤，即盧循。查當時荆、楚起兵者除桓玄、盧循之外，從無姓苟、名苟之人，而所平定者也是桓玄、盧循兩大敵對勢力。

[2]一舉磔（zhé）勍寇：一舉殲滅強寇。磔，本義是古代的一種分尸酷刑，此處引申爲殲滅。